本书由成都大学文明互鉴与"一带一路"研究中心资助出版

成都大学文明互鉴与『一带一路』研究中心学术丛书
杨玉华 主编

杨玉华 主编

雪山下的公园城市
——大邑历史文化研究

中国社会科学出版社

图书在版编目（CIP）数据

雪山下的公园城市：大邑历史文化研究/杨玉华主编.
—北京：中国社会科学出版社，2022.12
（成都大学文明互鉴与"一带一路"研究中心学术丛书）
ISBN 978 – 7 – 5227 – 1172 – 0

Ⅰ.①雪⋯　Ⅱ.①杨⋯　Ⅲ.①地方文化—文化史—研究—大邑县　Ⅳ.①K297.14

中国版本图书馆 CIP 数据核字（2022）第 242084 号

出 版 人	赵剑英
责任编辑	张　潜
责任校对	杜　威
责任印制	王　超

出　　版	中国社会科学出版社
社　　址	北京鼓楼西大街甲 158 号
邮　　编	100720
网　　址	http：//www.csspw.cn
发 行 部	010 – 84083685
门 市 部	010 – 84029450
经　　销	新华书店及其他书店

印　　刷	北京君升印刷有限公司
装　　订	廊坊市广阳区广增装订厂
版　　次	2022 年 12 月第 1 版
印　　次	2022 年 12 月第 1 次印刷

开　　本	710×1000　1/16
印　　张	23
插　　页	2
字　　数	301 千字
定　　价	119.00 元

凡购买中国社会科学出版社图书，如有质量问题请与本社营销中心联系调换
电话：010 – 84083683
版权所有　侵权必究

成都大学文明互鉴与"一带一路"研究中心学术丛书编辑委员会

顾　　问	曹顺庆	张　法	项　楚	
	谢桃坊	姚乐野	曾　明	
主　　任	刘　强	王清远		
副 主 任	杨玉华			
委　　员	何一民	王　川	潘殊闲	谭筱玲
	袁联波	张　起	代显华	张学梅
	魏红翎	李　敏	马　胜	诸　丹
	周翔宇			
主　　编	杨玉华			
副 主 编	魏红翎	周翔宇		
秘　　书	李天鹏	黄毓芸		

成都大学文明互鉴与"一带一路"研究中心学术丛书总序

习近平总书记指出:"文明因交流而多彩,文明因互鉴而丰富"。"文明互鉴"是构建人类命运共同体的人文基础,是增进各国人民友谊的桥梁,是维护世界和平与推动人类社会进步的动力,而"一带一路"则是文明互鉴的重要路线、渠道和阵地。尤其是在时逢"百年未有之大变局"的今天,在多元文化碰撞、交流日益密切的时代语境下,实施"一带一路"倡议,促成各国文明、文化的交流、互鉴、共存,以消除不同文明圈之间的隔阂、误解、偏见,对于推动国家整体对外交往及中华优秀文化的传承、传播、创新,建构"美美与共、和而不同"的全球性文明,乃至建构人类命运共同体都具有紧迫的现实意义和深远的历史意义。

成都是一座具有4500年文明史、2300多年建城史的城市,是中国首批24座历史文化名城之一,有着悠久厚重的历史文化积淀,创造过丰富灿烂的文明成就,形成了"创新创造、优雅时尚、乐观包容、友善公益"的天府文化精神。成都又是"南方丝绸之路"的起点,从古蜀时代开始,就形成了文化交流、互鉴的优良传统,留下了文明互鉴、互通的千古佳话。作为"一带一路"节点城市、"南方丝绸之路"起点城市，成都在新时代建构人类命运共同体的文明互鉴与"一带一路"倡议中占有重要地位，扮演着重要角色。必当趁势而上、大有作为。

　　成都大学是一所年轻而又古老的学校，其校名可追溯到1926年以张澜先生为首任校长的"国立成都大学"。虽然1931年后即并入国立四川大学，但却取得了骄人的成绩，不仅居四川三所大学（国立成都大学、国立成都师大、公立四川大学）之首，而且在全国教育部备案的21所国立大学中，也名列第七。并且先后有吴虞、吴芳吉、李劼人、卢前、伍非百、龚道耕、赵少咸、蒙文通、魏时珍、周太玄等著名教授在此任教。因此，成都大学乃是一所人文底蕴深厚、以文科特色见长的高校。即便从通常所认为的1978年建校算起，也仍然产生了白敦仁、钟树梁、谢宇衡、常崇宜、曾永成"五老"，并且都是以传统的文史学科见长的教授。成都大学作为成都市属唯一的全日制本科院校，理应成为成都文明互鉴、对外交往、文化建设以及提升国际化水平的重镇和高地。

　　站在新的历史起点上，成都大学在实施"五四一"发展战略，实现其高水平快速可持续发展的进程中，如何接续其深厚人文传统，再现文科历史荣光，建成成都文化传承发展创新高地，在成都世界文化名城及"三城""三都"建设中，擘画成大方案、提供成大智慧、贡献成大力量，就成了成大人的光荣使命和重大责任。因此，加强与兄弟院校的合作，特别是依托四川大学的高水平学术平台、师资、项目，借智借力，培育人才，建设学科，积累成果，不断发展壮大成都大学的人文社会科学，就成了不二选择。

　　正是在这样的背景下，成都大学进一步强化拓展与四川大学的合作，在其"中华多民族文化凝聚与全球传播省部共建协同创新中心"

下成立"成都大学文明互鉴与'一带一路'研究中心"（以下简称"中心"）。"中心"以中华多民族优秀传统文化研究的学科体系、学术体系和话语体系建构为基础，旨在为促成中华优秀传统文化与多元文化对话、互鉴及未来的创新发展而搭建支撑平台、凝聚社会共识、建立情感纽带，指导引领成都大学文科高水平建设和高质量发展。中心立足西南、心系天下，充分发挥成都作为"一带一路"节点城市、"南方丝绸之路"起点城市的独特优势，以学术研究为依托，以理论研究、平台构建、学科培育、人才培养、智库建设为抓手，积极参与构建当代中国国家文化，就文明互鉴、"一带一路"倡议、中华优秀传统文化的传承、传播、创新做出实质性的贡献。

要实现上述目标，需要搞好顶层设计，精心编制中长期规划，汇聚和培育一支高水平人才队伍，立足成都大学人文社科的现实基础和优势，久久为功，集腋成裘，推出一批高水平的标志性研究成果，充分彰显学术创新力，逐渐提高"中心"的影响力。因此，编撰出版"成都大学文明互鉴与'一带一路'研究中心学术丛书"就成了重点工作和当务之急。

"成都大学文明互鉴与'一带一路'研究中心学术丛书"每年从成都大学人文社科教师专著中遴选，并全额资助出版。每年一辑，一辑八种左右。开始几辑不分学科系列，待出版的专著积累到一定数量或每年申请资助出版专著数目较多时，方按学科类别分为几个系列。如天府文化系列丛书、成都大学学术文库、重点优势学科研究系列丛书（如古典学、文艺学、比较文学等）。资助出版的著作为专著、译著、古籍整理（点校、注疏、选注等），以创新性、学术性、影响力为入选标准。力求通过10年的持续努力，出版80部左右学术著作，使丛书在学界产生较大的规模效应和影响力，成为展示成都悠久厚重历史文化积淀、中国人文社科西部重镇丰硕成果的"窗口"和成都大学深厚人文传统、雄厚社科实力和丰硕"大文科"建设成就的一张靓丽名片。合抱之木,起于茎寸。百年成大,再铸辉煌!但愿学界同仁都来爱护"丛书"这株新苗,在大家精心浇灌壅培下,使之茁壮成长为参天大树!

杨玉华

2021 年 11 月 6 日

于成都濯锦江畔漱雪斋

以资源梳理及传承发展之名
为鹤鸣山东之大邑文化立传

(代序)

一

位于成都地区核心地带的大邑县，地处成都平原向川西北高原的过渡地带，向来有"蜀之望县"之美誉，是隶属于大成都范畴的一座历史名城。

就县境所处之地而言，大邑县是四川省所有县级单位中设置最早的一批古县之一"临邛县"的部分属地，从"临邛县"设置（秦国灭亡蜀国的当年在该地设置，即公元前316年）算起，至今已有2337年的历史；就大邑县境内的安仁镇而言，系唐高祖武德三年（620）析临邛、依政、唐隆三县地新置为安仁县，设县历史比大邑县更早50年，至今亦有1400年的历史；就县名得名之年而言，在于唐高宗李治咸亨二年（671），根据北宋太宗时期乐史撰写的地理总志《太平寰宇记》记载："（县）在鹤鸣山东，其邑广大遂以为名。"[1] 从唐高宗咸亨二年（671）得名算起，至今也有1350年的历史。可见，大邑县是一座得名独特、历史悠久之名城。

根据北宋太宗太平兴国年间（976—983）乐史编纂的《太平寰宇

---

[1] （北宋）乐史撰，王文楚点校：《太平寰宇记》，中华书局2007年版，第1525页。

记》，称大邑境内有中国本土宗教道教名山——鹤鸣山，其附近的地域为广"大"之"邑"，就已经勾勒了大邑县历史地理的四重特征。

其一，这里产生了中国的本土宗教——道教。道教祖山"鹤鸣山"就位于斯地；道教祖山"青城山"就在邻县境内。道教是中国五大宗教中唯一一个发源于中国本土的宗教，深刻影响了中华文化的发展。鲁迅指出："曾言中国根柢全在道教，此说近颇广行。以此读史，有多种问题可以迎刃而解。""懂得此理者，懂得中国大半。"① 近代以来，对于中华文化以儒道释为基本内核的界定，已经成为全社会的共识。道教洞天福地位于此，大邑县自然是乐土宜居之地。

其二，这里地处成都平原向川西北高原的过渡地带，名山众多。除了鹤鸣山外，这里也邻近道教名山青城山，而且都在千古奇观西岭雪山的山麓之下。杜甫《野望》诗中"西山白雪三城戍"、《绝句》"窗含西岭千秋雪"所指，就是大邑县的西岭雪山，这也使成都成为中国拥有雪山的唯一特大城市。因此，大邑县是自然雪山、文化名山之下的景色宜人之城。

其三，这里地域宽广，故有"广大"之称。为什么能够地域广大？源于文明曙光极早照耀斯地，因而历经长时段的发展，人文鼎盛，人烟繁庶。在距今4700年—3800年前的新石器时代时期，成都平原便已创造了光辉灿烂的文化——宝墩文化（前2700—前1800）。这一文化因在大邑县的邻县——新津区宝墩村发现的文化遗址而得名，迄今已经发现了8座古城，而以位于大邑县的高山古城遗址（位于原三岔镇赵庵村古城埂）、盐店古城（位于县城西晋原街道）历史最为悠久。尤其是盐店古城的发现，彻底改写了成都建自2300年前的说法，成都的城市历史至少被提前到距今4500年之前。这是到目前为止发现得最早

---

① 鲁迅著，林平南编：《鲁迅选集》，四川人民出版社1983年版，第57，958页。

的成都城遗址雏形，可谓成都城市的开天第一篇章，也再次证明了考古学界提出的以成都平原为中心的长江上游文明是中华文明发源中心之一的说法。

其四，这里是一座大城——"邑"。何谓"邑"？东汉许慎的《说文解字》云："国也。从口；先王之制，尊卑有大小，从卪。凡邑之属皆从邑。"① 邑就是"城市"，不仅以"邑"来命名"县"，而且取"其邑广大"之"大"，可见，大邑县之地，古代以来就是一座文化深厚、地域广大之名城。

大邑县，位于成都核心区的历史文化名城，历史久、经济发达、人文鼎盛、境域山川雄伟秀丽、文化资源丰富深厚，自是不言自明之事。

二

大邑县，一座历史文化名城，在弘扬中华文化的当今，却少见有进行系统历史文化资源梳理之著作。现今成都大学杨玉华教授领衔的新作《雪山下的公园城市——大邑历史文化研究》，可谓这方面新见的力作。

"文化"，一般而言，指人类创造的活动成果，而要对文化进行传承和发展，就必须进行历史文化资源的梳理及理论阐释。《雪山下的公园城市——大邑历史文化研究》这一新作，正是遵循这一思想路径展开全书的。

是书由绪论、正文十五章、参考文献等三部分组成。绪论概要阐释了大邑古城的由来、自然地理、佛道文化古迹、古代赞誉的文辞、邮江镇等古镇、烧瓷、历史名人、红色基因等内容。在正文十五章中，

---

① （东汉）许慎：《说文解字》，中华书局1963年版，第131页。

分别阐述了大邑古今历史沿革（第一章）、自然山水文化（第二章）、三国历史文化（第三章）、道教文化（第四章）、佛教文化（第五章）、古镇文化（第六章）、公馆文化（第七章）、博物馆文化（第八章）、家族名人文化（第九章）、教育、出版、印刷文化（第十章）、手工艺文化（第十一章）、丰富多彩的诗词文化（第十二章）、争奇斗艳的文艺创作（第十三章）、红色文化（第十四章）等内容，展示了大邑县深厚的历史文化内涵。

是书之第十五章《大邑文化的创造性转化和创新性发展》是《雪山下的公园城市——大邑历史文化研究》一书的最后一章，也是全书的点睛之笔。是书在完成了大邑县历史文化资源的梳理及理论阐释之后，该章立足前述的分析，另辟蹊径，就大邑文化的传承、发展、创新，提出了自己的创见，尤其是就大邑县传统文化的"双创"即创造性转化和创新性发展，进行了有益的探索。该章就谱写"天府文化"大邑篇章、大邑历史文化资源的保护、大邑历史文化资源开发利用，提出了多条有益的建议。这些建言献策，既高屋建瓴、理论性强，又结合大邑县实际情况、有落地方案、富有针对性。

三

除了主编杨玉华教授之外，该书的作者，包括了课题组的魏红翎教授（成都大学文学与新闻传播学院）、罗子欣研究员（四川省社会科学院新闻研究所）、周翔宇副教授（成都大学天府文化研究院）、唐婷讲师（成都大学天府文化研究院）、黄毓芸讲师（成都大学文学与新闻传播学院）等，大多主持有国家社科基金项目，或者四川省哲学社会科学规划项目，或者著书立说早已成名，或者是学有所成的青年才俊，都是完成该书之优选作者。因此，在杨玉华教授领衔下，几位学者精诚合作的集体之作，既有较深厚的理论阐释力度，因而富有学术价值，又紧扣大邑县实际情况，提出"双创"的对策建议，因而富有实践运用价值。

以上是我阅读《雪山下的公园城市——大邑历史文化研究》一书的读后感，希望该书对于大邑县经济社会的发展、文化资源的深度阐释与传承，对于大邑传统文化的创造性转化和创新性发展发挥积极作用。

是以为序。

四川师范大学副校长、教授　王川

2021年11月10日于成都

目录

绪　论 ……………………………………………………………… 1

第一章　大邑古今历史沿革 ………………………………… 11
第一节　建县前区域归属 …………………………………… 11
第二节　建县后区域沿革 …………………………………… 15

第二章　自然山水文化 ………………………………………… 26
第一节　西岭千秋雪 ………………………………………… 27
第二节　温泉花水湾 ………………………………………… 32
第三节　寻幽静惠山 ………………………………………… 33
第四节　洞口烟霞湖 ………………………………………… 36
第五节　晋原八胜景 ………………………………………… 37

第三章　三国历史文化 ………………………………………… 47
第一节　赵子龙生平 ………………………………………… 47
第二节　子龙驻大邑 ………………………………………… 49
第三节　青山埋忠骨 ………………………………………… 50
第四节　英名垂万世 ………………………………………… 57

第四章　道教文化 …………………………………………… 65
第一节　道教发源地 ………………………………………… 65
第二节　神仙张三丰 ………………………………………… 69
第三节　仙境鹤鸣山 ………………………………………… 73

第五章　佛教文化 …………………………………………… 85
第一节　四方寺之首 ………………………………………… 85
第二节　佛光照雾中 ………………………………………… 89
第三节　高堂圣灯飞 ………………………………………… 97
第四节　圣洁白岩寺 ………………………………………… 101
第五节　药师佛石窟 ………………………………………… 103

第六章　古镇文化 …………………………………………… 105
第一节　以武崛兴安仁镇 …………………………………… 105
第二节　丝路明珠新场镇 …………………………………… 108
第三节　移民汇聚唐场镇 …………………………………… 111
第四节　麻羊之乡悦来镇 …………………………………… 114
第五节　源远流长晋原镇 …………………………………… 116
第六节　青梅煮酒𨚫江镇 …………………………………… 118

第七章　公馆文化 ……… 120

第一节　百年公馆话安仁 ……… 120

第二节　中西合璧的公馆 ……… 123

第三节　大邑公馆建筑特色 ……… 134

第八章　博物馆文化 ……… 137

第一节　中国唯一博物馆小镇 ……… 137

第二节　大邑博物馆举要 ……… 139

第三节　川西民俗传承地 ……… 150

第九章　家族名人文化 ……… 153

第一节　诗书传家计氏 ……… 153

第二节　科第相望詹氏 ……… 157

第三节　弃武从文甘氏 ……… 159

第四节　军阀世家刘氏 ……… 161

第五节　其他近现代名人 ……… 167

第十章　教育、出版、印刷、文化 ……… 175

第一节　底蕴深厚的文化教育 ……… 175

第二节　盛极一时的唐宋蜀刻 ……… 198

第十一章　手工艺文化 ……… 206

第一节　陶瓷手工艺 ……… 206

第二节　其他手工艺 ……… 222

第十二章　丰富多彩的诗词文化 ········ 228
第一节　诗词中的山川风景 ········ 228
第二节　诗词中的文化教育 ········ 241
第三节　诗词中的社会生活 ········ 258

第十三章　争奇斗艳的文艺创作 ········ 270
第一节　戏剧曲艺 ········ 270
第二节　音乐创作 ········ 275
第三节　小说散文及现代诗歌 ········ 279

第十四章　红色文化 ········ 283
第一节　永垂不朽的革命烈士 ········ 283
第二节　战争年代的红色政权 ········ 307
第三节　和平时代的英雄 ········ 309

第十五章　大邑文化的创造性转化和创新性发展 ········ 312
第一节　谱写"天府文化"大邑篇章 ········ 312
第二节　大邑历史文化资源的保护 ········ 313
第三节　大邑县历史文化资源开发利用的建议 ········ 323

参考文献 ········ 338
后　记 ········ 345

绪　　论

　　唐代大诗人杜甫的《绝句》"两个黄鹂鸣翠柳，一行白鹭上青天，窗含西岭千秋雪，门泊东吴万里船"是流传千古、妇孺皆知的名诗，其中"窗含西岭千秋雪"的意境尤其使人神往。那千秋如斯的皑皑白雪，圣洁、晶莹而且神秘，常使人们于欣赏瑰丽的自然风光之余，引起对白雪装点下"千秋"历史的悠悠遐想。这雪山就是西岭雪山，它位于号称"蜀之望县"的成都市大邑县境内。据《旧唐书》《新唐书》《元和郡县志》《太平寰宇记》等有关史志记载，大邑县之得名，乃是因"其邑广大，遂以为名"[①]。从唐高宗咸亨二年（671）建县起，至今已有1300多年的历史。其县境内的安仁镇，乃唐武德三年（620）析临邛、依政、唐隆三县地新置为安仁县，设县比大邑县还早50年。可见，大邑县有着悠久的历史人文、源远流长的文化基因、积淀丰厚的文化成果，是天府文化的核心区、发源地之一，不愧为雪山下的"天府明珠"。在上千年的历史演进中，为天府文化的发展作出了诸多贡献，谱写了浓墨重彩的篇章。我们今天要传承发展"创新创造、优雅时尚、乐观包容、友善公益"的天府文化，大邑理应发挥独特优势，

---

① 乐史撰，王文撰点校：《太平寰宇记》，中华书局2007年版，第1525页。

通过对历史文化的系统梳理挖掘，凝练大邑的历史文化表达、精神内涵与发展理念，坚定地域文化自信，熔铸天府文化"大邑篇章"。下面，就让我们穿越时空，对大邑的前世今生做一番历史的巡礼。

一　古城"望县"话大邑

距今约4500年的新石器时代时期，在广汉三星堆文化之前，成都平原即已迎来了文明的曙光，创造了光辉灿烂的文化——宝墩文化。宝墩文化因在成都市新津区宝墩村发现的文化遗址而得名，共发现8座古城，其中位于大邑县原三岔镇赵庵村古城埂的高山古城遗址和大邑盐店古城历史最为悠久。

盐店古城遗址是发现的第七座成都平原的史前古城遗址，位于距大邑县城3千米的盐店村。正是因为这座古城遗址的发现，成都的城市历史被提前到距今4500多年以前。这是目前为止发现的最早的成都城市雏形遗址，堪称成都城市的开天第一篇章。也就是说，在这座古城出现以后又过了1000多年，远古成都人才相继迁往三星堆和金沙，继而有了目前成都的雏形。此外，这座暂时被命名为"盐店古城"的城市遗址的成功发掘，也再次证明了考古界提出的以成都平原为中心的长江上游文明是中华文明发源中心之一的说法。在此之前，成都附近的新津宝墩龙马乡古城、都江堰芒城古城、崇州紫竹古城、双河下芒城古城、郫县古城、温江鱼凫古城等六座古城已经先后被发掘出来，它们构成了考古学上的"宝墩文化"。这些古城形成年代彼此相隔100—300年，它们高密度分布在成都平原西南靠近山地沿线，完整地勾画出了4500多年以来，成都这个城市逐步迁移的发展脉络。其中大邑盐店古城遗址整体面积为30万平方米，规模在这些古城遗址中名列第二（仅次于面积为70万平方米的龙马乡古城）。整座古城呈长方形，南北长700米，东西宽500米。用黏土和沙夹石、鹅卵石混合修筑成的城墙除了抵御外来入侵外，也能起到一定的防洪作用。盐店古城的城墙分为东墙和北墙两大部分，墙基的修筑都是下宽上窄，史前居民们用精确的截面为梯形的斜坡堆积法砌成了整面城墙。盐店古城的另外一个特别之处则在于与别的古城大都拥有两道城圈不同，它的城圈只有一道，但是城圈的坚固程度远远超过其他城市的两道城圈。

大邑县原三岔镇赵庵村古城埂的高山古城遗址是宝墩文化遗址8座古城中又一座起源较早的古城。约在20世纪90年代，在高山古城遗址发现了距今4500年的史前墓地，人骨保存状况良好，有助于破解史前先民的DNA，此外还发现象牙、手镯等珍贵文物。"这次发现的墓地人骨位置在地下水以下，被隔绝了空气，因此保存较为完整，这是整个中国南方都少见的。它有助于探索新石器时期古代居民的生长发育、营养情况、口腔疾患、食谱结构等问题，为开展新石器时代古人口学、古人种学、古病理学、DNA测试分析等研究提供了珍贵的考古资料，有助于认识长江上游史前先民的体质结构特征。"① 此外，该遗址也为研究四川盆地新石器时代文化的渊源与发展演变规律提供了难得的资料，再次证明了长江上游地区是中华文明的发源地之一，并且与之后的三星堆文化、以金沙遗址为代表的十二桥文化等构成了古蜀文化的完整链条。正是鉴于其重大意义，2019年10月7日，大邑高山古城遗址被国务院核定为第八批全国重点文物保护单位。因此，大邑是到目前为止发现的古蜀文明的最早源头，其在天府文化中的始源性与重要性不言而喻。

大邑县处于成都平原的核心区，在公元前316年秦灭蜀前，大邑属于古蜀国。汉高祖五年（前202），平定巴蜀，今大邑县区域为江源县、临邛县地。从西汉一直到隋，大邑县区域或为临邛县，或为江源

---

① 《成都发现4500年前人骨　有助破解史前先民DNA》，央视网，http：//news.cctv.com/2016/04/18/ARTIfE5i0SM3o1YoeZ00E15o160418.shtml，2016年4月18日。

县，或为依政县，或为晋原县，一直到唐咸亨二年（671）置大邑县。唐宋以降，大邑或属临邛郡，或属邛州，虽隶属关系时有变化，但县的建制一直保留。元至元二十一年（1284）撤销安仁县和火井县建制，其行政区域划归大邑县（火井县境域后划归邛州）。至此，安仁县建县也达664年历史。故论及今天的大邑县历史文化，安仁县也不可或缺。明清以至1983年，大邑县虽分别隶属过邛州、嘉定州、上川南道、建昌道、四川省第四行政督察区、眉山专区、温江专区等地，但其县的建制一直保留。直到1983年5月，温江地区建制撤销，大邑县划归成都管辖至今。历史上，大邑县先后隶属于古蜀国、蜀郡、益州、成都府等，与成都的地缘、文化关系一直都较为密切。

二　窗含西岭千秋雪

"西山白雪三城戍，南浦清江万里桥。"这是杜甫《野望》诗中描写成都远景和近景的名句，其"西山白雪"之景与"窗含西岭千秋雪"一样，写的就是大邑县境内的西岭雪山。大邑县具有得天独厚的自然环境，在5000多米海拔高度差之间，雪山、森林、温泉共存，有最适宜大熊猫生存的气候生态。山水之间绿意盎然，最能体现川西剑南山水的雄奇之气、灵秀之韵，也是最能体现天府文化中自然之美与"九天开出一成都"美景胜境的地区之一。其山、水、林、泉构成了一幅绝妙的蜀川胜概图，引得历代无数游人心驰神往，并且留下了许多歌唱吟咏。自然山水蕴含着深厚的人文底蕴，引领着人们去寻幽探胜、"诗意栖居"。在后面的论述中，我们将从雪山仙境、雾山奇观、碧水流泉、植物天堂、道源圣地、烟霞碧波等方面展示大邑县得天独厚而又气象万千的自然山水文化。

三　佛道繁盛遗迹多

鹤鸣山为中国道教发源地，属道教名山，为古代剑南四大名山之一。鹤鸣山又称"鹄鸣山",系邛崃山脉东麓青城山区的南侧支峰,与道教著名胜地青城山天师洞相距仅三十千米。而雾中山开化寺是古佛弥陀的道场,其寺庙始建于东汉明帝永平十六年(73),始名大光明山普照禅寺,仅晚于京城洛阳的我国第一座佛教寺庙白马寺六年。鹤鸣和雾中双峰对峙,道教佛教二水分流,共同造就了大邑繁盛的宗教文化,在中国宗教史上留下了浓墨重彩的篇章。在后面的论述中,我们将从鹤鸣山与张道陵、雾中山与开化寺、高堂寺、药师岩石窟、白岩寺以及杜光庭、张三丰等方面,论析大邑的道佛之兴盛,介绍道佛发展史上重要的史事人物,并深研大邑宗教兴盛之因。

四　清词丽句留清晖

大邑悠久的历史文化积淀、雄奇壮丽的自然风光以及丰富的物产、淳厚的风俗使它成为成都最具吸引力的旅游目的地、风景集中地和回归自然、吟咏性情之所。古往今来,众多文人雅士吟风弄月、描叶雕花,留下了不少模山范水之作,使大邑的山山水水都凝固在优美的诗句中,定格在美好的文学意象里。除了大家所熟知的"诗圣"——杜甫曾留下过诗作外,在历代歌咏描绘大邑山川风物的诗人中,最值得一提的是北宋著名画家文同(1018—1079)。文同字与可,自号石室先生、丹渊客,梓州永泰(今四川省锦阳市盐亭县永泰乡)人。皇祐元年(1049)进士,曾为邛州军事判官、邛州通判、大邑知县,走遍了邛崃、大邑的名山胜水。他工书画、又长于诗,《宋史》有传,有《丹渊集》传世。由于他身为蜀人,又长期在蜀中为官,故对蜀中风物有一份特殊的深厚感情,并且发之于诗。其诗清新可诵,如在目前。如《安仁道中早行》诗云:

行马江头未晓时,好风无限满轻衣。寒蝉噪月成番起,野鸭惊沙作队飞。揭揭酒旗当岸立,翩翩鱼艇隔湾归。此间物象皆新得,须信诗情不可违。

全诗八句，前六句句句皆可为特写镜头，共同连属成一幅信马江行图。好风无限，衣轻人爽。残月未落，蝉声已鸣，野鸭惊飞。更有那迎风招展的酒旗、翩翩归湾的鱼艇。好一幅川西平原的田园风光图！川西剑南之神韵尽在字里行间，而诗人"物象新得"后不可抑制的畅快诗情也呼之欲出。他的这一类诗，正如钱钟书先生所云："他在诗里描摹天然风景，常跟绘画连接起来，为中国的写景文学添了一种手法。……西洋要到十八世纪才有类似的例子。"①

此外，他还写有《题鹤鸣化上清宫》《高堂山兜率寺》等有关大邑史事风物之作，无不清新自然、妙肖生动。由于他画名太著，诗名遂为所掩。"然驰骤于黄（庭坚）、陈（师道）、晁（补之）、张（耒）之间，未尝不颉颃上下也"②。

除了文同外，在诸多吟咏大邑风物的诗人中，还有一个重要人物，那就是自称"六十年间万首诗"的南宋爱国诗人陆游。陆游是历代诗人中描写成都作品最多的诗人，据初步统计，数量当在千篇左右。他在四川生活七年多，蜀中的田园山水都留下了他的游踪，并结晶为优美的诗章。大邑为成都风景名胜聚集区，有西岭雪山、鹤鸣山、雾中山诸胜，故陆游留下了不少题咏。例如，《九月三日同吕周辅教授游大邑诸山》《次韵周辅道中》（二首）、《憩黄秀才画堂》《夜宿鹤鸣山》《次韵周辅雾中作》《山中得长句戏呈周辅并简朱县丞》《捣药鸟》《出山》《平云亭》《高秋亭》（均见钱仲联《剑南诗稿校注》卷五，上海古籍出版社1985年9月版）等。至于其他诗人有关大邑的诗作，由于后面还要辟专章论析，此处从略。

---

① 钱钟书：《宋诗选注》，人民文学出版社1958年版，第30页。
② （清）永瑢等：《四库全书总目》卷一百五十三《丹渊集》条，商务印书馆1933年版，第1318页。

五　天府古镇之翘楚

作为天府文化的核心区和成都的旅游聚集区，大邑有着丰富深厚的古镇文化。在全市五个国家级历史文化名镇中，大邑就占了两个，展现了天府文化千年不衰的独特魅力。在后面的论述中，将以安仁、新场、唐场、悦来、晋原、邮江等古镇为重点，展示大邑古镇的不同风格与面相，彰显大邑古镇文化的悠久历史和丰富内涵。特别要聚焦安仁古镇，追溯其颇富传奇色彩的前世今生。

六　大邑烧瓷轻且坚

大邑作为南方丝绸之路的重要节点（主要是新场一带），自古认来商旅发达，由此而带动了其他产业的发展。作为都江堰自流灌溉区的核心区，历来是川西平原的重要粮食基地，同属于"水旱从人，不知饥馑"[①]的天府之国，故在制陶、盐业、蜀锦蜀绣等手工业乃至教育文化出版等方面都较为发达。在此，我们仅举制陶及出版印刷两方面略做论析。

一是制陶。大邑制陶的历史可追溯到高山古城遗址时期，因为在遗址中除了人骨外，还发现了陶器（片），这说明早在距今4500年前左右，大邑先民已会制陶。随着时代的推移，到了唐代，包括大邑在内的邛州陶瓷已非常著名，那就是有名的"邛窑"。从现存的"十方堂邛窑遗址"来看，当时邛州的制陶已形成了规模较大的产业带，而大邑在历史上多数时间隶属于邛州，故在邛窑产业带中也包括大邑的白瓷。大邑白瓷在当时想必非常有名，乃至杜甫在浣花溪边的草堂建成之后，首先就想到了向一个姓韦的朋友要大邑的白瓷以充家用，并且

---

① （东晋）常璩撰、刘琳校注：《华阳国志校注》，巴蜀书社1984年版，第202页。

把其事写成《又于韦处乞大邑白瓷碗》一诗。

杜甫流寓成都期间，饱览自然风光、风景名胜，广交朋友，对成都的一草一木都充满了深厚的感情，简直把成都当作自己的故乡，把风云鱼鸟当作自己的伙伴，故发而为诗。山林城郊，人民物产，都充满了浓厚的情感。他咏松咏楠，写柳写花，同情邻居之孤苦，感激朋友之馈赠，体现出民胞物与的宽广胸襟与深厚情怀。前人评价杜甫"每饭不忘君"[1]，乃深于情者，于此诗庶几可以见之。

二是出版印刷。"四川在唐代就是全国主要的产纸地区"[2]，成都是世界最早发明和使用雕版印刷术的地区，成都印刷制品被称为"西川印子""蜀刻龙爪本"。现存有剑南西川成都府樊赏家历残页，西川过姓《金刚经》残页，成都府成都县龙池坊卞家印刷的《陀罗尼经咒》，这是世界上现存最早的一批印刷品，其中卞家、过家等书坊则是我国最早的民间出版社。

在唐代雕版印刷的基础上，五代两宋时期成都地区的印刷术一直在继续发展。后蜀宰相毋昭裔除了主持蜀石经的印刻外，还主持雕版刻印了我国古代最早一批文学总集和类书。"宋时蜀刻甲天下"（民国《华阳县志》），蜀中仍是全国三大印刷术中心之一。宋太祖开宝四年（971），《大藏经》在成都开雕，历时13年终于完成这一部共有13万块刻板的巨型佛藏——《开宝藏》，成为我国历史上也是世界历史上刻印的第一部《大藏经》。此外，宋宁宗庆元年间（1195—1201）还在成都刻印了《大平御览》1000卷、在眉山刻印了《册府元龟》1000卷。两宋蜀刻书籍种类丰富，而且具有校勘认真，版质好（多用梨木）、字画端楷（多用颜体、柳体）、板式疏朗、刻工精细、墨色漆亮、纸质上乘等优点。特别是大字本，字大如钱、墨香纸润，被后世学者评为宋

---

[1] 朱明伦：《杜甫散论》，辽宁大学出版社1993年版，第85页。
[2] 贾大泉、周原孙撰：《四川通史》卷4，四川人民出版社2018年版，第38页。

刊"蜀本大字皆善本"①，是我国雕版印刷史上公认的精品。有趣的是，在蜀刻宋代书籍中，还出现了我国（也是世界）最早的不准翻刻的声明文字，开印刷史上版权保护之先河。无独有偶，唐宋时期大邑、安仁的出版印刷文化也极为发达。近人傅增湘《题宋蜀本南华真经》诗云："赵氏新刊出蜀工，大书雅具柳颜风。流传孤帙无由见，校本先逢宝砚翁。""安仁旧属临邛郡，士族常高与李吴。刻梓何关文定事，寻缘或出赵龙图。"此二绝句专咏宋代成都的印刷出版，是对宋代以成都为中心的蜀中出版传播文化的赞歌。

大邑的蜀锦、蜀绣、竹编、漆器、制扇等亦各有特色，值得传承发扬。

七 名人辈出耀古今

大邑作为天府文化核心区，受成都"蜀学比于齐鲁"②之沾溉，亦为名人辈出之地。设县之前，其地隶属不常，名人前贤难于稽考。以唐咸亨二年（671）设大邑县（安仁县为唐高祖武德三年，即公元620年）算起，亦出现过不少名人望族，作为文化与社会精英，带动了大邑的发展。在后面的论述中，将从诗书传家计氏、科第相望詹氏、弃武从文甘氏、军阀世家刘氏以及其他近现代名人等几个方面，论析大邑历史上灿若晨星、艳若桃李的名人望族，并对他们对大邑文化的贡献进行探究总结。

八 红色基因孕英杰

大邑不但拥有名山大川、雪山瀑布等雄奇壮丽的自然景观和深沉厚重的历史文化底蕴，而且是一块孕育革命理想、产生革命英烈的红色土地，始终传承着一种不屈不挠、勇往向前的精神，有着深厚的红

---

① 陶懋炳：《中国古代史学史略》：湖南人民出版社1987年版，第441页。
② 常璩撰，刘琳校注：《华阳国志校注》，巴蜀书社1984年版，第214页。

色文化基因。在革命、战争与和平建设的年代，都产生过许多仁人志士和模范英雄，为建立新中国、发展新中国谱写了可歌可泣的篇章，在大邑厚重的历史文化中抹上了红色的笔触。在正文中，我们将对他们之中的代表车耀先、萧汝霖、冷寅东做简略论述，并对土地革命战争时期邛崃红色政权的情况做简要回顾。

此外，在大邑丰富深厚的历史文化中，学术教育、工艺美术、歌舞游乐、公馆文化、博物馆文化等都兴旺发达、特色鲜明。特别是创新创造、敢为人先、崇文重教、清廉守正的精神，更是世代相传、与时俱进，并且根据时代的发展变化而进行创造性转化和创新性发展，在天府文化的辉煌历史上，留下了浓墨重彩的篇章！

九　大邑文化新篇章

大邑的文化悠久丰富、特色鲜明、精彩纷呈。今天，在成都建设世界文化名城的宏大战略中，大邑县也在进一步研究如何利用优秀传统文化资源，继续推动文化建设，寻求适应县情的文化新发展，书写天府文化的大邑篇章。在后文中，我们将从书写天府文化大邑篇、全面清理历史文化资源、制定中长期发展规划等方面，对于如何保护利用大邑丰富的历史文化资源，演奏出天府文化合奏曲中的最强音，使大邑文化在新的历史时期重放异彩、再铸辉煌提出具有前瞻性、针对性和可操作性的对策建议。

第一章 大邑古今历史沿革

大邑本江原、临邛一隅，两汉相承，至新莽时改名为邛原、监邛。两晋及南朝而降，又有汉原、晋原、多融等名称。直至唐代高宗咸亨年间，方析置大邑，由此建县。逮至元初，又有安仁、火井两县并入。明清两朝，因而不改，其沿革大致如此。

第一节 建县前区域归属

一 先秦

上古时期，今大邑县地在古九州之一的梁州域内，《（乾隆）大邑县志校注》卷一："大邑为《禹贡》梁州之域。"① 《（民国）大邑县志》卷一："西蜀版图，首详《禹贡》；华阳黑水，实为梁州。"② 夏、商、周时期，今大邑县在当时古蜀国域内。《华阳国志·蜀志》："蜀之为国，肇于人皇，与巴同囿。" "其地东接于巴，南接于越，北与秦分，西奄峨嶓。地称天府，原曰华阳。"③ 周慎靓王五年（前316），秦灭古

---

① 大邑县地方志编纂委员会办公室：《（乾隆）大邑县志校注》，内部发行1998年版，第329页。
② 大邑县地方志编纂委员会办公室：《（民国）大邑县志校注》，巴蜀书社2017年版，第1页。
③ （东晋）常璩撰，刘琳校注：《华阳国志校注》，巴蜀书社1984年版，第175页。

蜀国；周赧王元年（前314），秦惠文王分封儿子通国为蜀侯，置巴郡、蜀郡，今天大邑县的区域在当时蜀郡临邛地域内，《华阳国志·蜀志》："临邛城，周回六里，高五丈。造作下仓，上皆有屋，而置观楼射兰。"① 临邛因为"邛水出严道邛崃山，入青衣江，故云临邛"②。

二 秦汉

秦汉时期，今大邑为蜀郡江原县、临邛县地。秦置蜀郡，西汉武帝又划全国为十三州，辖一百零三郡国，蜀郡时属益州，领江原、临邛等十五县。《汉书·地理志》："蜀郡，秦置……属益州。户二十六万八千二百七十九，口百二十四万五千九百二十九。县十五：成都，郫，繁、广都、临邛，青衣，江原，严道，绵虒，旄牛，徙，湔氐道，汶江，广柔，蚕陵。"③《元和郡县志》卷三十二《剑南道》："大邑县，上东南至州四十九里。本汉江原县地。"④ 西汉蜀郡辖境相当于今松潘以南，北川、彭州、洪雅以西，峨边、石棉以北，邛崃山、大渡河以东，以及大渡河与雅砻江之间，康定以南，冕宁以北地区。

西汉末期，王莽立国为新（9—23），将江原县改为邛原县，又将临邛县改为监邛县，属导江。《汉书·地理志》："江原，莽曰邛原。"⑤《水经注》卷三十三："临邛县，王莽之监邛县也。"⑥《华阳国志·公孙述刘二牧志》："王莽篡盗称天子，改天下郡守为卒正，又改蜀郡为导江；迁故中散大夫、茂陵公孙述字子阳为导江卒正，治临邛。"⑦ 后

---

① （东晋）常璩撰，刘琳校注：《华阳国志校注》，巴蜀书社1984年版，第198页。
② （五代）刘昫等：《旧唐书》，中华书局1975年版，第1682页。
③ （东汉）班固：《汉书》，中华书局1962年版，第1598页。
④ （唐）李吉甫：《元和郡县志》，中华书局1962年版，第781页。
⑤ （东汉）班固：《汉书》，中华书局1962年版，第1598页。
⑥ （北朝北魏）郦道元著，陈桥驿译注，王东补注：《水经注》，中华书局2007年版，第767页。
⑦ （东晋）常璩撰，刘琳校注：《华阳国志校注》，巴蜀书社1984年版，第473页。

来公孙述据蜀称帝，国号成家（25—36），又将益州改为司隶校尉，蜀郡为成都尹。《后汉书·公孙述传》："（光武建武元年，公孙述）改益州为司隶校尉，蜀郡为成都尹。"① 东汉建武十二年（36）十一月，成家灭亡，邛原县又改名为江原县，监邛县则复名临邛县，仍属益州蜀郡。《后汉书·郡国志》："蜀郡（秦置。雒阳西三千一百里）十一城，户三十万四百五十二，口百三十五万四百七十六。成都、郫、江原、繁、广都、临邛、湔氐道、汶江道、八陵、广柔、绵虒道。"②

三　魏晋

蜀汉，今大邑区域亦为江原、临邛县地，仍属益州蜀郡。后主嗣，改益州郡为建宁郡。清洪亮吉《补三国疆域志》："蜀汉疆域：益州，汉建安十九年，先主定益州；二十四年，进定汉中。后主建兴七年，复得梁州之武都郡，改益州为建宁郡，遥领交州。凡得汉郡十一。汉末及蜀汉增置郡十一，共领二十二郡，治成都。""蜀郡，秦置，领县七：成都、郫、江原、繁、广都、临邛、湔。"③

晋朝初期，建置仍旧，《晋书·地理志》："益州统郡八，县四十四，户十四万九千三百。蜀郡秦置。统县六，户五万。成都、广都、繁、江原、临邛、郫。"④ 时蜀郡范围："东接广汉，北接汶山，西接汉嘉，南接犍为。州治在太城，郡治在少城。其大江，自湔堰下至犍为。领成都、郫县、临邛、广都、江原县。"⑤ 江原、临邛县在蜀郡西及西南，《华阳国志·蜀志》："江原县，郡西。渡大江，滨文井江，去郡一百二十里。有青城山，称江祠。东方常氏为大姓。文井江上有常

---

① （南朝宋）范晔：《后汉书》，中华书局1965年版，第535页。
② （南朝宋）范晔：《后汉书》，中华书局1965年版，第3508—3509页。
③ （清）洪亮吉：《补三国疆域志》，中华书局1985年版，第22页。
④ （唐）房玄龄等：《晋书》，中华书局1996年版，第439—440页。
⑤ （东晋）常璩撰，刘琳校注：《华阳国志校注》，巴蜀书社1984年版，第227页。

氏堤，三十里上有天马祠。""临邛县，在郡西南二百里。"①

至李雄踞蜀建立成汉政权（304—349），分蜀郡和汉嘉郡之地设汉原郡，改江原县为汉原县，为汉原郡治。桓温灭蜀后，东晋穆帝永和三年（347），又改汉原郡为晋原郡，县名复改为江原。《（雍正）四川通志》卷二十六："汉置江原县，属蜀郡。晋朝永嘉中期，李雄立汉原郡，并将县名改为汉原。永和中，平蜀，改郡曰晋原，复改县曰江原。"②临邛县废，《元和郡县志》卷三十二《剑南道》："临邛县本汉县也，属蜀郡。晋末李雄乱后，为獠所侵。"③

四　南北朝

南朝刘宋时期，今大邑区域仍为江原、临邛县地，属益州晋原郡。《宋书·州郡志》："益州刺史，汉武帝分梁州立，所治别见梁州，领郡二十九，县一百二十八。"④益州领蜀郡、广汉、晋原等二十九郡，其中晋原郡领江原、临邛、晋乐、徙阳、汉嘉五县。

齐梁因之，江原、临邛县属益州晋康郡。据《南齐书·州郡志》，益州领蜀郡、广汉、晋康等二十五郡。其中晋康郡领县五："江原、临邛、徙阳、晋乐、汉嘉。"⑤

西魏时期，分临邛县之地置依政县，江原县仍保持建置。《元和郡县志》卷三十二《剑南道》："后魏废帝二年定蜀，复于旧城置临邛县。""依政县，本秦临邛县地，后魏于此置依政县。"⑥

北周时，江原县改为多融县，后又改为晋原县，属益州总管府。

---

① （东晋）常璩撰，刘琳校注：《华阳国志校注》，巴蜀书社1984年版，第227页。
② （清）黄廷桂：《（雍正）四川通志》，载（清）纪昀等编著《文渊阁四库全书》，卷二十六，第4406页。
③ （唐）李吉甫：《元和郡县志》，中华书局1962年版，第780页。
④ （南朝梁）沈约：《宋书》，中华书局1983年版，第1169页。
⑤ （南朝梁）萧子显：《南齐书》，中华书局1996年版，第299页。
⑥ （唐）李吉甫：《元和郡县志》卷三十二，中华书局1962年版，第780—781页。

《元和郡县志》卷三十二《剑南道》："晋原县，本汉江原县……晋为晋原，周立多融县，又改为晋原，属益州。"① 《(雍正) 四川通志》卷二十六："周废郡，改县曰晋原。"② 临邛、依政县仍置。

五 隋

隋因袭北周时的建置，今大邑县区域为晋原、临邛、依政县之地。晋原县初属西南道行台，中属总管府，后属蜀郡；临邛、依政县则属临邛郡。《隋书·地理志》："蜀郡旧置益州，开皇初废。后周置总管府。开皇二年，置西南道行台省，三年，复置总管府，大业元年府废。统县十三。"晋原其一也，"晋原旧曰江原，及置江原郡。后周废郡，县改名焉。"③ 又 "临邛郡，统县九：严道、名山、庐山、依政、临邛、蒲江、蒲溪、沈黎、汉原。"④

第二节 建县后区域沿革

一 唐及五代

唐初因隋，唐武德元年（618），分晋原县地析置唐隆县；武德三年（620），又析临邛、依政、唐隆三县地分置安仁县⑤；贞观十七年

---

① （唐）李吉甫：《元和郡县志》，中华书局1962年版，第775页。
② （清）黄庭桂：《(雍正) 四川通志》，载（清）纪昀等编著《文渊阁四库全书》卷二十六，第4406页。
③ （唐）魏征等：《隋书》，中华书局1997年版，第826页。
④ （唐）魏征等：《隋书》，中华书局1997年版，第827页。
⑤ 安仁建县较大邑更早，据（北宋）乐史撰《太平寰宇记》载："取仁者安仁之意。"县治在今安仁镇。安仁在建县前后的归属为：秦代为蜀郡临邛县地，西汉末为监邛县地，东汉至南朝萧梁为临邛县地，梁末为依政县地，西魏、北周至隋为依政、临邛县地，唐初为依政、临邛、唐隆县地。建县后，安仁初隶属于邛州。唐贞观十七年（643），安仁县撤销，咸亨元年（670）复置，隶属于邛州。唐天宝元年（742），邛州改为临邛郡，安仁县为郡辖县之一。唐乾元元年（758），临邛郡复名邛州，安仁县隶属于邛州。五代的前蜀、后唐、后蜀时，安仁县隶属于邛州，宋代隶属于邛州临邛郡，元代初隶属于邛州，继隶属于临邛郡，后复隶属于邛州。元至元二十一年（1284），安仁县建置撤销，其区域划归大邑县。

(643)，废安仁县，咸亨元年（670），恢复安仁县建置。即今天大邑县区域在唐初未建置时，属于临邛、依政、唐隆、安仁县之地。

唐咸亨二年（671），割晋原县西部之地设置大邑县，因其邑范围广大，遂以为名。属剑南道邛州临邛郡。《旧唐书·地理志》"邛州"："武德元年，割雅州之依政、临邛、临溪、蒲江、火井五县，置邛州于依政县。三年，又置安仁县。显庆二年，移州治于临邛。天宝元年，改为临邛郡。乾元元年，为邛州。旧领县六：临邛、依政、安仁、大邑、蒲江、临溪、火井。""大邑咸亨二年，分益州晋原县置也。"[①]《元和郡县志》卷三十二《剑南道》："大邑县……咸通二年割晋原县之西界置。"[②]《太平寰宇记》卷七十五《剑南西道四》："邛州，临邛郡。今理临邛县。《禹贡》梁州之域。汉置十三州，在益州之部……咸亨二年置大邑县。天宝元年改为临邛郡。乾元元年复为邛州。"又"大邑县，西北六十九里。旧十五乡，今十乡。唐咸亨二年分益州晋原县置，在鹤鸣山东，其邑广大遂以为名。"[③] 此大邑与晋原各自为县之始。

五代十国时期，大邑县隶属于前蜀国19年（907—926），后唐9年（925—933），后蜀国32年（934—965），隶属于邛州。

二 宋元

宋代，大邑县仍置。北宋乾德三年（965）起，大邑隶属于西川路成都府邛州临邛郡范围。《宋史·地理志》："邛州，上，临邛郡，军事。崇宁户七万九千二百七十九，口一十九万三千三十二。贡丝布。县六：临邛，依政，安仁，大邑，蒲江，火井。"[④] 南宋宝佑六年

[①]（五代）刘昫等：《旧唐书》，中华书局1975年版，第1682页。
[②]（唐）李吉甫：《元和郡县志》，中华书局1962年版，第781页。
[③]（北宋）乐史撰，王文楚等点校：《太平寰宇记》，中华书局2007年版，第1524—1525页。
[④]（元）脱脱等：《宋史》，中华书局1985年版，第2212页。

（1258），蒙古军队攻入四川，大邑隶属于邛州临邛郡。

元代至元十四年（1277）后不久，邛州临邛郡被改为邛州，大邑归属之。十六年（1279）。大邑属元。

元初，废安仁、火井二县，并入大邑县，属四川行中书省嘉定府路总管府邛州。据《元史·地理志》，嘉定府路领眉州、邛州。"邛州，唐初置邛州，又改临邛郡，又仍为邛州。元至元十四年，立安抚司，兼行州事。二十一年，并临邛、依政、蒲江三县入州。领一县：大邑。"① 《（雍正）四川通志》卷二十七："安仁废县，在县南三十里，唐置。《元和志》：'武德元年割临邛、依政、唐兴等县置。贞观十七年废，咸亨元年复置。'《九域志》：'元初并入大邑。'"《明一统志》卷七十二："大邑县在州北四百八十里……元并安仁、火井二县入焉。"② 元至元二十一年（1284），撤销安仁、火井二县建置，其区域划归入大邑县。

三　明清

明朝时期，大邑县仍置，明洪武四年（1371）春，朱元璋派军入蜀。六月，夏亡，大邑属明，隶属于邛州。明洪武九年（1376），邛州降为邛县，大邑隶属于嘉定州。明洪武十年（1377）五月，大邑入邛县。明洪武十三年（1380）十一月，复置，隶属于嘉定州。明成化十九年（1483），邛县又升为邛州，大邑还隶属于邛州。《明史·地理志》："邛州（元属嘉定府路），洪武九年四月降为县，仍属嘉定州。成化十九年二月复为州，直隶布政司，东北距布政司三百里，领县二：大邑、蒲江。""大邑，洪武十年五月省入邛县。十三年十一月复置，

---

① （明）宋濂等：《元史》，中华书局1976年版，第1436页。
② （明）李贤：《明一统志》，明万历刻本，卷七十二，第4475页。

属嘉定州。成化十九年二月还属。"① 明崇祯十七年（1644）八月初八，张献忠建立大西农民政权，定都成都，称西京。并于十月初五日破邛州，进入大邑。张献忠据蜀期间（1644—1646），大邑为大西辖县之一，隶属关系与明末时期相同。

清顺治三年（1646），大邑属清，隶属于邛州。据《（乾隆）大邑县志》记载，清顺治六年（1649），张献忠部下卢名仍"踞重庆、叙州、马湖及邛州一带"②。清顺治九年（1652），已经和南明联合的张献忠部下刘文秀出兵回川，大败已降清的吴三桂，克川南各州县，刘文秀克成都。这年起，大邑属南明，隶属于邛州。清康熙十三年（1674）吴三桂反后称帝，国号为周，大邑属于周，隶邛州。清康熙十九年（1680），王屏藩被讨平，大邑属清，隶属于邛州。《清史稿·地理志》："邛州直隶州，东北距省治百八十里。广二百二十里，袤百五十里。北极高三十度十八分。京师偏西十二度五十三分。领县二：大邑、蒲江。"③《大清一统志》卷四四一详载大邑县位置及范围："大邑县在州北少东四十里，东西距九十里，南北距五十里，东至成都府崇庆州界十里，西至雅州府天全州界八十里，南至本州岛界二十里，北至成都府灌县界三十里，东南至成都府新津县界五十里，西南至本州岛界二十五里，东北至崇庆州界五十里，西北至天全州界七十里。"④据《（乾隆）大邑县志》，时大邑县辖"青霞镇、安仁镇、上安镇、沙渠镇、梓潼镇"⑤五镇。清乾隆、同治年间大邑县境分别如下图：

---

① （清）张廷玉等：《明史》，中华书局1974年版，第1042页。
② （清）宋载纂修：《（乾隆）大邑县志》，清乾隆十四年刻本，卷二，第586页。
③ （清-民）赵尔巽：《清史稿》，中华书局1998年版，第2230页。
④ （清）郭佳·穆彰阿：《（嘉庆）大清一统志》，四部丛刊续编景旧钞本，卷四百十一，第2050页。
⑤ （清）宋载纂修：《（乾隆）大邑县志》，清乾隆十四年刻本，卷一，第49页。

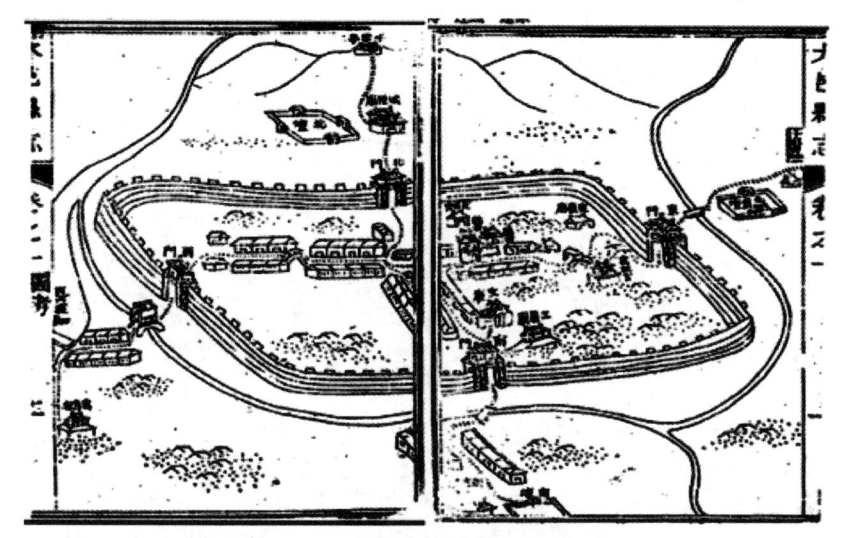

图1-1 清乾隆年间大邑县城图①

图1-2 清乾隆年间大邑县山势地形图②

---

① 宋载纂修：《(乾隆)大邑县志》，清乾隆十四年刻本，卷一，第35页。
② 宋载纂修：《(乾隆)大邑县志》，清乾隆十四年刻本，卷一，第39页。

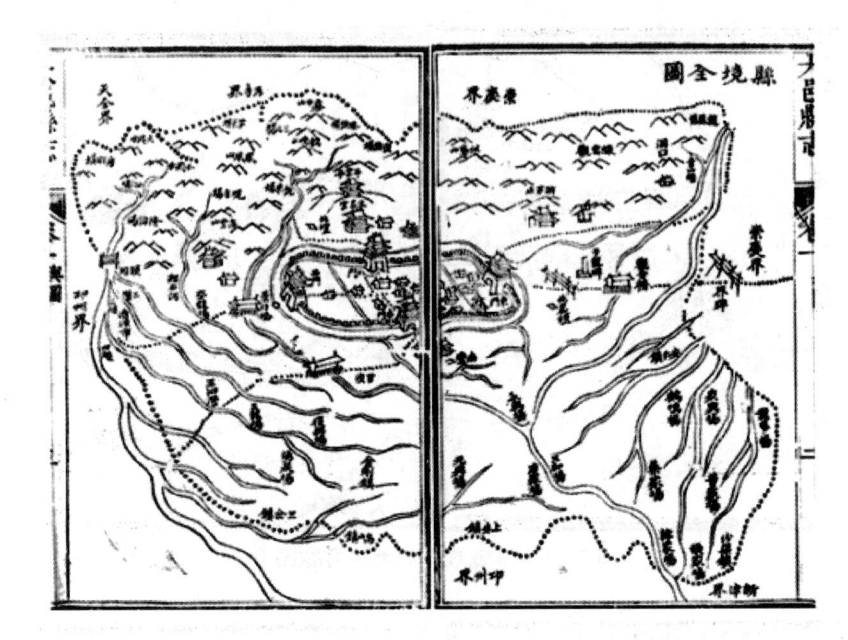

图1-3　清同治年间大邑县境全图①

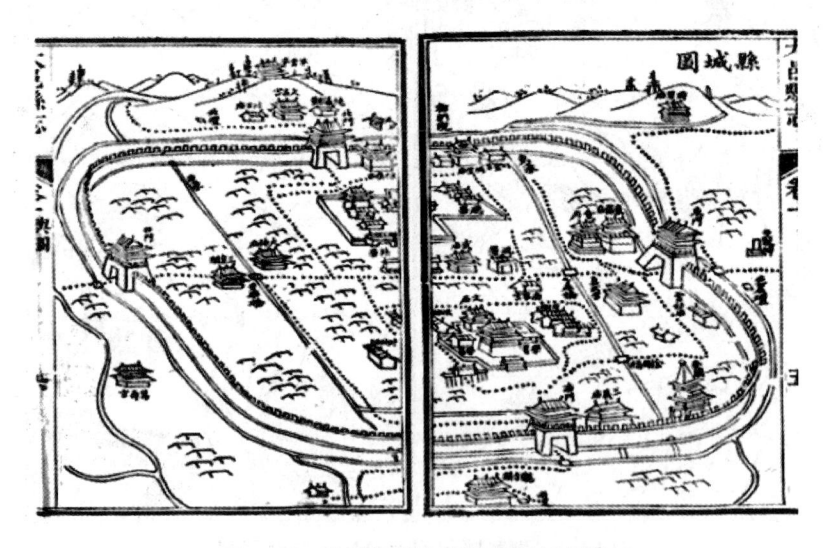

图1-4　清清同治年间大邑县城图②

---

① （清）赵霦纂修：《（同治）大邑县志》，清同治六年刻本，卷一，第29页。
② （清）赵霦纂修：《（同治）大邑县志》，清同治六年刻本，卷一，第35页。

四　民国至今

民国元年（1912），大邑隶属于邛州。二年（1913），邛州改为邛崃县，大邑隶属于上川南道。三年（1914）五月，上川南道又改为建昌道。十七年（1928），道制撤销，当时四川正值军阀混战，延至第二年才正式撤销，大邑于是直隶于四川省。二十四年（1931）六月，大邑隶属于四川省第四行政督察区。《（民国）大邑县志》卷一："民国元年，更为三级。废州府制。于是，省邛州，改为邛崃县。与大邑县同属川南道。现又废道直属省政府矣。"①

1949年12月20日，大邑县解放后，隶属于眉山行政区。1950年3月起改隶属于温江行政区，又称温江专区，1968年10月改为温江地区。1960年7月1日，经国务院批准，新津县并入大邑县中。原新津县城关镇改为大邑县的新津镇。1962年3月25日，恢复建制，原来的新津县所辖区域仍归新津县管辖，10月20日，国务院补办批准手续。建县后，大邑县治今天的晋原镇，辖13镇7乡。1983年5月，温江地区建制被撤销，大邑县划归成都市管辖至今。

表1-1　　　　　　　　大邑县建置沿革简表

	时代	对应区域/名称	辖境及变化	属州郡(府)
建县前	上古	梁州	华山之南及澜沧江或金沙江、怒江流域	梁州
	夏商周	临邛城	蜀郡	

---

① 大邑县地方志编纂委员会办公室：《（民国）大邑县志校注》，巴蜀书社2017年版，第7页。

续　表

	时代	对应区域/名称	辖境及变化	属州郡(府)
建县前	秦、西汉 (前221—8)	江原县、临邛县	松潘以南,北川、彭州、洪雅以西,峨边、石棉以北,邛崃山、大渡河以东,以及大渡河与雅砻江之间,康定以南,冕宁以北地区	蜀郡
	莽新(9—23)	邛原县、监邛县		导江
	成家(25—36)	邛原县、监邛县		成都尹
	东汉建武十二年(36)	江原县、临邛县		蜀郡
	蜀汉(221—263)	江原县、临邛县		蜀郡(建宁)
	西晋(266—316)	江原县、临邛县		蜀郡
	成汉(304—349)	汉原县		汉原郡
	东晋穆帝永和三年(347)	江原县		晋原郡
	南朝刘宋 (420—479)	江原县、临邛县		晋原郡
	南朝齐、梁 (479—557)	江原县、临邛县		晋康郡
	北朝西魏 (535—556)	江原县、临邛县、依政县	析临邛县地置依政县	邛州
	北朝北周 (557—581)	多融(晋原)县、临邛县、依政县		益州总管府
	隋(581—619)	晋原县		初属西南道行台,中属总管府,后属蜀郡
		临邛县、依政县		临邛郡

续表

	时代	对应区域/名称	辖境及变化	属州郡(府)
建县前	唐武德元年(618)	晋原县、唐隆县、临邛县、依政县	分晋原县地析置唐隆县	临邛郡
	唐武德三年(620)	临邛县、依政县、唐隆县、安仁县	析临邛、依政、唐隆三县地分置安仁县	临邛郡
	唐贞观十七年(643)	临邛县、依政县、唐隆县	废安仁县	临邛郡
	唐咸亨元年(670)	临邛县、依政县、唐隆县、安仁县	复置安仁县	临邛郡
建县后	唐咸亨二年(671)	大邑县	割晋原县西部置大邑县	临邛郡
	五代(907—960)	大邑县		邛州
	两宋(960—1279)	大邑县		临邛郡
	元初至至元二十年(1271—1283)	大邑县		邛州
	元至元二十一年(1284)	大邑县	省安仁、火井二县,并入大邑县	邛州
	明洪武四年(1371)	大邑县		邛州
	明洪武九年(1376)	大邑县		嘉定州
	明洪武十年(1377)	邛县	大邑并入邛县	嘉定州
	明洪武十三年(1380)	大邑县		嘉定州
	明成化十九年(1483)	大邑县		邛州

续 表

时代		对应区域/名称	辖境及变化	属州郡(府)
建县后	清(1636—1912)	大邑县		邛州
	民国元年(1912)	大邑县		邛州
	民国二年(1913)	大邑县		川南道
	民国三年(1914)	大邑县		建昌道教
	民国十七年(1928)	大邑县		四川省
	1949—1950	大邑县		眉山
	1950—1960	大邑县		温江
	1960—1962	大邑县	新津县并入大邑县	温江
	1962—1983	大邑县	原新津县所辖区域仍归新津县管辖	温江
	1983至今	大邑县		成都

五　大邑县所辖乡镇街办概况

1999年，大邑县共辖15个镇、12个乡：晋原镇、安仁镇、悦来镇、新场镇、唐场镇、西岭镇、斜源镇、董场镇、韩场镇、王泗镇、三岔镇、䢺江镇、上安镇、天宫庙镇、苏家镇、高山乡、青霞乡、金星乡、雾山乡、沙渠乡、鹤鸣乡、三坝乡、敦义乡、蔡场乡、元兴乡、龙凤乡、丹凤乡。

2004年，大邑县共辖17个镇、3个乡：晋原镇、王泗镇、䢺江镇、西岭镇、斜源镇、董场镇、韩场镇、三岔镇、上安镇、苏家镇、新场镇、安仁镇、悦来镇、青霞镇、沙渠镇、蔡场镇、花水湾镇、雾山乡、金星乡、鹤鸣乡。

2019 年大邑县共辖 7 个镇、3 个街道：王泗镇、新场镇、悦来镇、安仁镇、𰻞江镇、花水湾镇、西岭镇、晋原街道、沙渠街道、青霞街道。

2020 年大邑县共辖 8 个镇、3 个街道：安仁镇、新场镇、花水湾镇、西岭镇、鹤鸣镇、悦来镇、𰻞江镇、王泗镇、晋原街道办、青霞街道办、沙渠街道办。

第二章　自然山水文化

　　大邑县地处成都平原向川西北高原的过渡区域，地势西北高，东南低。邛崃山脉由西北向东南延伸，贯穿县西北山丘地区。西北最高处为苗基岭，海拔5364米，为成都市第一峰。县境内山区、丘陵和平原三大地形区成阶梯状分布。当地属亚热带湿润季风气候区，气候温和湿润，雨量充沛，日照较少，无霜期长，四季分明，具有冬无严寒、夏无酷暑、气候温和、雨量充沛、四季分明的特点。多样化的地形、温暖湿润的气候为当地动植物的生长提供了非常有利的条件。境内有亚热带、温带植物共226科，1527属，8600种。冷杉、铁杉、云杉、马尾松、雪松、苏铁、紫荆、皂荚、银杏、红豆杉、罗汉松、红豆树、槐树、黄檀、珙桐等珍稀树木，牡丹、芍药、金弹子、兰草、桂花、杜鹃花、茶花、月季、鸡冠花、玉簪花等花卉在县域内都有广泛分布。大熊猫、小熊猫、熊、马熊、猕猴、金丝猴、云豹、豺、大灵猫、果子狸、林麝、小麂、水鹿、牛羚、鬣羚、斑羚、大鲵、红腹角雉、绿尾红雉、黄胸柳莺、白眉姬鹟、金画眉等野生动物也生活在这片广袤的土地上。得天独厚的地理条件，丰富的自然资源，孕育出众多美不胜收、令人陶醉的秀丽风光。

第一节　西岭千秋雪

　　西岭雪山风景名胜区位于大邑县双河场大飞水以西,地理坐标为北纬30°35′至30°49′,东经102°35′至103°17′,总面积482.8平方千米,为世界自然遗产、大熊猫栖息地、国家AAAA级旅游景区、国家重点风景名胜区。景区位于邛崃山脉中段,以高山自然风光著称,最高峰苗基岭海拔5364米,山顶终年积雪不化,天气晴朗时,在成都市区即可眺望到它的英姿。唐代大诗人杜甫《怀锦水居止二首》有:"雪岭界天白,锦城曛日黄。"《绝句四首》更是脍炙人口:"两个黄鹂鸣翠柳,一行白鹭上青天。窗含西岭千秋雪,门泊东吴万里船。"[①] 诗中所言雪山即为西岭雪山。

　　景区集原始、粗犷、雄奇、秀丽、神秘的自然风光于一身,这里有终年积雪的险峰、飞流而下的瀑布、冰清玉洁的潺潺溪流、无边无际的原始森林、各式各样的奇花异草、珍稀罕见的飞禽走兽,随着海拔升高,气象、植被等也迥然不同,可谓一山有四季,景色各异,变幻莫测,形成了一个壮丽奇伟、神秘多样的高山天然风景区。西岭雪山景点众多,最具特色者为日照金山、阴阳界奇观、日月坪云海、原始花林、瀑布群等。

一　朝霞映金山

　　红石尖是景区可登临的最高点,也是离西岭雪山主峰苗基岭最近的地方,海拔3310米,是一处天然的观景台。此处由红色花岗岩石峰组成,在阳光的照耀下,仿佛红宝石熠熠闪光。立此西望,绵绵不绝的大雪山宛如一条玉龙蜿蜒起伏,而巍峨的苗基岭则近在眼前,映衬

[①] （唐）杜甫著,谢思炜校注:《杜甫集校注》5,上海古籍出版社2015年版,第2164页。

着蓝天白云，更显圣洁。向东望去，则是沃野千里的成都平原，在云雾掩映中好似一幅徐徐展开的水墨画卷。每当清晨日出时分，周围雪白的山峰被朝霞映得金光闪闪，形成日照金山的壮丽景观，为西岭雪山一绝。西岭日出还因气象、季节的差异而千变万化。晴朗之日，太阳从地平线缓缓升起，可观赏到壮丽日出的全过程；如果天空有云雾，太阳出现时，已是跃出地平线的一轮红日；要是云层弥漫，云海如雪白的绒毯一般无边无涯，远处则有明丽的朝霞闪烁。有时还会出现日月同辉的奇异景象，抬头往西看，半弯月亮悬挂头顶，犹如指明灯；往东看，天边是一抹朝霞，红日将出。

二　阴阳界奇观

阴阳界位于白沙岗山脊，是景区的又一绝。山脊逶迤千米，脊背宽仅2米，这里既是分水岭，同时又是两种不同气流的交汇处。青藏高原寒冷干燥的气流由西而来，四川盆地温暖湿润的气流则从东而至，两股气流恰在山脊处相遇，因而形成了非常独特的自然景观。以白沙岗为界，一边是蓝天白云，阳光灿烂；一边却云遮雾绕，朦胧阴沉，两边泾渭分明。"阴阳界"也由此得名，堪称自然界的奇观。

三　日月坪云海

日月坪是位于山顶的大草坪，这里是观云海、赏日出的好地方。按地理分布，西岭雪山的云海可分为东海和西海：东海远接渺茫蓝天间偶有海市蜃楼之梦境，西海在浩瀚辽阔中忽现仙境魔幻般神秘。可谓云翻雾绕，高低沉浮，气象万千。置身日月坪，即可欣赏云海的波澜壮阔，体会"宛若天上人"的妙处，如果幸运，还能一睹神奇的佛光。早晨可以在此领略朝阳喷薄而出的惊艳，晨曦初露，浮光跃金，艳丽不可方物；夜晚繁星满天，仰望苍穹，让人浮想联翩，又是另一种如梦如幻的境界。

四　茫茫原始林

景区内原始森林约有40万亩，保存完好，植物种类达3000多种。树林中古木参天，苍苍莽莽。随着海拔的变化，植被由阔叶林逐渐向针叶林过渡。海拔1800米以上，树枝都挂满松萝，地上铺着厚厚的苔藓，远古幽邃之气息扑面而来。到3700米以上已是高山草甸，一派高原风光。其中，别具特色的是白沙岗一带生长的千亩野生桂花树，春末夏初花满枝头，漫山遍野香气袭人。在它附近还有绵延数十里的大杜鹃林，其品种繁多，色彩艳丽，春夏之际，从低山向高山，各处杜鹃相继开放，持续时间长达五个月，与桂花相映成趣。"将是天女散花来，漫山杜鹃先泛彩；才当嫦娥奔月去，遍岭桂子犹飘香。"[①] 正是此景的生动写照。景区还有一片约百亩的植物"活化石"——原始珙桐林，花开如白鸽展翅飞翔，引人遐想。此外，还有中药材植物300多种，野生花卉200多种。原始森林中还生活着300多种野生动物，其中珍稀动物40余种，国家一类保护动物12种，包括大熊猫、金丝猴、岩牛、扭角羚、红腹角雉等。

在雪山森林中，还能一睹雾凇奇观。雾凇俗称树挂，是冷水滴凝结在树枝上形成的白色或者乳白色不透明冰层。雾凇形成的条件比较严苛：首先，需要寒冷漫长的冬季，同时空气中要有充足的水汽；其次，要求天气晴朗，少云，还要静风或风速很小。西岭雪山海拔较高，温度低、湿度大、没有风，树木密集，形成雾凇的条件较好，因而出现雾凇的次数较多。日月坪，每年12月至次年2月的晴天早晨是观赏雾凇的最佳时间。

[①] 中国人民政治协商会议四川省大邑县委员会文史资料委员会：《文史资料专辑》第1辑《大邑名胜今昔》，内部资料1994年版，第47页。

五　飞瀑溪流急

　　景区雨量充沛，水资源丰富，其中飞水溪和花石溪，是成都平原河流的发源地之一。其地势西高东低非常有利于形成众多飞瀑激流，最壮观的当属豹啸瀑、凤尾瀑和五彩瀑。豹啸瀑高60米，飞瀑从悬崖直泻而下，势若龙腾，声如豹啸，兴云吐雾，狭谷生风。有对联云："飞泉自天上来，狂涛声喧豹啸急；迷雾从云中降，阴翳势漫猿鸣哀。"① 凤尾瀑高35米，水流由小变大，如凤尾开屏。瀑布中段还有一丛凤尾竹，在水花冲击下，摇曳生姿，别有一番情趣。有联云："凝烟喷石飞银汉；裂幛惊湍落玉虹。"五彩瀑高30米，山泉从花岗岩绝壁上飞奔而来，在阳光的照耀下，红色岩壁与白色水雾交相辉映，有时还能在水雾中看见七色彩虹，美轮美奂。联云："乃盘古开天原荒，欣见万木苍莽；是女娲炼石遗址，喜看五彩斑斓。"另外，蝴蝶溪也别具特色，瀑布从陡峭的岩石裂隙深沟中喷涌而出，气势如虹，溪谷中成群的蝴蝶翻飞，色彩缤纷，形态各异，令人目不暇接。沿途还能看到"九瀑一线天""鱼泉""珍珠泉""飞帘"等大大小小的飞瀑流泉，或雄奇，或秀美，为清幽的深山平添许多灵气。除了瀑布外，山谷中的溪流也特别丰富，可以说是一路溪水潺潺。其中"花水湾"最具代表性：从三磊关到两溪口，两岸悬崖峭壁，山上草木葱郁，花开蝶舞，鸟鸣声声。溪水顺着山势，蜿蜒下行，绕了三个大湾，绵延1000余米，而落差竟有170米，形成13处跌水，7个深潭。水流将山的前峰切割出一个半岛，岛上耸立着一"飞来石"，站在巨石上，居高临下，眺望周遭，气象万千。溪中分布着大小不同的岩石，奔腾而来的水流遇到大石，碰撞出层层浪花。溪水清澈，水底各色碎石清晰可见，有

---

　　① 中国人民政治协商会议四川省大邑县委员会文史资料委员会：《文史资料专辑》第1辑《大邑名胜今昔》，第46页。凤尾瀑、五彩瀑联均引自此，不另注。

时还能看到小鱼游来游去。

六 奇峰怪石立

西岭雪山悬崖峭壁林立，山石形态各异，令人称奇。在茶地坪附近，有一大岩石向外延伸数米，其下可容五、六十人站立。每当山中暴雨突至，站在石下不仅可以避风雨，还可欣赏乌云滚滚、大雨滂沱、山中烟云弥漫的景观，因有"屋檐赏雨石"之称。又有"凌云绝壁"，该壁长2000多米，高约400米，山石如巨斧劈成，直插云霄。抬头向上望，令人胆寒。还有"大山门"，这是一处约百米长的岩石，极为险峻，只能穿过一条狭谷攀登到达，实为"一夫当关，万夫莫开"之地。此外，杜鹃林中还有一座"观云台"，在2700米的山脊上高高耸立，站在台上，俯视群山，顿有"荡胸生层云"之感。距离观云台1千米的云杉林中藏有一座约千亩的怪石迷宫，各式各样的怪石密布其中，石上覆盖着厚厚的苔藓，上面长着云杉、冷杉、杜鹃等植物，颇为神奇。进入迷宫，宛如走进八卦阵，难辨方向。联云："金猴踞碧峰，敢有妖风弥古谷；怪石生奇树，为探野趣陟幽峦。"[1]

七 高山滑雪场

西岭雪山后山的半山腰，建有一处占地7平方千米的滑雪场，这是国内海拔2200—2400米之间面积最大、设施最先进的大型高山滑雪场。每年12月到次年3月间，无数爱好者来此享受滑雪的乐趣，他们还可驾驶雪地摩托、雪地越野车、雪地滑车，或者体会一下雪上飞伞的惊险刺激。每到这个季节，大人小孩在雪地上嬉戏，欢笑声此起彼伏，成为冬日里最亮丽的风景。

---

[1] 中国人民政治协商会议四川省大邑县委员会文史资料委员会：《文史资料专辑》第1辑《大邑名胜今昔》，第48页。

西岭雪山景区山幽、林密、水秀、石奇，是绝佳的风景胜地。一年之中，又景色各异。春天百花盛开，争奇斗艳；夏季清泉飞瀑，凉意顿生；秋日霜林尽染，彩叶缤纷；冬季北国风光，银装素裹。一个季节之中，因为海拔的差异，也形成截然不同的景观，山脚还是绿树婆娑、繁花似锦，而山顶已经白雪皑皑，寒气逼人。西岭雪山正以自己独特的魅力成为四川的一张名片，吸引着越来越多的游客。

第二节　温泉花水湾

距离西岭雪山16千米的双河场花水湾一带有非常丰富的地下热水资源，水中富含钠离子、氯离子、硫酸根离子等多种微量元素，属于"硫化氢泉"和"氯化钠泉"的复合泉，热水上流至井口的温度为62℃至65℃，为优质的温泉水源地。其中，"硫化氢泉"对各种皮肤病，如疥、癣、慢性湿疹、痒症、神经性皮炎等有一定的疗效，对心脏也有较好的保护作用，对慢性风湿性关节炎的疗效最为突出。"氯化钠泉"堪比海水浴，可以促进人体新陈代谢，缓解植物神经紧张，有利于多项身体机能的恢复。现探明其日流量达8400立方米，总储量约为2亿立方米，据测算可保证供水百年以上，还可日产天然气3900立方米。由于水体中矿物质含量高，汤色会呈现出迷离梦幻的淡绿、深绿等色彩，有"天府奇汤"之誉。

温泉区幅员面积53平方千米，位于龙门山大断裂带上，海拔近千米，是远古地壳运动的产物。20世纪90年代后，沿天宫庙镇川溪河谷一线兴建了大量的温泉度假区。这里山幽林密，空气清新，风景优美：春天来临草长莺飞，桃红柳绿、鸟语花香，宛如人间仙境；冬日里，雪花纷飞，一处处的温泉热气腾腾，身处其中如梦如幻。

花水湾周围的山上还有20多个溶洞，如美女洞、燕子崖、大小龙洞等。燕子崖的洞内生活着成千上万只燕子，早晨黄昏，成群的燕子进进出出，遮天蔽日，极为壮观。山林中还有一处佛教圣地千佛山（又名圆觉洞），有保存较好的石碑、石像等文物。花水湾已经成为人们休闲、度假、疗养、保健的著名温泉胜地。

第三节　寻幽静惠山

静惠山位于大邑县城晋原街道北郊，是集自然风光、历史古迹于一炉的景区，现已建成占地面积300余亩其中林地250多亩的大型公园。

三国时期，这里曾是边防要塞。明代学者曹学佺《蜀中名胜记》载："（大邑）静惠山一名东山，山下土城相传是蜀汉将军赵云筑。盖云常防羌于此。"① 现在犹存当年驻防遗迹。

山上古木苍翠，曲径通幽，北宋史学家范镇曾来此讲学。范镇（1007—1087），字景仁，华阳（今四川省成都市）人，曾任户部侍郎，以直言敢谏闻名，因反对王安石变法被撤职。宋哲宗时复起用，封蜀郡公。精通儒学，擅长乐律，曾参与编修《新唐书》，著有《东斋纪事》《范蜀公集》等。卒，谥忠文，赠右金紫光禄大夫。同乡好友苏轼撰写《范景仁墓志铭》称："其文清丽简远，学者以为师法。""临大节，决大议，色和而语壮，常欲继之以死，虽在万乘前，无所屈。"② 其气节令人景仰。

范镇在山上建平云亭，与友人聚会于此，流连山水之间。曾作《平云亭二首》："半日兰溪隐，春云蕙帐眠。定应猿鹤怪，归去执驴

---

① （明）曹学佺：《蜀中名胜记》卷十三，清宣统二年刻本，第8页。
② （北宋）苏轼：《苏东坡全集》（3），北京燕山出版社2009年版，第1605页。

鞭。""蹬道谁云险，肩舆亦可行。坐来知日永，立处与云平。"① "肩舆"应是西南地区特有的滑竿，游人可以坐在上面，由两位抬滑竿的轿夫抬上山，坐在上面自然不知山路之艰险，但诗人也不免感叹：站在山顶，和天空的云一样高！清人但象琦撰《平云亭记》云："静惠山巅，有亭翼然临于其上，署曰平云，状其高也。作亭者谁，华阳范忠文公镇。"② 介绍了平云亭得名之由来，正是因其高耸入云。

南宋著名诗人陆游在淳熙元年（1174）携友人吕周辅等游静惠山，登平云亭，曾作七律一首，描述山势之高峻，风光之秀美。

清代又重建该亭，规模更大。亭中塑文昌帝君神像，楼上供魁星，亭下为长廊，立范、陆二公牌位，壁上刻范、陆二公诗。

现在的平云亭为1985年重建，亭高14米，一底两楼六角，朱漆彩绘，飞角凌空。登亭远望，山川景物尽收眼底。

从平云亭西行，会经过高秋亭，陆游也曾为此亭题诗，可见静惠山之青翠欲滴是何等令放翁恋恋不舍！

山上还建有纪念北宋著名画家、诗人文同的"与可亭"。文同，字与可，梓州永泰（今四川省绵阳市盐亭县永泰乡）人，诗画俱佳，尤善画竹，成语"胸有成竹"便源自他的典故。宋皇祐四年（1052）至至和元年（1054）以邛州通判摄大邑县令。在任期间，寻访大邑名胜，足迹遍布境内的山山水水，所到之处多有题咏，留下了许多描绘大邑景物的诗词。他也是一位循吏，继承了祖先西汉蜀郡守文翁的业绩。王安石曾赞赏之："文翁出治蜀，蜀士始文章……莘莘汉守孙，千秋起相望。"③ 文同任职期间，县中太平无事，所以他说"乐其少讼而多暇"。

---

① 中国人民政治协商会议四川省大邑县委员会文史资料委员会：《文史资料专辑》第1辑《大邑名胜今昔》，第295页。

② 四川省大邑县地方志编纂委员会：《大邑县志续编》，四川大学出版社1996年版，第643页。

③ （北宋）王安石：《临川先生文集》第5册，复旦大学出版社2016年版，第266页。

山中还有子龙祠、望羌台、岳春墓等古迹，以及盆景园、兰草园、翠谷飞虹等景点，站在山顶，环顾四周，山清水秀，令人心旷神怡。此处历来是访古寻幽的胜地，留下众多前人题咏。清代邑令浙江人宋载有《春日游平云亭》诗："山亭高挹与云平，霞径遥穿杖策行。绿盖缓扶迟日丽，碧虚翠落午风清。偶缘放眼留春赏，特倩闲踪写宦情。催动疏钟花外转，恰随归骑度烟轻。"该诗写春日登亭之感：诗人偶尔放下公务，来此赏春，他挂杖在云霞弥漫的山间穿行，一路上翠色欲滴，清风徐来，只见那平云亭高高耸立，似乎就在云间。清人胡元树有《春日游平云亭》诗："晋原城里杏花残，城北山亭宿草寒。乱石堆云愁粉蝶，长松拂宇快青鸾。置身霄汉星辰近，放眼河山天地宽。乘兴不知归路远，晚风新月露初溥。"这首诗写出诗人暮春时节来到平云亭，极言山势之高，"乱石堆云""星辰近"等集中体现了这个特点。风景迷人，游客流连忘返，不觉已是黄昏时分。清代举子邛州人胡璠有《登平云亭题壁》诗："蹑屐携壶意独殷，登高胜事竟离群。纡回石磴堆黄叶，乱叠松关拥翠云。问世谁能如少伯，论半予亦正终军。一声孤磬冲烟上，搔首亭前对夕曛。"这首诗写诗人带着酒壶与众人一起登山，走着走着，就落了单，他踏着堆满黄叶的石梯拾级而上，只见云间浮现出层层叠叠的松树。在平云亭前，对着夕阳沉醉其中，孤清的磬声从远处传来。清代文生邑人牟毓棪作《九日登平云亭》诗："蹑级登临趁九秋，黄花时节暂勾留。一江霜色初凋柳，四面山光欲上楼。壮志未酬惭马齿，清尊相伴到白头。凌云忽自舒长啸，惊起天风荡斗牛。"[①] 这是一首写秋季登临的诗句。"黄花""霜色""凋柳"等意象突显了秋日景象，渲染了萧瑟气氛，诗人自感年岁渐长却壮志未酬，不由更生悲凉，作者在山顶"长啸"，固然是宣泄胸中的郁闷，但何尝

---

① 四川省大邑县地方志编纂委员会：《大邑县志续编》，四川大学出版社1996年版，第663—666页。

不是希望借此激励自己图谋改变呢!

第四节　洞口烟霞湖

　　春天,从大邑县城东门往青霞乡出发,路的一侧是川西平原,黄黄的油菜花延伸到远方,另一侧是清幽的山峦,山上松青竹翠,鸟语花香。到达龙凤场后,穿过一条隧道,眼前便出现了一片开阔的水域,这里就是烟霞湖风景区。

　　此地位于龙车、丹凤两山之间,为文井支流的发源地,水流蜿蜒10多里,为晋原八景之一"洞口烟霞"所在。清代邑令宋载有诗云:"人家几处抱清流,洞口风花香暗浮。水浸霞红烟带绿,诗囊添得宦中游。"山色苍翠,江流环绕,花香阵阵,引人遐想。

　　20世纪70年代,在此修建毛家沟水库。80年代,在水库基础上开发建成烟霞湖风景区。景区湖面198亩,周围山上植被面积300余亩,水深10至15米,容量204.5万立方米。该湖为枝型湖泊,湖面狭长曲折,有9弯18拐之称,其间环绕10座形态各异的山峰。

　　景区地处山间平原,周围青山环绕,俨然世外桃源,清代乡人汪濂云:"龙蟠凤逸岭中分,石马嘶风忆旧闻。岂恋烟霞共啸傲,总缘佳胜积缊缊;峨眉竞秀含山月,洞口晴烘出岫云。客羡桃园随处是,临江梓里定扬芬。"诗中所言"石马嘶风"系当地传说,据称洞口漕倒马坎处,曾有石马,每当落霞时分则飞驰而来,人常见之,石上犹有马蹄痕。

　　烟霞湖碧波荡漾,水质清澈。泛舟湖上,四周青山环抱,鸟鸣嘤嘤,水面波光粼粼,鱼儿成群,白云青山的倒影散落在水中,如在画里。阳光下,湖面云蒸雾绕,平添朦胧之美。特别是早晨、黄昏之时,霞光映照,湖水五光十色,迷离梦幻。烟与霞,组成了烟霞湖特有的迷人世界，也是其得名的原因。

湖畔东面的山上有观音寺。该寺建于明成化年间，曾有殿宇十多重，从山脚延绵到山顶，气势恢弘。清代县令宋载将其改为道观，名云台观。后被毁，现为重建。站在山顶，俯瞰湖区全景，别有一番乐趣。

湖的西北有仙台山，当地传说有古代刘晨、阮肇入仙台遇仙女的故事。山中现有会仙桥、品仙台、太阳宫等古迹，环境清幽，民风淳朴，是一处远离喧嚣、回归自然的所在。

附近一座山上还有绿云观。据说唐代贞观年间王子僧伽、僧护在此出家，是雾中山开化寺分袭四十八庵院之一。明嘉靖时期广禄和尚重建。曾有藏经阁，储存大量经卷。此地风光秀丽，"绿云缭绕，紫气环围，竹翠松青，溪壑清莹"[1]。

烟霞湖现在已是集划船、垂钓、游泳、休闲、赏景于一体的休闲度假胜地。

第五节　晋原八胜景

晋原为大邑的别称。北周孝闵帝元年（557），此地曾设晋原县[2]。北宋欧阳忞《舆地广记》也载："（大邑）唐咸亨二年析益州之晋原置，属邛州，有鹤鸣山……"[3] 前人曾总结大邑境内名胜，概括为"晋原八景"。

这八景分别指：凤凰鲸柏、虎跳邮河、雾中月池（又名"明月清

---

[1] 中国人民政治协商会议四川省大邑县委员会文史资料委员会：《文史资料专辑》，第1辑《大邑名胜今昔》，第305页。
[2] 四川省大邑县县志编纂委员会：《大邑县志》，四川人民出版社1992年版，第75页。
[3] （北宋）欧阳忞著，（清）黄丕烈校勘：《舆地广记》卷二十九，金陵书局1880年版，第9页。

池")、鹤鸣双涧、斜江晚渡、洞口烟霞、甘泉筇竹、高堂圣灯。

清乾隆时期邑令宋载曾作《晋原八景》，细致描绘大邑的代表性景观：

> 紫柏森森不计年，凤凰遥度暮山烟。公余拾翠春相问，欲向骑鲸上九天。（凤凰鲸柏）
>
> 跳波谁把迹空留，榔水闲寻虎渡头。薄宦恰随吟兴远，因风直到暮烟秋。（虎跳邮河）[1]
>
> 水净无尘映碧空，遥从绝顶落高风。秋光夜散香随雾，尽入清池照月中。（明月清池）[2]
>
> 双涧高风幻影疏，数声元鹤彻寒渠。丹成自昔人仙去，几度烟霞寄碧虚。（鹤鸣双涧）
>
> 临津风絮夕阳天，残照随流半系船。却向斜江见图画，一帆人渡绿杨烟。（斜江晚渡）
>
> 翠峦倒影吐清流，洞口风花香暗浮。水浸霞红烟带绿，诗囊添得宦中游。（洞口烟霞）
>
> 槭槭微风缕缕烟，幽篁次第溯甘泉。昔经汉使遗栽后，曾说新枝与岁迁。（甘泉筇竹）
>
> 不息传灯照未穷，高堂闪闪集因风。夜来取次凭虚望，多少烟山锁落红[3]。（高堂圣灯）

宋载纂修《（乾隆）大邑县志》记载："凤凰鲸柏：在凤凰山。

---

[1] 四川省大邑县地方志编纂委员会办公室：《清乾隆〈大邑县志〉校注》，内部资料1998年版，第368页。

[2] 四川省大邑县地方志编纂委员会办公室：《清乾隆〈大邑县志〉校注》，内部资料1998年版，第369页。

[3] 四川省大邑县志编纂委员会：《大邑县志》，四川人民出版社1992年版，第816页。

旧有紫柏十围，根盘巨石上，号骑鲸柏。"① 此柏树需10人才能环抱，极为罕见。"虎跳邮河：在县西邮水之滨。传昔有神虎自东岸超跃西岸，至今两岸犹遗足迹（地名虎跳）。""明月清池（雾中月池）：在县北雾中山开化寺左。池不甚阔，水亦不深，周以石栏，下有八功德水，即此池所澹泞也。旱不涸，霖不溢，祷雨辄应。旧传水通西海阿耨达河，时发金光，如月色清皎辄现。"清池水量恒定，据说月夜还会闪闪发光，颇为神奇。"鹤鸣双涧：在县北鹤鸣山天柱峰下，太清宫踞其岭，中有大穴，东涧涨则浊水透入西涧之清，西涧涨测浊水透入东涧之清，号曰龙池。""斜江晚渡：在县南五十里，为邛州、大邑、新津三处要津。昔有异人，昼则荡舟济渡，晚则击楫扬帆，凡蒙济者皆获福利，遂相传为神仙云。今渺矣。""洞口烟霞：在县东，地名洞口漕倒马坎。每落霞飞，有石马鸣号，来往嘶风，人常见之，石上有蹄痕。""甘泉筇竹：在县南二十里甘泉寺侧。旧传有孤竹一竿，岁生一笋，及解箨生叶成枝干，则旧者萎矣。今不复然。""高堂圣灯：在县西十里许。明洪治初建高堂寺，山泽通气，辉媚光明，每逢风清月朗之宵，晶荧闪灼，恍有无数金缸照耀于林峦间，至今亦觏之。"② 这些景点往往都与神奇的传说有关，平添了一份神秘色彩。旧时邑人作《纪胜风谣》曰："凤凰鲸柏世间稀，虎跳邮河两岸低。好看雾中池畔月，鹤鸣双涧透龙池。斜江晚渡无人问，洞口烟霞石马嘶。筇竹甘泉历岁久，高堂落日圣灯飞。"③

这些景点有的已经消失，有的现在依然可见：如"凤凰鲸柏"，距

---

① 大邑县地方志编纂委员会办公室：《（乾隆）大邑县志校注》，内部发行1998年版，第368页。

② 大邑县地方志编纂委员会办公室：《（乾隆）大邑县志校注》，内部发行1998年版，第151—152页。

③ 大邑县地方志编纂委员会办公室：《（乾隆）大邑县志校注》，内部发行1998年版，第152页。

县城西20多千米的飞凤山大鹏寺门前，有一株古罗汉松，树高18米，树径4.5米，树冠幅度20×20米，遮天蔽日，俨然树王；还有"虎跳邮河"，位于距县城西16千米的虎跳河，传说曾有老虎跃过此河，在对岸石墩上留下脚印，可惜石墩被炸鱼者炸入水中。

除了上述景点外，虎擘泉、香泉溶洞等处也颇有特色。虎擘泉在距县城西21千米的飞凤山上，此地异峰突起，山势险峻，一抔清泉从悬崖峭壁间直泻而下，泉水甘冽清澈。岩上有唐代摩崖造像13龛共300余尊，造型生动精美，至今尚存，是珍贵的历史文物。传说唐代契觉道人在此修行，每日要到山下挑水，非常艰辛，一只老虎受到感化，为之擘地出泉，故名虎擘泉。五代天成年间（927—929），高僧简栖、钱高又到此筑坛炼丹。北宋初年，道士皇甫氏重建宫观，取名玉皇观。开宝年间改名草堂兰若，可尚、闻慧、仁映、允顺四僧先后任住持，扩大了寺庙规模。宋仁宗嘉佑三年（1058）春，允顺圆寂后，由临邛白鹤山中溪禅师淳用来此任住持。北宋文同的《凤凰山禅院记》详细记载了该地的自然风光、名胜古迹、历史传承。

在大邑县邮江镇香泉村有一个巨大钟乳石溶洞，洞深160多米，洞最宽处有10米，最高处达28米，开阔处约有2000多平方米，犹如一个广场。洞中耸立着奇形怪状的各式石钟乳、石柱、石笋、石帘等，最大的石柱直径达1米。这些石钟乳千姿百态，光洁圆润，是大自然的神奇杰作。洞底有两个东西向通道，又有长约15米的一条岔洞，主洞、岔洞错落有致，形成一座天然的地下迷宫。

正是因为大邑境内景点众多，风光宜人，吸引了许多慕名而来的游览者，也留下了不少脍炙人口的诗篇。其中最著名者当首推文同与陆游。文同（1018—1079），北宋梓潼郡永泰县（今四川省绵阳市盐亭县永泰乡）人，字与可，号笑笑先生，人称"石室先生"（因其先祖文翁为西汉蜀郡太守时，曾创办郡学，名为"石室"，故称之）。文同诗画皆工，尤以写意墨竹闻名。他与苏轼是表兄弟，其作品深受苏轼推崇。文同曾长期在四川各地任地方官，宋皇祐四年（1052）至至和元年（1054）以邛州通判摄大邑县令。作有《县楼独酌》诗："向晚无公事，身如太古闲。县楼明夕照，樽酒对南山。放意名利外，游心天地间。生来不能饮，到此学酡颜。"① 看来，文同在大邑任上还是比较清闲的，因而可以遍访名胜古迹。境内鹤鸣山、雾中山、高堂山、凤凰山等处都有他的足迹，所到之处，或题字，或作画，或吟诗，上清宫、毗卢寺等处还有保存，可惜题刻保存下来的并不多，但诗作大多流传了下来，从中可一睹诗人当年的游踪。

《题凤凰山后岩》诗："此影又奇绝，半空生曲栏。蜀尘随眼断，蕃雪满襟寒。涧下雨声急，岩头云色干。归鞍休报晚，吾待且盘桓。"② 此诗境界阔大，风格雄壮。

首联写"后岩"耸立空中，惊险奇绝。曰"奇绝"，曰"半空"，皆是写凤凰山后岩的险峻崔巍。"曲栏"一词，很容易让我们想象游人紧贴峭壁、紧抓护栏、手足并用、小心翼翼攀山登顶的情景。

颔联写登上山顶后极目所见。放眼望去，扬尘点点，已看到天地相连的天际线，而岷山的千秋积雪带来了满袖的寒气。大邑县的凤凰山属于邛崃山脉，与鹤鸣山、西岭雪山等绵延相连，天气晴好时，可以看到贡嘎山等群峰积雪。

颈联写山中大雨后深涧、山顶的不同景色。山中骤雨，涧中雨声大而水流急，此乃耳之所闻。雨过天晴，山顶风大，一会儿便云色晴暖，此乃目之所见。

尾联写天色已晚而犹流连忘返，极写游山的愉快与乐趣。不要催

---

① 邛崃市政协文史资料研究委员会编：《邛崃文史资料》第 19 辑《历代咏邛崃诗词选》，2006 年版，第 47 页。

② 四川省大邑县志编纂委员会：《大邑县志》，四川人民出版社 1992 年版，第 815 页。

促天晚该启程回家了,"我"还想再徜徉流连,欣赏品味这雨过天晴的山中美景。此二句虽为议论,但天晚而不欲归,给读者留下了丰富的想象余地。

　　文同是宋代文人写意画的创立者,他的这首诗犹如一幅写意山水,不求形似而以神似出之。大处着墨,尺幅千里,同样给人留下鲜明印象。

　　文同还曾两次登临高堂山的兜率寺(后改名高堂寺),吟出"柏藏一径中间窄,云敛千峰四面宽"的诗句。他又两次游览鹤鸣山上清宫:第一次为"清流抱山合,乔树夹云寒"的美景所震撼;第二次则是兴致勃勃地去赏雪,"忽闻人报后山雪,更上上清宫上看"。他还在雾中山碧玉潭前欣赏到了"日光微漏见潭底,水气上薄云成堆"的奇观。

　　陆游(1125—1210),字务观,号放翁,越州山阴(今浙江省绍兴市)人,南宋时期伟大的爱国主义诗人。乾道五年(1169),陆游任夔州(今重庆市奉节县)通判,由此开启他在巴蜀的快意人生篇章。乾道九年(1173)初,他转往蜀州(今四川省崇州市)担任通判。同年夏,他又到嘉州(今四川省乐山市)代理知州。次年春,他从嘉州返回蜀州任代理知州。此时宋金对峙,陆游一心希望上阵杀敌,收复国土,然而无用武之地,所任皆闲职且还频繁调动,更令诗人怅然若失。在《醉书》一诗中,他曾描写这时的境遇:"似闲有俸钱,似仕无簿书。似长免事任,似属非走趋。病能加餐饭,老与酒不疏。婆娑东湖上,幽旷足自娱。"①在这种情形下,陆游也只能在山水间排遣一些内心的苦闷。

　　期间,他曾两次来大邑游览。第一次是淳熙元年(1174)秋,陆游与蜀州吕周辅同游大邑,作有《九月三日同吕周辅教授游大邑诸山》

---

① 钱仲联校注:《剑南诗稿校注》卷五,上海古籍出版社1985年版,第441页。

一诗："大邑知名杜叟诗，山中仍值菊花时。节旄落尽羁臣老，髀肉生来壮志悲。豪举每嫌杯绿（沿）浅，痴顽颇怪鬓丝迟。广文别乘官俱冷，相伴宽为五日期。"① 在陆游流离蜀中期间所留下的诸多诗作中，有数篇歌颂大邑山水风物的作品，此诗即其中的一首。诗为七律，四联各成一意。

首联写游览到此，看到眼前景物，不由想起当年因安史之乱入蜀的杜甫也曾来此赋诗，而这次出游正值萧瑟深秋菊花盛开容易感伤之时。

颔联写时不吾待而功业无成、壮心未酬的悲哀。陆游于宋高宗绍兴二十三年（1153）参加科举考试，原列第一，在秦桧的孙子秦埙之上，因而被秦桧排斥遭罢黜，屡试未第。孝宗即位后，才赐进士出身。从绍兴二十八年（1158）起，到写此诗时已历经十六年的宦海沉浮，然抗金和收复失地的爱国理想依然不能实现，仍然"胡未灭，鬓先秋，泪空流"（陆游词中语），故而以持节去国十数年而不能归国的苏武及髀里肉生而慨然流涕的刘备自喻，抒发壮心不已而壮志难酬的悲怆心情。陆游有诗云"位卑未敢忘忧国"，其意与此联庶几近之。

颈联写虽沉沦下僚，屡遭挫折，但犹九死未悔、仍然执着追求理想信念的豪情与乐观。每当兴酣豪饮时，常觉杯子太小（"杯绿浅"，"绿"疑为"缘"之误，待考），疏狂放浪时又颇怪白发迟生。此联与上联一抑一扬，一悲怆一狂放，既体现了诗人情绪的变化，又使得全诗气韵起伏变化，形成了强烈的对比而给予读者感情上的震撼。

尾联则绾合到吕教授，表达了知己同调间的慰勉之情。诗意谓吕商隐担任的州学教授与自己担任的蜀州通判同为无权无势的"冷官"，我们就以五日为限，再多游玩一下吧！事实上，当时陆游虽为州通判，

---

① 四川省大邑县志编纂委员会：《大邑县志》，四川人民出版社1992年版，第815页。

但暂摄州事，其职权要比吕教授大得多。诗人之所以说"官俱冷"，乃慰藉对方之语。诗人与吕教授颇有交谊，《渭南文集》卷二七《跋〈三苏遗文〉》云："此书蜀郡吕商隐周辅所编。周辅入朝为史官，得唐安守以归，未至家，暴卒，可悲也。淳熙十一年正月十一日，务观识。"① 对周的早卒深表悲憾，可见二人交情之深。

此次出游约五天。他们游览了鹤鸣山，晚上还住在山中，陆游作《夜宿鹄鸣山》②，诗人躺在床上，望着窗外幽静的景色，浮想联翩，萌发了在此终老的想法。陆游又游览了静惠山，作《平云亭》一首："满榼香醪何处倾，金鳌背上得同行。天垂绿野三边尽，云与朱栏一样平。烟树微茫疑误墨，风松萧瑟有新声。黄花未吐无多憾，也胜湘累拾落英。"诗人和朋友登上了静惠山顶，举杯共饮壶中醇酒。远方是蔓延到天际的绿野，近处云朵就在栏杆旁飘浮。山林间弥漫着烟雾，犹如水墨画。微风拂过，松涛阵阵。虽然黄花还未开放，不过也没有什么遗憾，自己的遭遇还是比投江的屈原要好一些啊！又作《高秋亭》诗："三日山中醉复醒，径归回首愧山灵。从今惜取观书眼，长看天西万叠青。"③ 陆游为山中美景感染，不舍离去，发愿今后要多来观赏长青的群山。"天西万叠青"，形象地描绘出大邑西部群山的秀美，与杜甫的"窗含西岭千秋雪"堪称描绘大邑山水之绝唱。陆游最后前往雾中山，作《次韵周辅雾中作》诗："一日篮舆十过溪，丹荚黄菊及佳时。端居恐作他年憾，联骖聊成此段奇。侧磴下临重涧黑，乱云高出一峰危。何时关辅胡尘净，大华山头更卜期。"茱萸、黄菊开得正盛，才经深涧，又见高峰，一路景色雄奇，看着眼前美景，诗人不由地想到了山河破碎的残酷现实，什么时候才能清除边关的胡人，然后和大

---

① 钱仲联校注：《剑南诗稿校注》卷五，上海古籍出版社1985年版，第456—457页。
② 鹤鸣山，又名鹄鸣山。
③ 钱仲联校注：《剑南诗稿校注》卷五，上海古籍出版社1985年版，第462页。

家一起登高远眺呢？旅途中，陆游还品尝了"雾中茶"，作了《九日试雾中僧所赠茶》诗："少逢重九事豪华，南陌雕鞍拥钿车。今日蜀州生白发，瓦炉独试雾中茶。"① 正值重阳，诗人因小疾没有外出（有《九日小疾不出》诗），独自在禅院煮茶，回想年轻时重阳节的奢华，恍若隔世。这次出游，陆游遍访鹤鸣山、静惠山、雾中山等处，赋诗11首。

淳熙四年（1177）八月，陆游第二次到访大邑，这次行程途经安仁县、三岔街，最后去邛州，著有长短诗4首。前往安仁的路上，作《安仁道中》诗："千古临邛路，飘然偶独游。病身那迫老，远客更禁秋。水退桥未葺，渡闲船自流。飞腾付年少，回首思悠悠。""三驿未为远，衰翁愁出门。贪程多卒卒，失睡每昏昏。天大围平野，江回隔近村。何时有余俸，小筑占云根。"② 这时，放翁已经52岁，年老多病，又做客异乡，独自出游，更添惆怅！回想年少时宛如梦中，萌发了在此定居的念头。诗人又拜访了鹤鸣山，并住在道观，有《宿上清宫》诗："永夜寥寥憩上清，下听万壑度松声。星辰顿觉去人近，风雨何曾避月明（自注：是夕山下风雨，绝顶月明达旦）。早岁文辞妨至道，中年忧患博虚名。一庵倘许西峰住，常就巢仙问养生。"③ 诗人住在上清宫中，周围非常安静，可以听见山下的松涛声，天上的星辰离人如此近。当夜山下风雨大作，山上却是一轮明月。他感叹之前的人生都虚度了，如果能在此住下，一定向仙人学习养生。这次还拜望了一位道长，作《上官道人巢居山中》诗："九万天衢浩浩风，此身真是一枯蓬。盘蔬采掇多临药，阁道攀跻出半空。累尽神仙端可致，心虚造化欲无功。金丹定解幽人意，散作山椒百炬红（原注：夜中山谷火

---

① 钱仲联校注：《剑南诗稿校注》卷五，上海古籍出版社1985年版，第463页。
② 钱仲联校注：《剑南诗稿校注》卷八，上海古籍出版社1985年版，第676页。
③ 钱仲联校注：《剑南诗稿校注》卷八，上海古籍出版社1985年版，第646页。

煜然，俗谓圣灯，意古藏丹所致也）。"诗中流露出希望远离尘世，入山修道的思想。陆游还在客舍中写下《书寓舍壁》诗："落佩颓冠惯放慵，经旬寓馆古临邛。西偏取路横穿竹，北向开门倒看松。醉后蹇驴归薄暮，闲来支枕睡高春。鹄鸣山谷曾游处，剩欲扶犁学老农。"[①] 结束行程后，怀想一路结交的道友，作《有怀青城、雾中道友》诗，山中景色优美，环境幽静，和友人纵论古今，非常开心，吃着粗茶淡饭，生活无比闲适。诗人还和大家共同期待王朝中兴之日，相约一起去长安痛饮。显然，诗人心系天下，是不可能真正置身事外的。

应该说，大邑的自然条件优越，景点众多，既有终年积雪不化的西岭雪山，又有温暖宜人的花水湾温泉，还有静惠山、烟霞湖、香泉溶洞等景点，形成了组合优势，可以登山、玩水、滑雪、探奇、泡温泉……不一而足。一年四季，美景不断，春赏百花，夏避酷暑，秋观彩林，冬玩瑞雪，任何时候去，都有最美的景色。同时，历史上文化名人的多次造访，也为各景点留下了许多珍贵的文化记忆，为景点增添了丰富的人文内涵。此外，大邑县城距离成都市区48千米，有高速公路直达，交通便利，的确是非常理想的旅游度假胜地。

---

① 钱仲联校注：《剑南诗稿校注》卷八，上海古籍出版社1985年版，第682页。

第三章　三国历史文化

大邑是古蜀文明的发祥地，其古城遗址距今已有4500多年，在长期的历史发展中，它积淀了深厚的文化内涵，留下了众多的文化遗存，其中三国文化就特别引人注目。大邑是三国蜀汉名将赵云的陵墓所在地，附近建有纪念祠堂。墓地在静惠山麓，掩映于茂林修竹间；祠堂红墙白壁，殿宇雄伟，当地人称为子龙庙。

第一节　赵子龙生平

赵云（？—229），字子龙，常山真定（今河北省正定市南）人。他身高8尺（约合1.84米），身姿伟岸。早年曾投奔占据今河北北部一带的中郎将公孙瓒，但发现此人为庸碌之辈，胸无大志，只知抢夺地盘，不管百姓死活。不久，刘备因兵败也来到此地。赵云私下与刘备交往，对刘颇有好感。后赵云兄长去世，遂请辞归乡，离开了公孙瓒。

刘备后又归属徐州牧陶谦，陶去世后，领徐州牧。建安五年（200），曹操东征，刘备大败，其夫人、大将关羽等均为曹操俘虏，张飞等被打散。迫于无奈，刘备逃奔袁绍。赵云遂前往刘备处，之后便跟随其南征北战，成为蜀汉一员猛将。

建安七年（202），刘备投靠刘表，屯兵新野。曹操派军进攻刘备。建安十三年（208），曹军精锐在当阳长坂追上了刘备。形势危急，刘备丢下妻儿，与诸葛亮、张飞、赵云等数十骑逃跑。但赵云旋即又独自返回战场，在万军丛中救下刘备的儿子——就是后主刘禅以及刘禅的生母甘夫人，并保护他们平安归来。之后，赵云升任牙门将军。刘备入蜀，赵云留在荆州。

后来，在诸葛亮率领下，赵云、张飞等人沿长江西上，平定了沿途郡县。攻下成都后，赵云被任命为翊军将军。建兴元年（223），赵云又被任命为中护军、征南将军，封永昌亭侯，后来又升任镇东将军。建兴五年（227），赵云随诸葛亮驻守汉中，准备北伐。第二年，诸葛亮率军出征，对外宣称要经过斜谷道攻进关中，命令赵云、邓芝占据箕谷，佯作攻势，魏大将军曹真遂率大军阻挡。诸葛亮则率蜀军主力进攻祁山。由于力量悬殊，赵云、邓芝在箕谷失利，但赵云根据情况聚拢部队，固守箕谷，没有造成更大损失。部队撤退时，赵云亲自断后，阻止曹军追击，因而物资和人员都没有太大损失，但蜀军主力因督军马谡指挥失误，街亭失守。这次北伐失败，诸葛亮引咎上表自贬三级，赵云也被贬为镇军将军。

建兴七年（229），赵云去世，追谥顺平侯。据《赵云别传》载："后主诏曰：'云从先帝，功绩既著。朕以幼冲，涉涂艰难，赖恃忠顺，济于危险。夫谥所以叙元勋也，外议云宜谥。大将军姜维等议：以为云昔从先帝，劳绩既著，经营天下，遵奉法度，功效可书。当阳之役，义贯金石。忠以卫上，君念其赏；礼以厚下，臣忘其死。死者有知，足以不朽；生者感恩，足以殒身。谨按谥法：柔贤慈惠曰顺，执事有班曰平，克定祸乱曰平，应谥云曰'顺平侯'。"[1]

---

[1] （清）赵霦纂修：《（同治）大邑县志》，清同治六年刻本，卷十八，第4页。

第二节 子龙驻大邑

汉献帝建安十九年（214），刘备平定成都，赵云任翊军将军（相当于现代的京城卫戍司令员），负责成都的卫戍工作。蜀汉建兴元年（223），刘禅继位，赵云被任命为中护军，后升任镇东将军，统率禁军，其职责就是保卫皇宫、皇帝，护卫成都。

清康熙九年（1670），大邑知县李德耀组织重建赵云祠时，曾撰《汉顺平侯墓祠碑记》记载："当兵火未经以前，青山对峙有望军楼，相传为将军镇此时阅兵处。"兵火指明末清初的战乱。据学者考证，此次阅兵，应是建兴五年（227）春，赵云随诸葛亮驻防汉中前，曾在静惠山麓检阅部队，望军楼即为当时的遗迹之一。这支部队，极有可能就隶属于成都卫戍部队。之前的建兴三年（225），蜀汉军队平定了南中四郡，成都周边的形势稳定下来，因而成都外围战略要塞无需重兵把守。故经检阅后，部队调往汉中参加北伐。

而之前之所以会在大邑驻兵，主要是源于成都附近的广汉郡、汶山郡、汉嘉郡生活着大量的少数民族特别是羌族，大邑境内就有羌族聚居地。东汉末年以来，这些地方各种矛盾交织，危机重重。章武二年（222）十二月，汉嘉太守黄元，听说刘备伐吴失利，便聚集部分羌、汉民众举兵造反，攻陷了临邛县，烧毁了临邛城，直逼成都，形势非常危急。幸而正是在大邑静惠山驻有重兵，扼断了临邛通往成都的道路，黄元不敢轻举妄动，绕道青衣江欲取南安（今四川省乐山市），后被擒。从地理位置看，当时大邑是汶山郡、汉嘉郡通往成都最近的必经之道，境内的静惠山恰似一道屏障，是防卫成都的战略要地，所以赵云在此驻扎重兵，修筑防御工事。明代学者曹学佺的《蜀中名胜记》记载："静惠山，一名东山。山下土城，相传是蜀汉将军赵云筑。盖云尝防羌于此，有云墓及庙存。"①

建兴五年（227），赵云随诸葛亮屯兵汉中。六年（228）春，诸葛亮率军北伐，令赵云、邓芝作疑军，吸引曹军主力。诸葛亮则亲帅三军直击祁山。赵云、邓芝部遭遇魏大将军曹真所率大军的拦截，敌众我寡，撤出战斗。赵云断后，有序撤离，保住了大量物资和人员，没有造成更大损失。然而蜀军主力在街亭大败，退回汉中，北伐失败。次年，赵云病故。可能因其生前多次视察静惠山，北伐前还在这里检阅部队，故被葬于此地。

第三节　青山埋忠骨

赵云墓前原有"汉顺平侯墓道碑"，为明代巡按御史题，清代仲鹤庆重立，清代县志有记，碑已不存。为了纪念赵云，时人还在墓旁修建了庙宇，明朝曹学佺的《蜀中名胜记》已有确切记载。在明末清初的战火中，楼宇被毁。清康熙九年（1670），时任知县李德耀组织重建，立《汉顺平侯墓祠碑记》记载此事，碑云：

汉镇东将军墓者，汉顺平侯镇东将军赵侯，讳云，字子龙，以寿终，其君臣寮佐，痊其遗骸于兹山。虽然，将军在当日，固不自有身者也。惟不自有其身，故能搴旗斩将，百战称雄。当阳长坂，保幼主于万死一生中。迨后昭烈托孤于白帝，衍其祚于一再传，非将军曷以有此。乃将军不自有其身，而卒以其身恢疆慑敌，髦毛正寝，马鬣遗封，传之千载，是非其忠贞贯金石，揭日月，有以致之欤！后世征人游士，以及田夫野老，往来瞻拜其下，吊古兴怀者，盖不知凡几。一旦金戈铁马，骚动川原，而画栋成

---

① （明）曹学佺：《蜀中名胜记》，卷十三，清宣统二年刻本，第8页。

灰，良田皆棘，而将军墓垄，亦寂寞荒烟蔓草间，良可悲夫！不宁惟是，当兵火未经以前，青山对峙，有望军楼，相传为将军镇此时阅兵处。曩者，城北皆有祠宇，岁时伏腊，游观之趾相错，其系邑人之思者为何如也！惜无能一一兴复之。而松楸在望，露濡霜降，伤心华表鹤来，又乌能已矣！今予为知县，捐俸经始，子来之谊，自在吾民。惟是泽鸿甫集，磬鼓弗胜。爰思兴之，乃出俸金廪粟，雇请工匠。邑曹胡君琏，躬亲监督之劳，先为修筑坟茔，一切倾颓，仍旧完好。复建祠三楹，拜庭一宇。又念将军之功，历代崇祝，虽圣天子且春秋赐祭。苟蒸尝弗举，亦有司过也。具其状上请学宪张公含辉、臬宪宋公可发、藩宪金公儁总督部院带管巡抚蔡公毓荣，佥曰可。于是春秋祭祀，永著为例。顾将军之灵在天下者，如水之在地中，无往而不在。将军不自有其身者也，宁必于身所归藏而右享之。然而陟降庭止，非神之必在乎是。而焄蒿悽怆，僾然慨然，自出乎众志之诚，而莫之能止者。因祠落成，列其事之始末，勒于贞珉。虽然，榛芜乍辟，榱桷略具，若夫踵事增华，是有望于后之君子①。

碑记回顾了赵云的生平事迹，交代了重修墓园、庙宇的原因，描述了本次重建的情况，以及建筑的规模，并确定日后春秋之际都在此举行祭祀，缅怀这位英雄。可惜现在碑已不存，文存于清代县志。

100年后，乾隆四十二年（1777）知县张启愚又将祠庙修葺一新。嘉庆十年（1805），驻防把总周其昌倡导，本县士绅张瑞、陶成勋等捐款，将祠庙和墓冢再次加以扩建，庙宇规模扩大了，更加气势恢弘。道光时期，知县陈钟祥、郭志融、朱有章等都对子龙庙进行了修缮。

---

① 四川省大邑县志编纂委员会：《大邑县志》，四川人民出版社1992年版，第814—815页。

其中郭志融（广东省清远市清新区人）还撰写了《重修汉将军赵顺平侯祠墓记》：

> 去城东北三里许，有山蔚然而深秀，曰银屏山。山之麓，故汉将军赵顺平侯之墓在焉。自汉迄今一千余载，虽俎豆不绝，而栋宇湫隘，不足以肃祀事。丙午秋，志融来莅兹土，始谋式廓。适崔苻患起，方率丁壮捕贼，日不暇给，议且中辍。今幸荷神明庥，涤瑕荡秽，境内粗安。爰与邑中人士，鸠工庀材，刻日兴作。自享殿廊庑，以及缭垣沟邃，罔不厘然井理。又于山椒建楼阁，植花竹，以为骚人杰士流连凭吊之所。计肇功于仲春，落成于季夏，阅六月而毕役。嗟乎！将军勇略忠勋，震烁寰宇。妇人孺子，皆能言之，姑且不论。论其出处言行，合于道义者。当曹操要挟天子，托名汉臣，中原豪杰不悟其术，威奋材力而为之用。将军独以正统非刘氏莫属，故仗剑而归昭烈也。迨伐吴一役，正言极谏，深明国贼为操非权。夫不论伐吴之利不利，但论吴之当伐不当伐，盖度理而不度势，谋义而不谋利也。此岂功名之士所能道哉！非大贤者，乌能为是耶？又况将军生平不闻有伐善施劳之色，傲上慢下之行，功足震主而主不疑，名足盖世而世不忌，德行纯美，自有千古莫及者。故吾谓将军备忠勇而明德义，粹然有儒者气象，岂阿词欤！兹因工筑告成，邦人请勒石以记日月，谨著其论于左。后之览者，其韪予言[①]！

静惠山，又名东山、锦屏山、银屏山。碑记特别赞颂了赵云深明大义，毅然投奔刘备、劝阻伐吴等言行，都体现出这位儒将的睿智，

[①] 四川省大邑县地方志编纂委员会：《大邑县志续编》，四川大学出版社1996年版，第644页。

"备忠勇而明德义"的评价是非常准确的,这个认识也弥补了《三国志》评论赵云时仅称赞其"彊挚壮猛"的不足。(清)赵霦纂修的《(同治)大邑县志》指出:"云与关、张及马超、黄忠号五虎将,陈寿以其强挚壮猛,比于灌、滕,此未足以尽云也。云智深而量雅,其应对公孙,有寇恂答使者之辞令焉;其结托昭烈,有邓禹游京师之先见焉!当阳之保,蒦过于麦饭、豆粥之勤。汉中之权,略捷于转车张帜之巧。荐夏侯兰而不自近,岑彭之言韩歆可用,马武之不将旧部曲也。却赵范之婚,辞田园之赐,祭遵之忧国奉公,吴汉之怒妻子多买田宅也。要其吁谟硕画,尤在谏伐吴,数言盖与武侯平生用兵大指相类,使之尚在大将之任,不以属文伟伯约矣。"[1] 此文对赵云的生平事迹作了言简意赅的总结,非常精当。

民国十九年(1930),县长解汝襄组织工匠对子龙庙进行了规模最大的一次扩建修缮。修筑月台,平整梅林,新建小沧州、因山阁,扩大了荷塘。由此,子龙庙拥有殿堂、亭台楼榭几十大间,楼宇起伏错落,宏伟壮观。他们又将这里开辟为公园,路口建起一座3米多高的木坊楼。木坊楼上面有"郊外公园"四个醒目大字,为解汝襄题写。为了游客方便,还修了一条长约2里的公路,直通县城。路两侧种植垂柳,绿荫婆娑,赏心悦目。

赵云庙坐西北面东南,面积约20多亩。庙外正中是一面高大的照壁,上面镌刻"汉顺平侯庙"五个大字,苍劲古朴,系前清增生邑人查光大所书。走进辕门,里面是一个宽敞的院子,靠近照壁有座大戏台,木质结构,雕工精美。每年三月都会在这里演戏或者表演武术之类,台下人头攒动,热闹非凡。

戏台对面,建有一楼一底的灵官楼,楼下共三间,陈设讲究,是

---

[1] (清)赵霦纂修:《(同治)大邑县志》,卷十八,清同治六年刻本,第4页。

为看戏特设的贵宾室。二楼为灵官殿，中间檐下悬挂匾额"气壮山河"，两侧各有一匾，匾额题为"仁动天人""天大将军"。

灵官楼后面就是山门，进门后是一小段甬道，路旁高大的古柏，枝繁叶茂，直插云霄。甬道尽头为第三道门，中间门楣上悬挂一道匾额，上书"保障江原"。大门两侧，各立一座赵云冲锋陷阵时所骑战马的雕像。两匹马鬃毛飞扬，昂首怒目，仿佛即将冲向沙场。中门平时不开，只旁边两道门通行。左边通向公园事务管理所、苗圃；右边小路绿树成荫，鸟语花香，可以通向荷花池。

第三道门的后面是大厅。大厅里陈列了一些诗碑，其中有邑令宋载的《谒汉赵顺平侯墓》、邛州牧萧惟耀《谒汉赵将军墓》的七言律诗。

绕过大厅，后面是四方形院子。院子中间端放一个高大的三足铁鼎，为人们焚香之处，这里时常烟雾缭绕。院子两边则各有三间厢房。

穿过院子，正对着就是庄严肃穆的大殿。这是一座两重檐悬山顶建筑，巍峨壮观。拾级而上，只见殿前两边，围着淡雅、精巧的木栏杆，左右两侧，各立有大磬、铜鼓、晨钟暮鼓，余音袅袅。大殿正中是高约1米多的神台，神台中央为赵云全身坐像，高4米许。将军头戴武弁大冠，身穿虎纹单衣，须发皆白，沉着镇定，气宇轩昂。他的左右两边是儿子的塑像。一边是长子虎贲中郎赵统，他手捧兵书，若有所思。另一边是次子牙门将赵广，他手持长矛，威风凛凛（他随姜维出征，战死沙场）。头顶天花板上，有多幅赵云英雄故事彩绘，如《盘河桥》《长坂坡》《截江救主》及《战渭水》等。

大殿上，楹联匾额众多。中间是当时四川省主席、抗战期间七战区司令长官、一级上将、邑人刘湘所赠大匾"浩气英光"，年月日上还盖有四川省政府大印。左侧匾额是"虎威永镇"，为时任四川省长、西康省主席兼二十四军军长、邑人刘文辉赠。右侧是时任川军总司令、四川省长、邑人刘成勋赠的匾额"勋名寿考"。还有"仁勇天赐""永烈千秋"等其他各界人士所赠匾额若干。

悬挂的对联中有一幅长联,为清代洪赓虞所撰:"锦官城近丞相祠堂,荷主知在三顾之先,论当日和吴伐魏,忠谏尤有同心,月旦允宜崇俎豆;静惠山为将军幕府,留毅魄历千秋不朽,为是邦御灾捍患,英灵屡褫贼胆,风云咸见拥旌旗。"又有清代邑令李德耀撰:"赤胆永佑江原父老;忠魂尤壮蜀国山河。"还有不少佳联:

一身是胆;百战完肤。

此联谓赵云浑身是胆、智勇双全,虽身经百战,屡建奇功,但从未受过伤,不但是勇将,亦可谓福将也。

将军旧骨谁知之?疑冢不同曹相国;时事伤心公见否?中原犹是旧山河!

视百万众若婴儿,想救主单骑,捣重围,存六尺,凛凛英风,能使曹瞒破胆;在三分国为儒将,读伐吴一谏,正汉贼,辩私仇,堂堂伟论,足令诸葛倾心。

后联颂扬了赵云的两大功绩:一是重围之中,救出阿斗;二是高堂之上,劝阻伐吴。一文一武,突显了子龙的儒将风范。

登楼望平云,令我深怀宋丞相;倚槛思长坂,动人遥慕汉将军。

穿过大殿就是赵云墓。墓前有一小院,当地人称为"拜庭",即古代的享堂,春秋之际便在这里举行祭祀。院内有一副对联:"都是胆,岂化猿鹤虫沙,想潭第规模,洗马废池尤胜迹;百战身,居然富贵寿

· 55 ·

考，循汉家令典，骠骑垒冢像祁连。"院正中竖墓碑一通，高2.3米，宽1米，上面是清康熙九年邑令李德耀题写的"汉顺平侯赵云墓"几个大字。阴刻贴金，字体遒劲有力。

此碑前面还有一通石碑，为乾隆四年（1739）邑令顾昌言所立，额书"汉镇东将军祠并祠典碑记"，中间楷书"汉顺平侯赵公子龙之墓"，落款"大清乾隆四年季冬月谷旦"。旁边还有几通古碑，时代久远，字迹已模糊。

后面便是赵云的陵墓，状如小山丘，很有气势。墓周有青砖砌成的梅花女墙。周围松柏苍翠，梅树交错，寒冬时节，梅香四溢。

墓碑旁的柱上有对联：

智勇实无双，保主扶孤存汉鼎；英灵无不爽，斩妖灭寇庇江原。

整个庙宇依山而建，终年绿树掩映，四季花香陪伴，春日海棠如火，夏季荷池飘香，秋日桂霭沁人，冬季梅香浮动。花木丛中又点缀着六角三层的"因山阁"、面临荷池的"飚荷亭"、曲径通幽的"小沧州"等园林式建筑，幽静雅致，是凭吊古人、怀古思今的绝佳之处。

赵子龙墓为研究川西平原地区三国时期名人墓葬分布及建构特点提供了重要的实物资料，1996年被列入省级文物保护单位。现存遗址除小沧洲外，其余建筑大都受"5·12"大地震的影响，已经濒临倒塌。目前已拟定开发规划，将进行重点投资建设。

祠左侧有一段土城墙，相传为赵云当年所建，此外还建有瞭望所、望军楼等，还有安营扎寨的寨子山、演兵场等遗迹。站在这曾经的军事要塞上，放眼望去，对面的西山连绵起伏，山脚下的斜江弯弯曲曲地向南流去。回想三国群雄角逐的历史，不禁感慨万千。

第四节　英名垂万世

　　大邑的山水风物滋养出无数英雄，也是赵子龙的最后栖息之处，正所谓"晋原飒飒英风吹，子龙墓田高崔巍"。赵云不仅功勋卓著，还关爱民众，留下了很好的口碑，千百年来受到广大人民的崇敬与爱戴。三国以后，到此祭拜赵云者代不乏其人。清代重修庙宇后，来者更是络绎不绝，尤其是清明时节，这里可谓游人如织。这不仅是民间的自发行为，县府每年也要在此举办大型祭祀活动。清康熙初年（1662），知县李德耀重修赵云庙后便立碑，通详立案，列入祀典，春秋致祭。清代汪瀓撰有《赵顺平侯清明公祭文》，可以想象当时的公祭活动规模之宏大、形式之隆重，文中盛赞赵云："惟侯忠贞，命世豪英。良臣择主，扶翊汉京。当阳长坂，戎马纵横。义贯金石，卫主全身。昭然大义，揭日月行。永安顾命，侯笃忠贞。"[1] 清《（同治）大邑县志》中还录有春秋仲月戊祭日祭祀时的祝文："惟神浑身是胆，义勇凛然，昔扶汉祚，今奠全川，兹当仲春（秋），理宜禋祀尚飨。"[2] 从《（同治）大邑县志》的记载来看，从清代开始就有很多忠义之士在此凭吊英雄，怀念他的诗文也层出不穷，从他们留下的诗文中还可以看到当初子龙墓的模样。

　　邛州举人王俅士，写下《拜赵顺平侯墓》：

　　　　公随汉去千余载，石碣长留汉篆文。王室偏安亦定数，吾君有于信殊勋。星罗雾岭横身胆，水下岷江报国心。萧瑟秋风远憾否，于今长坂寂无人。

---

[1] 胡书军编著：《常胜将军赵子龙》，河北人民出版社2015年版，第190页。
[2] （清）赵霦纂修：《（同治）大邑县志》，卷十，清同治六年刻本，第23页。

诗人面对汉代留下的篆字碑文，不禁联想到这位身经百战的常胜将军：他一身忠肝义胆、满腔报国之心，又想到曾与敌人奋力厮杀、留下一世英名的长坂坡，而今只剩萧瑟而去的秋风。时过境迁，物是人非，但英雄豪气长存于天地。

浙江人宋载于乾隆十一年（1746）任大邑县令，主持纂修《（乾隆）大邑县志》。曾来此拜谒，作《谒汉赵顺平侯墓》《题顺平侯墓》（详后），表达了对这位三国英雄深切的倾慕缅怀之情。

彭山县令张凤翥，浙江省绍兴市上虞区人，于乾隆十三年（1748）中进士。曾作《题晋原赵子龙墓》：

晋原飒飒英风吹，子龙墓田高崔巍。三国君臣若膻聚，不逢龙准将安归。军门一见重委托，同床夜语德岂违。弃瓒绝绍事真主，义师惨淡荆门旗。奋臂独携赤帝子，千里受命宁辞危。长戈跃马经百战，怀中不泣呱呱儿。呜呼！汉家山川剩蜀土，再传犹赖将军武。武侯鞠躬力已疲，将军百战情弥苦。长江浩浩不复东，犹忆将军截江横槊之沉雄。楼橹倐已尽西行，顷刻顾盼嘶长风。灭璋擒颜蜀土定，鼎足不敢窥汉中。可怜将星中道陨，武侯继殂国祚空。降幡一片出巫峡，英灵泪洒啼鹃红。至今墓土精未撼，青山漠漠云霏霏。长楸永日洒英风，千古埋骨不埋胆。

诗中感慨万千地回溯赵云生平，从最初离开公孙瓒、拒绝依附袁绍，忠心跟随刘备；到曹操追至长坂的危急时刻，赵云独自返回抢救襁褓之中的幼子刘禅，保护甘夫人回到刘备身边，及之后跟随刘备四处征战，助主灭掉刘璋攻下成都，奠定三分天下的局面，赫赫功绩彪炳史册，可惜天妒英才，赵云、诸葛亮都相继离世。诗人叹息"至今墓土精未撼，青山漠漠云霏霏。长楸永日洒英风，千古埋骨不埋胆"，赵云的忠义精神、英雄气概并不会被黄土掩埋，会长久地影响着大邑人民心存忠勇。

"忠孝昭千古，精魂动日星"（张城《秋日谒汉顺平侯子龙赵公墓》），"川陵历劫有时易，将军灵爽无终期"（郭志融《道光己酉秋重葺赵将军祠墓落成》），"精灵想象松楸畔，胆气长留天壤间"（叶鉴《题晋原赵子龙墓》），赵云的忠义精神为后世追慕。这份忠肝义胆在大邑这片土地上也深深地扎下了根。如今，大邑正在打造围绕子龙墓的"三国主题旅游线"，相信子龙精神会得到更好的展示与传播。

从鹤鸣山的道教发源地，到雾中山的佛门胜景，再到晋原镇子龙街的赵云墓遗址，大邑荟萃了历史人文、自然风光多处著名景观。凤凰山的古柏、邺河的水流、雾中的明月池、鹤鸣的双涧等都是古今文人笔下的常客，人们欣赏风景、寻访遗迹，内心充满了对大邑深厚的人文底蕴以及融通儒释道的独特文化的向往。这些诗文是人们在大邑山水之间的人生思考，是景语，也是情语。

此类作品还较多，再引（摘）录数首做简略论析。[①]

谒汉顺平侯子龙赵公墓

宋载（浙江人，清代邑令）

  虎将群推汉代良，屏山邺水共苍泱。祚延后主身归蜀，威震高风胆自张。自昔旌旗悬细柳，于今烟雨锁垂杨。我来酹酒凭空望，独把勋名吊夕阳。

此诗为大邑著名县令宋载凭吊赵云墓所作。诗谓在三国群雄虎将中，赵云确实算得上是蜀汉的忠臣良将，他的墓坐落于茫茫的屏山邺水之间。子龙归蜀后，屡建功勋，辅佐幼主延长国运，其威风虎胆闻

[①] 诗歌均来自四川省大邑县志编纂委员会：《大邑县志》，四川人民出版社1992年版，第817页；四川省大邑县地方志编纂委员会：《大邑县志续编》，四川大学出版社1996年版，第647—672页。

名遐迩。他当年在此屯兵,犹如汉代周亚夫屯军细柳营,纪律严明,至今仍是烟雨垂柳,仿佛当年情景。今天,我(宋载自称)独自来此酹酒凭吊英雄,缅怀赵云的丰功伟绩,但见夕阳西下,不禁引起我深深的古今兴亡之情!"烟雨垂杨"以及"空""独"等字眼,寄寓斯人已逝,盛衰无常之慨。

题顺平侯墓

金锡类(山阴人,清代)

赤手曾携六尺孤,南阳心迹已同途。公忠早定三分业,胆气长留百战躯。铁甲沉腥鱼鸟憾,青山埋骨莽榛芜。武侯灵爽遥相接,想见风云起阵图。

此诗为清代山阴(今浙江省绍兴市)人金锡类所作,诗歌追述了赵云孤身义救阿斗的传奇故事,进而颂扬其赤胆忠心、身经百战、辅佐刘备、奠定天下三分之势的功绩。今天,英雄虽已长逝,但在青山之间仿佛还能感受到他的万丈豪气。诗人触景生情,不由得想起成都的武侯祠,眼前浮现出当年硝烟弥漫的战场画面。

谒汉赵将军墓

肖惟爟(邛州牧,清代孝感进士)

汉衰逐鹿最多雄,我爱将军名节终。义后桃园堪作季,情先鱼水将无同。三分故国山河在,百战余威竹帛空。欲按行营惟芜垄,长留松柏响悲风。

此为清代邛州牧肖惟爟所作。诗人感叹汉末之际,群雄并起,英雄之中诗人独爱赵云之名节。当年赵云与刘备等人情同手足,并肩作战。如今蜀国的江山依旧,将军骁勇善战的伟业也世代传颂。此地是将军身前驻营之所,墓前一排排松柏,在风中呜咽,怀念着这位战将!

秋日谒汉顺平侯墓①

宋纪勋（清代）

屏山秋倍肃，古墓汉元戎。劲草寒威逼，疏林爽气通。宝戈挥电影，羽扇遁山风。长坂鏖兵日，何尝有厥躬。

这是清代宋纪勋秋日拜谒赵云墓所作，诗歌突出了秋天的萧瑟、肃然，树叶已经飘零，所以是"疏林"，林木之萧疏衬托出天地的开阔。在这样的背景下，宛若见到赵云挥舞宝剑、纵马疆场的画面，又仿佛看见他轻摇羽扇，纵论天下的场景。想当年，长坂坡一役，奋不顾身，与敌军鏖战，威名远扬。

赵顺平侯祠墓

李光绪（成都人，清代）

烟雨潇潇白日寒，据鞍横剑一回看。风云早合公孙座，龙虎终分上将坛。寝庙柏高魂魄冷，墓门花落血腥干。当年百战浑身胆，谁料降王出锦官。

此诗为清代成都人李光绪所作。诗写在一个烟雨迷蒙寒冷的日子，诗人骑马经过这里，不禁勒马回望。遥想当年，赵云先投奔公孙瓒，后追随刘备，建立赫赫战功，位居五虎上将之列。昔往矣，今日那庙前的柏树高耸入云，墓门旁落满花瓣，战火已经熄灭很久了。可怜赵云曾经为蜀汉奋勇作战，谁料身后竟发生蜀汉灭亡的事情啊，想来不免令人唏嘘！

---

① 四川省大邑县地方志编纂委员会办公室：《清乾隆〈大邑县志〉校注》，（内部资料）1998年版，第392页。

大邑赵顺平侯墓

张问安（遂宁人，清代）

上将行师地，人钦赵顺平。沙清蔽长坂，山险出空营。遗陇余残照，秋风逼夜城。如闻明大义，慷慨谏东征。

此为清代遂宁人张问安所作，问安为大诗人张问陶（号船山）之弟。诗中写道：这里正是赵云当年驻扎之所，人们都尊称他为顺平侯。长坂坡大战，沙尘遮天蔽日。为夺军粮，上演空城计，奇功一件！诗人浮想联翩，不觉已是夕阳西下，夜幕降临。在秋风瑟瑟中，似乎还能听见将军当年慷慨陈词，力阻刘备东征！

据说，子龙庙前还有一座桥，就叫子龙桥，附近还有一条子龙街，外地人到大邑朝拜赵云庙，如果不知路线，当地人都会告知："沿着子龙街下去，那头就是子龙庙。"

另据《（同治）大邑县志》记载，当地还有张飞庙，即"张桓侯庙"，在县城北街。嘉庆二年（1797）四川总督提请春秋祭祀，道光初年又重建。祭祀时的祝文为："惟神英风盖世，义气干霄，兼儒将之风流，为汉臣之殿最，千人皆废，万古如生。溯治迹于阆中，著灵踪于昭代，民依如在，祀典式崇，爰申守土之诚，用展报功之礼，俎豆维新，春秋来格。"[①]

总之，大邑的三国历史文化遗迹尤其是以赵云为中心的相关遗存较为丰富，历代诗文也多有流传，应视作三国历史文化的一个重要遗址。

除了三国遗迹外，大邑境内发现的唐代摩崖造像、明代牌坊、照壁、清代庙宇等历史文物、遗迹都是非常宝贵的文化资源，应当妥善保护。唐代摩崖造像位于虎跳河药师岩附近的虎擘泉，有造像13龛，

---

① （清）赵霖纂修：《（同治）大邑县志》，卷十，清同治六年刻本，第25页。

300多尊，形态精美。安仁中学内发现建于清康熙二十二年（1683）的东岳庙，正殿、经楼等建筑都还留存。天宫庙下发现的挽子岩石造墓碑，建于清光绪三年（1877），高宽约4米，雕刻精美，造型独特，墓主为徐映光夫妇。白岩寺发现了一座舍利塔，上面雕刻有几则《西游记》里的故事，等等。特别是近年发现的明代牌坊、照壁等颇有价值，值得注意。一是在雾中山发现明代石构牌坊5座、石构照壁3座。其中又以明嘉靖年间由当时的史学家王圻题写的"雾中山第一禅林坊"，还有万历年间修建的接王亭照壁最珍贵，这两处文物现在已经得到了修复。二是在三坝乡中坝村发现明代万历十八年（1590）雕镂精致、造型美观的石牌坊和石照壁各一座。《（同治）大邑县志》中有道光年间邑令缪廷桂、训导黄淑珑分别撰写的《修建节孝总坊序》，可以作为相关背景资料。

在三坝场、邮坝场、太平场、川溪口等地农村中发现明代民居14处，总建筑面积4107.96平方米。其中又以三坝场地区上坝一左姓人家民居保存最为完整。该房屋呈"一"字形展开，面阔5间，长25.15米，进深17.5米，建筑面积440.5平方米。为正面设有楼口的开口楼房，一楼一底。单檐悬山顶，穿斗木结构。明间及次间通高7.9米，梢间高6.3米。台基高1.2米，砌有7级石梯，长2.05米。穿枋仿元代大梁的做法，用两块直径0.61米的圆木相垒拼成。梁架结点用矮木，没有设斜梁，但楣及枋大量用自然弯曲的圆木。是非常典型的明代早期民居建筑，目前国内已不多见，应多加保护。

现代著名学者、书法家徐无闻（1931—1993）先生之墓亦位于大邑伯乐公墓。其墓碑由书法大师启功先生题写，成为著名的名人遗迹。徐无闻，成都人，原名永年，字嘉龄，号无闻，三十耳聋后更名"无闻"，室号守墨居、烛名室、歌商颂室等。当代著名学者、书法家、篆刻家、教授。徐无闻先生自少文艺启蒙，受到其父亲徐寿的影响。毕业于四川大学中文系，后至西南大学（原西南师范大学）任教。与荀运昌、秦效侃先生兼任古典文学和书法教育硕士点导师，最早在西南片区建立"书法专业硕士点"，培养了大批优秀人才，为"西师书派"（或称"西师流派"）的缔造者和奠基人。此外，徐无闻在金石学、碑帖考证、文字学、书法、绘画、篆刻、诗词、教育、收藏等领域皆有很深造诣，在艺术界、学术界、教育界拥有巨大影响，是20世纪巴蜀书法、篆刻的代表人物，对巴蜀文化发展起到了重要推动作用，代表了学者型书法家的典型形象。先后任中国作家协会理事，中国书法家协会篆刻委员会评委，四川省书法家协会副主席，西泠印社社员，重庆市书法家协会书协顾问等。2013年四川省政府出版了《二十世纪四川书法名家研究丛书·徐无闻卷》，对其作了全面的介绍。

总体而言，大邑境内的文物、历史遗迹较为丰富，具有自己的独特之处，有一些保存还比较完好，是一笔丰厚的历史文化资源，应大力做好相关文物、遗址的保护、修缮工作，避免人为的破坏，并竭力将宝贵的文化资源传承下去。

第四章 道教文化

第一节 道教发源地

道教是中国土生土长的一种宗教，它与基督教、佛教、伊斯兰教并称于世，其发源地正在大邑县境内的鹤鸣山。从远古时期起，就不断有人前往鹤鸣山修行。传说，黄帝的老师广成子曾在鹤鸣山修道。黄帝向他询问治身之道，他说："无视无听，抱神以静，形将自正。必静必清，无劳尔形，无摇尔精，乃可长生。"[①] 话语中明显透露出道家无为的思想。这样的传说还不少，《（民国）大邑县志》记载周朝有秦国扶风人马成子来到鹤鸣山修道炼丹。东晋《紫阳真人周君内传》又记：汉代初年，紫阳真人周义山登鹤鸣山修行，寿170岁。这些故事不一定真实，但也从一个侧面反映了鹤鸣山中一直存在着浓厚的修道之风。

现在一般认为，东汉时期张陵来到鹤鸣山创立了道教。张陵（34—156），字辅汉，人称张道陵，沛国丰（江苏省丰县）人，传为汉

[①] 谢良：《中国道教发源地——鹤鸣山大事记（史前传说——一九九三年）》，载中国人民政治协商会议四川省大邑县委员会文史资料委员会《文史资料专辑》第1辑《大邑名胜今昔》。（内部发行）1994年版，第90—102页。本部分内容据该资料编写。

留侯张良八世孙。少博学，通达五经，又习《道德经》及天文、地理、河洛图纬诸学，入太学，被举荐为"贤良方正直言极谏科"。汉明帝时做过巴郡江州（今重庆）令。后归隐山林，学长生之道。

东汉和帝永元四年（92），张陵自河洛入蜀，来到鹤鸣山学道。李膺《蜀记》载，张陵曾"避病瘴疟于丘社之中，得咒鬼之术书，为之，遂解使鬼法"①。这可能意味着张陵向山中高人学习了降魔驱鬼的法术。渐渐的，他的名气越来越大，弟子越来越多，"百姓翕然，奉事之以为师，弟子户至数万"。遂在鹤鸣山建造上清宫，成立了五斗米道，是为早期的道教。

陈寿《三国志·魏书·张鲁传》记："张鲁，字公棋，沛国丰人也。祖父陵，客蜀，学道鹤鸣山中，造作道书，以惑百姓，从受道者出五斗米，故世号'米贼'。陵死，子衡行其道，衡死鲁复行之。"②凡是入教者需交五斗米，故有此称。传说太上老君曾亲临鹤鸣山，任张陵为天师、三天法师正一真人，故又称天师道。五斗米道后成为道教中规模最大、影响最广的教派。

张陵著书24篇，尊黄帝、老子，用"佐国扶命、养育群生"相号召，体现出强烈的神仙崇拜、注重方术的教义特征。全国设24治，治为五斗米道在各地的据点，是精诚修行之所。鹤鸣山为24治之一，史称"鹤鸣神山太上治"。明代曹学佺著《蜀中广记》说："鹤鸣山为第三治。"各治还设负责人，组织各种宗教活动。1989年曾在县城西郊莲花墩出土汉天师道"平盖治都功印"，都功为各治的首领，相当于后世教区的教长。这是目前为止全国出土的第二方都功印，极为珍贵，印

---

① 李远国：《中国道教发源地——鹤鸣山：鹤鸣山与张道陵》，载中国人民政治协商会议四川省大邑县委员会文史资料委员会《文史资料专辑》第1辑《大邑名胜今昔》，内部发行1994年版，第56—57页。

② （晋）陈寿撰，（东晋-南朝宋）裴松之注：《三国志》，中华书局1982年版。

证了五斗米道在蜀中的发展历史。

有学者认为[1]，张陵创立的五斗米道，具备了经典、醮仪、科戒等宗教要素，并且信徒众多，已经形成了规模较大有组织的宗教集团。之前，虽亦有传播类似思想者，但均不具备上述条件，故不被认定为道教开创者。例如，甘忠可在西汉成帝时曾作《包元太平经》，开太平道之先河，于吉在汉顺帝时作《太平青领书》，意味着道教出现，但他们都没有形成宗教集团组织。之后有张角的太平道，参加者众，但因黄巾起义失败，太平道受到打击，渐趋衰微，最后销声匿迹。而五斗米道在张陵去世后，由其子孙继续发展壮大，特别是他的孙子张鲁曾雄据汉中20余年，影响极大，张鲁后归顺曹魏，得封万户侯，五斗米道也随之得到更广泛的传播。因而后人普遍认为是东汉的张陵创立了道教。

张鲁，字公旗，道教称他为"系师"，与祖父张陵（天师）、父亲张衡（嗣师）并称道教"三师"。五斗米道在张鲁时期兴旺壮大起来。据常璩《华阳国志》等古籍记载：益州牧刘焉颇信任张鲁，任命其为督义司马。鲁到汉中后，继续传播教义，并且施行仁政，设立义仓，资助贫民，信徒越来越多，时间长达20多年。汉献帝建安20年（215），张鲁归降曹操，被封镇南将军、阆中侯，邑万户，地位仅次于三公，儿子也都封侯，极为显赫。受其影响，五斗米道的传播范围也更加广泛。

大邑鹤鸣山作为道教的发源地，也成为后世信徒朝觐膜拜之地。唐僖宗中和元年（881），著名道士、道教学者杜光庭到此拜访，作《鹤鸣山》诗："五气云龙下太清，三天真客已功成。人间回首山川小，天上凌云剑佩轻。花拥石坛何寂寞，草平辙迹自分明。鹿裘高士如相遇，不待岩前鹤有声。"[2] 还作《贺鹤鸣化枯树再生表》。他后来便留

---

[1] 李养正：《道教概说》，中华书局1989年版，第29页。
[2] 周啸天编撰：《历代名人咏四川》，四川人民出版社2019年版，第149页。

在成都，任前蜀光禄大尚书、户部侍郎、蔡国公，被王衍拜为传真天师、崇真馆大学士。

五代时期道士陈抟访鹤鸣山。陈抟，字图南，号扶摇子，亳州真源（河南省周口市鹿邑县）人，曾在武当山、华山隐居，著有《先天图》《无极图》。陈抟在邛崃天庆观修道时，曾来鹤鸣山，并在山壁题写"龟鹤齐年、福寿康宁"八字，今"福寿"二字犹存。

明洪武二十五年（1392），著名道士张三丰来到鹤鸣山修行多年，留下不少遗迹。

永乐十一年（1417），道士吴伯理奉诏前往鹤鸣山，恭迎张三丰。吴伯理，号云巢子，诗文、书画俱佳。70余岁，眼不花、耳不聋，健步如飞。他到鹤鸣后，深感此处确为洞天福地，于是在山上修建迎仙阁，他以为"地位清高、草木清华之处，建杰阁而榜以'迎仙'，其栋宇之制，丹垩之饰，坚固周密，宏敞洞达，诚仙人栖神之所也"。又在迎仙阁后建张神仙祠。他自己也留下来，在此修行许多年，希望羽化升仙，"筑馆以居，凝神注意，绝外物于视听，惟神化之是想"。

清初，著名道士陈本和到鹤鸣山太清宫。陈本和为蒲江人，有道术。据说，他可一顿吃下30斤米，也可10多天不吃饭。凡遇不愿见之人，他从面前走过，人也认不出他来。陈去世后，有人在路上碰见，他拿出钥匙交给对方，那人到山上后才知陈已辞世数日。相传陈有煮石奇术，但秘不授人。其徒三张颇得真传。

由上可见，鹤鸣山作为道教发源地，历来受到信徒推崇，视其为神仙居所、洞天福地，参拜者众，香火不绝，神话传说也极为丰富，极具旅游价值。现在山上立有全国道教协会副会长傅元天等人为鹤鸣山撰写的"汉天师道发源地"碑。

第二节　神仙张三丰

张三丰晚年来到鹤鸣山，令鹤鸣山更是声誉鹊起。张三丰，元、明时期人，名通，字三丰，号元元，人称张神仙，辽东懿州（今辽宁省阜新市彰武县西南）人，为张道陵后裔。据记载，他"丰姿魁伟，龟形鹤背，大耳圆目，须髯如戟，顶作一髻"，身强力壮，善骑射。又说他不修边幅，人称张邋遢。他颇有神奇之处：有时几月不食，有时一餐能食升斗；读书过目不忘，登山健步如飞；隆冬酣睡雪中，毫发无损。早年曾入仕，后遍访名山、炼丹修行，受东晋著名道士葛洪影响很大。他创立了武当派，主张三教合一，儒道双修。他说："儒也者，行道济时者也；佛也者，悟道觉世者也；仙也者，藏道度人者也。"[①] 认为三教都以"道"为圭臬，实现救世济人的目标。

张三丰还将道家思想融入武术中，创立了太极拳。太极拳家吴志清说："考各家太极拳之源流，均称系丹士张三丰所传授。"[②] 他还创"内家拳"，以静制动，以柔克刚。黄宗羲《王征南墓志铭》说："有所谓内家者，以静制动，犯者应手即仆，故别少林外家，盖起于宋之张三丰。"[③]

据《张神仙祠堂记》："洪武壬申（洪武25年，1392年），献王（蜀献王椿）召至，与语不契，遂辞入山，陟鹤鸣峰顶，凡三往还，后竟不返，失其所在。"此记根据当时前往鹤鸣山探访张三丰的吴伯理记录整理而成，可信度较高。

---

① （清）李西月重编，董沛文主编，盛克琦、芮国华点校：《张三丰全集》，华夏出版社2017年版，第90页。
② 陈钟华、谢潇：《张三丰原式太极拳》，湖南科学技术出版社2011年版，第6页。
③ 朱小云：《中国武术发展研究》，光明日报出版社2017年版，第140页。

明武宗正德二年（1507）蜀府伴读蔡长通撰《迎仙阁记》云："洪武间，相传有真仙张三丰，号元元子，常游于是（指鹤鸣山）。抱道冲素，逍遥内外，人咸称有神异之术焉。慕其祖道陵得道之所，居数月而去，莫知其所之。"还有明人《修鹤鸣观醮台公署记》："本朝洪武末，张三丰真人自宝鸡来神游于此，后入天谷洞中。"这些记载都距史实不远，可作参考。

从中可以看出，明洪武年间，张三丰曾来到鹤鸣山。张道陵是其先祖，到此有认祖归宗之意。在山中，张三丰作《天谷洞》诗："天谷本天生，长歌石窍鸣。栖神须此地，坐炼大丹成。"① 天谷洞，又名天师洞，位于鹤鸣山山顶，张氏在此炼丹修行。又有《鹤鸣山二首》："沽酒临邛入翠微，穿岩客负白云归。逍遥廿四神仙洞，石鹤欣然啸且飞。道士来时石鹤鸣，飞神天谷署长生。只今两涧潺湲水，助我龙吟虎啸声。"② 山中有石鹤，据说仙人至则鹤鸣，张道陵来时也闻鹤鸣。山中有24洞，即诗中所谓"神仙洞"，对应24节气。洞口约宽1米，深不可测。据说每到一个节气，就有一个洞口显现出来，而其余的隐藏不见。《（民国）大邑县志》载，张三丰在山中还建八卦坛，种植柏树，行医布道等，后不知所终。

八卦坛在山顶迎仙阁后，据记载："鹤鸣山中有八卦亭，相传为张三丰先生观《易》处，其图以太极居其中，伏羲卦位包其外，盖言阴阳消长之义，以明丹火之进退耳。"可见张三丰在此研习《周易》。清代李元植也作《张三丰八卦亭》诗："隐仙长放水云坳，八卦亭中万象包。直取先天排气候，独寻僻地玩羲爻。百围大木曾亲种，一孔元关许共敲。欲领阴阳参造化，客来好与鹤同巢。"

张三丰种植的柏树就在八卦坛附近，树干粗壮，需多人才能合抱。

---

① 黄键：《隐仙风范——张三丰传奇》，宗教文化出版社2012年版，第146页。
② 四川省大邑县志编纂委员会：《大邑县志》，四川人民出版社1992年版，第816页。

"大邑县鹤鸣山中，迎仙阁下，有张三丰手植柏树，大可五十围。今已老矣，只存枯桩。桩内复生子柏，亦近十围之大。"①

明朝从朱元璋开始，多位皇帝派人四处寻访张三丰，多不遇。据传，张三丰曾请人向朱元璋呈诗表达婉拒，诗云："流水行云不自收，朝廷何必苦征求。从今更要藏名姓，山北山南任我游。"②《明史·列传》以及《张三丰全集》又记载：永乐五年（1407），明成祖命户科给事中胡濙巡访真人张三丰，胡乃赴鹤鸣山。他旧与张三丰相识，作《访张三丰》诗："交情久矣念离群，独向山中礼白云。龙送雨来留客住，鹿衔花至与僧分。疏星出竹昏时见，流水鸣渠静夜闻。却忆故人如此隐，题诗谁是鲍参军。"这次寻访应该并未见到真人。6年后，永乐十一年（1413），又命龙虎山上清宫道士吴伯理持手诏，前往鹤鸣山结坛诵经，恭迎张三丰。诏云：

皇帝敬奉书真仙张三丰先生足下：

朕久仰真仙，渴思亲承仪范。尝遣使奉香致书，遍诣名山，虔请真仙。伏惟道德崇高，超乎万有，礼合自然，神妙莫测。朕才质疏庸，德行菲薄，而至诚愿见之心，夙夜不忘。敬再遣使，谨致香奉书，拱候雷车凤驾，惠然而来，以副朕拳拳仰慕之怀。敬奉书。③

诏书表达了明成祖对张三丰的仰慕之情，赞其"道德崇高""超乎

---

① 谢良：《张三丰与鹤鸣山》，中国人民政治协商会议四川省大邑县委员会文史资料委员会：《文史资料专辑》第1辑《大邑名胜今昔》。（内部发行）大邑银中印刷厂1994年版，第73页。
② （清）李西月重编，董沛文、芮国华点校：《张三丰全集》，华夏出版社2017年版，第220页。
③ （清）李西月重编，董沛文、芮国华点校《张三丰全集》，华夏出版社2017年版，第408—409页。

万有",表示非常期待能有会面之机,并称此前已派人遍访名山寻求,这次又派遣龙虎山道士寻访,盼望张三丰能降临。原文曾刻碑立于山上迎仙阁内,现已不见。吴道士感叹此山为修炼绝佳之处,遂修筑迎仙阁、张神仙祠,在此居住十多年,等待三丰。

  到嘉靖时期,明世宗又命在治世、玄岳(北岳恒山)、鹤鸣等五地定期举办祈天永命大醮,祈求长生。每年八月十日为万寿节,从省至县的各级地方守臣,都要前往指定地点,参加醮仪盛典,集庆安邦,为皇帝求长寿。场面极为宏大,仪式队伍绵延不绝。鹤鸣观本来规模不大。"且在山谷穷处,岁久不治,狼藉殊甚。忽大命下,有司莫知所措,惟扫地行事。其拜瞻焚献,及一切斋庖公署,俱用竹簟结舍宇为邂逅计,仅被(避)风雨而已……事竣旋拆毁之。而他日有事,计复如初。故每一举而数百里内郡邑骚然,大邑之民,其尤剧焉。"据《修鹤鸣观醮台公署记》载,嘉靖四十年(1561),当地又新修鹤鸣山醮台公署。不仅将原有殿堂扩建装饰,还重建了毁损的亭台,并且在殿前设三间拜亭,殿后建厅事一所,又修公署十区,前后各三楹,作为使臣居住区。又为两台及藩、臬诸司设立斋祭场所。大殿右边还建有厨房、餐厅、仓库若干。凡醮事所需,莫不具备。[①] 明代青神指挥余荫作《奉使鹤鸣山,恭建万寿大典,礼成,敬赋小诗一章》:"君王恭默事元穹,遣使名山礼意隆。正欲跻民怀葛世,果然时叶夏商风。圣人明德通天府,玉帝垂恩锡汉官。石鹤长鸣厘祝已,群黎林谷尽呼嵩。"[②] 诗无足道,不过逢迎之作,仅可作为当时这类活动的一个见证。这样的活动劳民伤财,大邑当地深受其害,但客观上也提升了鹤鸣山在全国

---

  ① 谢良:《张三丰与鹤鸣山》,中国人民政治协商会议四川省大邑县委员会文史资料委员会:《文史资料专辑》第1辑《大邑名胜今昔》。(内部发行)大邑银中印刷厂1994年版,第74页。
  ② 四川省大邑县地方志编纂委员会办公室:《清乾隆〈大邑县志〉校注》,内部资料,成都温江耀麟印刷厂1998年版,第344页。

的影响力。

明蜀惠王（1459—1493）又有《张三丰像赞》，体现了当时人们对于这位仙风道骨之人的想象："若有人兮，出世匪常，曩自中土，移居朔方。奇骨森立，美髯戟张。距重阳其未远，步虚靖之遗芳。飘飘乎神仙之气，皎皎乎冰雪之肠。爱寻师而问道，岁月亦云其遑遑。既受诀于散圣，复续派于瓜王。全一真之妙理，契未判之纯阳。南游闽楚，东略扶桑，历诸天之洞府，参气化而翱翔。曰儒、曰释、曰老、曰庄，皆潜通其奥旨，乃怀玉而中藏。长缘短褐，至于吾邦，吾不知其甲子之几何，但见其毛发之苍苍，盖久从游于赤松之徒，而类夫圯上之子房也。"① 可见，时人显然已将张三丰视为神仙了。

第三节　仙境鹤鸣山

鹤鸣山，又称鹄鸣山，位于大邑县西北鹤鸣乡三丰村境内，距成都市区68千米。早在《新唐书·地理志》中便记载："贞观元年以益州置剑南道……其名山：岷、峨、青城、鹤鸣。"② 宋乐史《太平寰宇记》载："（大邑县）在鹤鸣山东，其邑广大，遂以为名。"③ 宋欧阳忞《舆地广记》载："（大邑县）唐咸亨二年析益州之晋原置，属邛州。有鹤鸣山，后汉张道陵隐居于此，著作符书。"④ 宋王应麟《玉海》卷二十《唐十道名山大川》载："剑南道其名山：岷、峨、青城、鹤鸣。"⑤《明史·地理志》载："（大邑）西北有鹤鸣山，与崇庆州界。

---

① （清）赵霦纂修：《（同治）大邑县志》，清同治六年刻本，卷十八第20—21页。
② （北宋）欧阳修、宋祁：《新唐书》卷四二，中华书局2003年版，第1079页。
③ （北宋）乐史撰，王文楚点校：《太平寰宇记》，中华书局2007年版，第1525页。
④ （宋）欧阳忞撰，（清）黄丕烈校勘：《舆地广记》，清光绪六年刻本，卷二十九第9页。
⑤ 王应麟：《玉海》，元至元六年庆元路儒学刻玉海明修本，卷二十第840页。

东有牙江，下流入邛水。"① 可以认为，唐宋以来，鹤鸣山一直位列全国名山之中，被看作大邑的代表。

鹤鸣山海拔600至1332米，三面环水，双溪合流，古木参天，县中的八景"鹤鸣双涧"即在此。其得名说法有三：一说是山的形状像鹤，《大邑县志》载：邑北有山曰鹤鸣，有身、有颈、有头、有翼、有嘴，口衔丹书，形如飞鹤。第二种说法是山中有石头像鹤，即石鹤，《四川通志》：(山)形如覆瓮，有石类鹤。明代《广舆图》：鹤鸣山岩穴中有石鹤，鸣则仙人出，昔广成子修炼于此，石鹤一鸣；汉张道陵登山于兹，石鹤再鸣；明张三丰得道于斯，石鹤又鸣。第三种说法是山中有仙鹤，梁李膺《益州记》：鹤鸣山常有麒麟、百鹤游翔。明逸名《鹤鸣山怀古诗》有"树老曾栖鹤"。另外，民国21年（1932）秋，邑人张全琮救治了一只鹤鸣山的鹤，并将其送归山中，作《送鹤》诗："凤管鸾笙送尔还，相依一月别离艰。世途险巇君知否？从此高翔勿出山。"当地还备办彩轿，组织乡人迎接，并造双鹤楼纪念，在楼柱贴有对联一副："鹤兮归来，出山何似在山好；蝶焉飞去，入梦安知不梦清。"

清代大邑县教授齐骙撰《鹤鸣山记》，对山的形状进行了具体描绘："尝考之《相鹤经》曰'鹤瘦头露眼，顶赤喙长，顶修而寿大，足高而尾凋，凤翼翔云，毛丰肉疏，龟背鳖腹，短后轩前，谓之仙禽'。据《潜确类书》所载'兹山也有顶、有项、有翼、有尾'，太清宫建在顶，元真坊建在项，迎祥观建在腰，就其形一一拟之。石骨突嵘，而头顶微圆，如觟颊，如鸵耳，前嘴长拖东西，二水出两腋，是鹤千六百年，则饮而不食之形也。顶后低伏，狭小微曲，两傍溪水夹送，是鹤之大喉以吐故，修颈以纳新也。伏起而接大坪，上应氐宿有

---

① （清）张廷玉等撰，杨家骆主编：《明史》卷四十三，中华书局1974年版，第1042页。

大洞二十四，应二十四气；小洞七十二，应七十二候，是鹤之龟背鳖腹，顺天时而知夜半也。柱峰翅疏，而左载盘松、怪柏，菁郁挺秀；腰岩翼展，而右覆直栝、乔梓，秀茂千寻，是鹤之毛丰肉疏，凤翼而云翔也。冠子三峰，中峰连接于后，突而直，瘦而疏，非其羽翛翛，而尾涸涸欤！"① 文中又说，马成子、张道陵、张三丰来此，皆闻鹤鸣，因而认为"盖山即鹤，鹤即山；鹤鸣即山鸣"。这也再次印证了山名之由来。清末文生邑人冉人瑞曾为鹤鸣山撰写对联云："此鹤从何处飞来，不縻禄，不乘轩，待他毛羽既丰，九万云程经远到；斯地由诸山秀出，可游仙，可招隐，奈我空缘未尽，三千世界未周游。"

鹤鸣山上的道观有太清宫（俗称老君殿）、延祥观、紫阳殿、玉皇楼、张神仙祠堂、三官庙、迎仙阁、文昌宫等，殿宇曾达上百间。主要景点有：

一　迎仙桥、送仙桥

迎仙桥在山的左侧，为单孔石拱桥，桥上有精美的浮雕花卉鸟兽图案，据说仙人由此降临。右边则是送仙桥，为铁索桥，传为仙人离去处。站在桥上，可望见江中巨石，形似仙鹤。

二　解元亭

亭为仿明代斗拱结构，二楼一底，高10.2米，直径7米，总面积38.5平方米，宝顶3级。相传为一姓王的解元所建，后以"解元"命名。亭旁有三官庙，是供奉天官、地官、水官，祈祷消灾祛病之所在。庙侧为将军坟，相传明代某将军奉诏来寻张三丰，客死，葬于此。附近有宋代大书法家米芾题写的"第一山"石碑。

---

① （清）赵霨纂修：《（同治）大邑县志》，清同治六年刻本，卷十八第13—14页。

三　文昌宫

建于清代乾隆时期。经多次翻修，规模较大，是鹤鸣山的主宫。山门外是一对石狮，高约七八尺，雄踞于古柏树下。石狮后面为宽敞的山门。迈进山门，两侧各有塑像若干。中间有一座三层亭，较为别致。后面是大殿。穿过大殿，对面就是文昌宫正殿，里面供文昌帝君神像。大殿柱上有民国时期张全琮所撰对联："五百年石鹤曾鸣，虽丹台烬熄，紫诏沉沦，至今听两涧潺湲，不减龙吟虎啸；廿四处洞天未改，纵霞嶂苍茫，雾山缥缈，到此看三峰巃嵷，洵然佛国仙踪。"正殿两侧，有门通后院。右门通向花园，园中有多株古木。左侧通往厢房，是道士居所。院内有几株高大的茶花，株大一尺许，为县中少见。每当花开时，游人纷纷驻足欣赏，叹为观止。院中还有招鹤亭，为方形建筑，高5.5米，面积23.4平方米，宝顶2级。亭中有石砌高台，高台上立着天然石鹤一只。现在该亭已迁至迎仙桥旁。院中墙上多名人题咏，其中有刘湘的五言绝句：

　　放怀天地日，中原鼎沸时。翘首山头望，临风匹马嘶。

据说，这首诗写于抗日战争前夕，刘湘时居安仁。后率军出川抗日，在抗战前线因病去世，留下遗嘱："抗战到底，始终不渝，即敌军一日不退出国境，川军则一日誓不还乡！"[1]

四　太清宫

位于山顶，又名上清宫，初建于东汉，传为张道陵建，同时期还建有紫阳殿、天师殿等，重修于宋代，元、明各代不断扩建。拾级而

---

[1] 邓平模编：《成都百年影像》，成都时代出版社2019年版，第125页。

上，沿路翠柏夹道，远远就能望见太清宫大门。上有梁叔子题写的对联："山人有鹤；老子犹龙。"匾额为"鹤鸣化"。进门后，穿过两排长廊，后面就是太清宫正殿，为斗拱木架结构，供太上老君李聃的神像，故又称老君殿。院内有石碑，刻宋代诗人陆游的《夜宿鹄鸣山》七律一首。陆游当时还曾在此借宿，并作《宿上清宫》，诗中写道：夜深人静，松林涛声阵阵，天上的星辰离人如此近，在这样的夜晚，不免萌生出世之想。之前，文同也曾到此，作有《题鹤鸣化上清宫》诗："秘宇压屃颜，飞梯上屈盘。清流抱山合，乔树夹云寒。地古芝英折，岩秋石乳干。飙轮游底处，空自立层坛。"

五　迎仙阁

老君殿后面有迎仙阁，又名迎祥观，内供奉张三丰神像，据说是明朝道士吴伯理修建。旁边有古柏，高 31 米，树径 1.51 米，相传为张三丰当年种植。又有一座八卦台，或称戒鬼坛。坛为八角亭，中间是一石砌八方形土台，据称为张道陵作法处，也有说是张三丰观《易》处。亭侧有明永乐帝迎三丰仙人圣旨碑和其他古碑，字迹已模糊。

迎仙阁后有一汪清泉。传说，清代有位陕西人到此居住，临走时，对迎仙阁的道士说："吾与汝水，径达厨间，可乎？"道士说："善！"第二天早上他带着道士到阁后，指着地面说："水在是。"掘地一尺许，果然冒出清澈的泉水，水质甘冽。

阁右侧还有吴伯理墓、胡濙墓。胡濙墓碑宽 46 厘米，高 97 厘米，厚 9 厘米，正面刻"明钦差兵科给事中礼部尚书忠安公胡濙老先生之墓"，落款"庚申年黄钟月下皖谷旦鹤鸣山隐士合江子题"。

民国时期著名学者朱青长作有《题迎仙阁》诗："九曲山田度远村，共排诗话入松门。僧储云叶供茗硕，鹤抚沤群当子孙。錾大可镌新醉墨，时平思筑小桃园。千秋而后谁知得，此地曾来不世僧。"① 诗中说道当地僧人用云叶烹茶，以鹤为子孙，山石还可制砚台，真想在这里弄个桃花园。千年之后有谁知道，这里可是神仙来过的地方。

六　二十四洞

迎仙阁后的大坪山上有二十四洞，每个洞口宽约1米，深不可测。明代状元杨慎《开化寺碑记》中说："鹤鸣二十四洞，张道陵之登真也。"②

七　天谷洞

天谷洞，又叫天师洞、天官洞，位于大坪山老鹳顶西侧冷家岩上，据说东汉张道陵、五代杜光庭、明初张三丰都曾在此洞中修炼。从洞口至狭口，全长120米，为断裂岩洞。狭口里面有一暗河，走近可听见流水声。洞内高低错落，高处有数十米，宽10多米，低矮处人需匍匐前行。主洞与两旁的三清、三官、平仙、峻仙等几个小洞相通，洞内曲曲折折，有如迷宫。据《大邑县志·仙释》："汉永寿二年，（张道）（陵）自以功成道著，乃于半崖跃入石壁中，自崖顶而出，因成两洞，崖上曰峻仙洞，下曰平仙洞。"③ 三清洞中有一石屏，高6米多，宽约1米，表面有黄白相间的小乳花，以石击打，会发出不同声音，被称为八音屏。主洞中有长约20米的暗谷，两边岩壁和顶端都是石浆凝成的石花，其中一倒挂石钟，高约50米，底部宽10米，颇为壮观。旁边还有几尊石浆凝成的神像，可惜头部被人打掉，另有石浆凝成的

---

① 中国人民政治协商会议四川省大邑县委员会文史资料委员会：《文史资料专辑》第1辑：《大邑名胜今昔》，（内部发行）大邑银中印刷厂1994年版，第109页。
② 四川省大邑县志编纂委员会：《大邑县志》，四川人民出版社1992年版，第813页。
③ （清）宋载纂修：《（乾隆）大邑县志》，清乾隆十四年刻本，第40—41页。

石塔、石兽等。洞外原有一幢两层楼庙宇，供着5~6尊菩萨像。

清代犍为人刘光泽作《天谷洞怀古》诗："鸿濛一窍接长生，张老来时石鹤鸣。绝地通天仙客路（原注：在危岸上），穿云裂石洞箫声。窈冥内有琼扉影，清净中无世俗情。欲炼还丹须此地，何人得似杜东瀛（原注：唐杜光庭炼丹于此）。"诗歌巧妙地融入张道陵跃入岩壁又破石而出的传说，为天谷洞增添了许多神奇梦幻色彩，惹人遐想。

山间有很多茶树，相传是古代贡茶，沏之叶呈鹤形。或云：烟气似鹤，色香味皆佳。此为山中一绝。清代进士李惺《游鹤鸣即景》诗云："种得树多无空地，摘来茶嫩是初番。"①

此外鹤鸣山还有三绝。一是鹤鸣柏，指迎仙阁后山上的千年古柏，是典型的川柏。据说为张三丰所植，也有说植于宋代，因陆游的《夜宿鹄鸣山》一诗中有"老柏干霄如许寿，幽花泣露为谁妍"之语，可见那时已有古柏。20世纪80年代，经四川省林业厅科学研究所古树组鉴定为明代树木，为县中最大的古柏，至今郁郁葱葱。二为鹤鸣涧。涧与10余里外的龙泉寺大殿前两口古井相通，东涧水涨，则西井水浊，西涧水涨，则东井水浊，过去为县中八景之一，有"鹤鸣双涧透龙池"之说。三为鹤鸣石。该石是一种特殊砾石，质地细腻，光洁度好，为石刻工艺的理想材料，可与南京的雨花石、苏州和无锡的太湖石媲美。北宋文同在《题鹤鸣石》诗中赞美此石"晶光凝莹洁，美质露斑斓"②。清末秀才、书法家陈文炜在《鹤鸣石记》中将此石分为十品，即桃红、血痕、云影、蜡黄、铅华、瓜瓤、葭灰、棕杆、脎红、天蓝。

---

① 詹石窗总主编：《百年道学精华集成》第3辑，上海科学技术文献出版社2018年版，第237页。

② 中国人民政治协商会议四川省大邑县委员会文史资料委员会《文史资料专辑》第1辑《大邑名胜今昔》，（内部发行）大邑银中印刷厂1994年版，第103页。

鹤鸣山吸引了众多文人墨客前来游览，除前文所述文同、陆游外，南宋魏了翁也曾到访。魏了翁，四川省成都市蒲江县人，著名理学家，曾长期在四川担任地方官。一生忧国忧民，颇有政绩。嘉定三年（1210），魏了翁归乡创办鹤山书院，著书立说，授徒传道。曾来大邑鹤鸣山、雾中山。

除了国内的访客外，国外的客人也纷纷前来拜访。1988年秋，日本东京大学东洋文化研究所教授蜂屋邦夫率日本国海外学术研究团成员、东京大学名誉教授、著名道教学家窪德忠先生一行5人，登上鹤鸣山，并撰立"日本国海外学术研究团登访大邑鹤鸣山之碑"。近年来，日本、美国以及中国台湾、中国香港等海内外道教学者和世界名流都先后来到鹤鸣山，寻访道教之源。

显然，作为道教发源地，鹤鸣山正越来越受到广大游客的喜爱。现在每年端午节，鹤鸣山都要举行庙会，有道家音乐表演、武术表演、书画展等，期间游客更是络绎不绝。但是，也要指出，由于历史原因，鹤鸣山的一些景点遭到破坏，一些文物被损毁，因此应该特别重视并珍惜鹤鸣山的相关旅游资源，保护好现存的文物古迹，努力恢复旧有的重要景观，让鹤鸣山重新焕发生机与活力。

最后摘录部分历代登临者的诗文：

鹤鸣观[①]

王焱（大邑县人，明代邑令）

重过招提宿，心清洗俗尘。花香风送远，凉气雨添新。西竺山中路，东林社里人。白云千万顷，只与老僧邻。

---

① 以下诗歌均选自四川省大邑县地方志编纂委员会：《大邑县志续编》，四川大学出版社1996年版，第647—672页。

此诗为明代邑令王焱所作。小诗颇为清新，写其雨后游山，淡淡花香飘来，令人心旷神怡。走在山间小路上，看那浩瀚无边的白云自由自在，想来它们只与僧人比邻而居。

游鹤鸣山即景
李惺（清代进士）

头上云消日已暄，脚跟泥滑露犹繁。乖龙化石余鳞甲，小鸟吟风妙语言。种得树多无空地，摘来茶嫩是初番。山居似此庸非福，羡尔园翁占一园。

此诗为清代进士李惺所作。诗中描写了作者雨后初晴登山的见闻，山路还很泥泞，耳畔鸟声嘤嘤。在一处茶园休息，园中满是茶树，摘下些许嫩芽烹茶，香气扑鼻。不由得感叹住在山中，有这样一个茶园真是令人羡慕！

宿鹤鸣山晤少司成李西沤先生夜话
汪屏山（龙凤场倒马坎人，清代贡生）

玉堂仙客御风行，轩冕浮云富贵轻。小住为佳寻胜迹，逢场作戏淡忘情。剧谈世事身如寄，洗耳林泉鹤又鸣。莫问洞天何处所，早留福地待先生。

此诗为清代贡生汪屏山所作。诗中写在山中不期而遇李西沤先生，先生乃淡泊名利之人。两人在此小住，纵论天下古今，相谈甚欢。不要询问洞天在哪里，先生所在之地就是福地。

鹤鸣山消夏诗四首
黄应秋（双兴场人，清代举人）

一

但住名山客便清，山中况自有天成。尽教暑气收岩壑，时见烟云绕殿楹。风过鱼龙吟绝涧，林高蝉鹊噪新晴。不求仙佛耽诗酒，丹诀凭他论养生。

二

曲槛疏纵奕一盘，眼前便是橘中仙。苔封石室含云液，露下松梢响涧泉。自喜山林无熟客，何妨莞簟作高眠。一声清磬来烟外，碧玉潭头月又圆。

三

如此仙踪海上寻，潺湲双涧助清哈。闲招老衲来调鹤，偶向禅房自鼓琴。古柏枝高寒鬣影，空山虫语警秋心。一瓯细嚼山泉味，纱帽笼头卧绿阴。

四

高阁临江瞰翠微，漫山灵草静葳蕤。奇花塞路随时艳，怪鸟迎人自在飞。天地侧身容笑傲，风尘回首更忘机。诗成也有山童写，莫道清贫百事违。

这是一组描写在鹤鸣山消夏见闻的诗歌。"尽教暑气""清哈"等词句突出了山中的清凉和山上景色的优美。"漫山灵草""奇花塞路"，清泉潺潺，鸟语虫鸣，烟云缭绕，宛如仙境。在此闲居，每日吟诗作赋，弹琴下棋，参禅悟道……过着神仙一样的生活。

游鹤鸣山二首
朱青长（民国）

一

寻幽闲访九嶷湾，翠俯青垂返老颜。诸善女随龙藏佛，大诗王会鹤鸣山。孤云指壑分行入，飞鸟循溪导客还。此去雾中路深险，更期何日叩松关。

二

云山松鹤解怜才，也觉颜躯大可哀。凤羽久衰余德在，鸾音孤唤自天来。挑完风雨残灯火，晃历沧桑几劫灰。我大不能如魏野，闭关歌舞养诗才。

这两首诗为民国朱青长所作，描写了探访鹤鸣山的情形，跟着云的踪迹，随着鸟的导引，向山中前行，云遮雾绕，山路艰险。晚上，窗外风雨如注，残灯下，回想经历了多少沧桑巨变，感叹不能像北宋诗人魏野那样安静下来潜心作诗。

题鹤鸣观
傅守中（复兴场人，清代举人）

谁招天下鹤，一鸣空山秋。山缘以得名，鹤亦长此留。双水分还合，孤岭清且幽。独有张真人，守境先我搜。

此为清代举人傅守中作。诗歌以鹤鸣山得名缘由写起，那仙鹤是谁召唤来的？其鸣叫声在空山中回响。山因它而得名，鹤也留在了山中。江水在此汇合，山岭清幽。真人张三丰曾到访此山，那已是非常久远的事了。

鹤鸣山
黄稚荃（女，江安县人，时在抗战时期，任川大教授）

寺前双涧合如环，岩上藤萝望若烟。倦客欲寻干净土，道人闲话太平年。长松千尺影横地，鸣鹤九皋声在天。玉黍饭香薇蕨美，何须世外羡神仙。

此为四川大学教授黄稚荃在抗战期间所作。诗的首句指著名景点"鹤鸣双涧"，接着描写了山中幽静的景色，石岩上"若烟"的藤萝，千尺长松,山间萦绕的鹤鸣声,让倦客心生向往,这是多么难得的太平世界啊!在这里何必还羡慕世外的神仙呢?

从2005年开始,大邑以道教发源地鹤鸣山为中心进行整体开发,重建"道源圣城",范围达22.65平方千米。力求对中华传统文化、中华根本之"道"进行梳理,将上下五千年之学统、道统加以形象化、立体化、规范化地展示,彰显道法自然、关爱生命、崇尚和谐的思想,本着"仙道贵生,无量度人"的核心思想,让鹤鸣山成为世界道教的朝圣地,也为芸芸众生营造一方道家康复养生的福泽之地。

重建规划分三期,逐步将鹤鸣山建设成集中华传统文化教育基地和养生旅游福地于一体的"道源圣城"。圣城位于大邑县城西北12千米的鹤鸣镇三丰村,海拔1000余米,山势雄伟、林木繁茂,双涧环抱,其形如展翅欲飞的立鹤,是著名风景旅游区和避暑胜地。圣城建设以道家思想为核心,志在宏扬道家经典文化,提倡太极养生、道家养生、中医养生等,力图将道家思想发扬光大,并广为传播。

2008年5月道源圣城一期工程已经建成并对外开放,主要包括山门、游客和信众接待中心、玉琮广场、太极广场、鹤鸣桥、百艺大街、道膳堂以及包括灵祖殿、文昌殿、三官殿、祖天师殿、老君殿等20余座建筑的祖庭宫观区等。建筑采用国内道教宫观群中罕有的仿汉代建筑风格,宏大壮丽而富于变化,是融汇古今的建筑精品。特别是40多米长的"道源仙踪"铜浮雕、9.9米高的玉琮石雕,以及天师铜像、景泰蓝灵祖塑像、老君塑像等,都极具宗教、艺术价值。

第五章　佛教文化

据史书记载，东汉明帝（57—75 在位）时期，印度高僧迦叶摩腾、竺法兰将佛教传入中国。大邑雾中山也是在这个时期修建了第一批寺庙，历史非常久远。到明代，雾中山有九关、九寺、六十八院、一百八盘、七十二峰，民间流传着"大和尚万万五，小和尚不消数"的说法。今人勘测发现，明代以前雾中山的寺庙建筑面积为 40 多万平方米，相当于一个中等城市的规模！

第一节　四方寺之首

雾中山，在大邑县西北兴隆场北，距县城约 25 千米。明代上川南道布政司右参议胡直的《开化寺碑记》说："华夏有僧自腾、兰二士始；有寺自洛阳白马寺始；四方之寺，惟兹山（雾中山）始。"[1] 汉明帝为迦叶摩腾、竺法兰修建了白马寺，斯为中国佛教祖庭，而各地寺庙的肇始则可追溯至雾中山。此前，明代状元杨慎《雾中山开化寺碑

---

[1] 胡亮：《佛教南传第一站——雾中山》，中国人民政治协商会议四川省大邑县委员会文史资料委员会：《文史资料专辑》第 1 辑，《大邑名胜今昔》，（内部发行）大邑银中印刷厂 1994 年版，第 132 页。

记》已指出:"雾山一百八盘,僧腾兰之所卓锡也……相传西汉时,此境时有金色布地,玉砌天峦,异相无穷……至汉永平十六年,始建住持,则摩腾、法兰两尊者游历所止。"① 按汉明帝永平十六年(73)在此建造寺庙算,距离兴建白马寺仅5年。另外,开化寺还曾有一通明代以前的残碑,上面也有:"至东汉明帝时,佛教流传于此(指雾中山)。土官肃民闲撰表申朝奏帝,帝远请法兰,遣朝使傅英丞相同开此山。释氏竺法尊者,中天竺人也。于大汉永平十六年幸敕开建……"② 因此,基本可以确定雾中山为佛教进入中国后最早的传播地区之一,山中曾建有国内最早一批寺庙。

据学者考证,印度高僧之所以会在洛阳之外选择雾中山作为筑庙传法之地,是因为此山声名远播,摩腾、法兰早已心生向往。③ 杨慎在其碑文中称"金色布地,玉砌天峦,异相无穷",其言不虚。雾中山山腰,有一水池叫明月池。该池不大,直径5.3米,它没有进水口,也没有出水口,但常年都是水质清澈。无论下多大的雨,它不会满溢;无论多么干旱,它也不会干涸。若遇旱灾,据说用竹竿击池水几十下,就会降雨。更神奇的是,每逢阴历初一、十五晴朗之夜,大约24点左右,池中会发出金光,周围一下被照得清晰可见,但很快又恢复如常,故有"金色布地"之说。另外,雾中山主峰海拔1638米,山上森林密布,云遮雾绕,景色各异,明御史王圻称它活似"李唐范宽一幅烟雨奇画",因而杨慎称其"玉砌天峦,异相无穷"。据说此山还是阿弥陀佛的道场。阿弥陀佛是佛教中西方极乐世界的教主,念诵他的法号,

---

① 四川省大邑县志编纂委员会编:《大邑县志》,四川人民出版社1992年版,第813页。
② 谢亮:《雾中山高僧录》,中国人民政治协商会议四川省大邑县委员会文史资料委员会《文史资料》第1辑《大邑名胜今昔》,(内部发行)大邑银中印刷厂1994年版,第147页。
③ 胡亮:《佛教南传第一站——雾中山》,中国人民政治协商会议四川省大邑县委员会文史资料委员会:《文史资料专辑》第1辑,《大邑名胜今昔》,第127—132页。

诚心祈祷，便能往生佛国净土。这些因素加在一起，促成竺法兰他们在此修建寺庙，并奏报朝廷，获赐名曰："雾中普照寺"。

之后，高僧多赴雾中山建庙修行。东晋穆帝永和年间（345—356），佛图澄任住持，并奉旨建造天诚山显应寺。佛图澄（232—348），西域龟兹人，西晋、后赵时高僧。少时出家，能诵经数十万言，持戒精严。西晋永嘉四年（310）来洛阳，得到石勒、石虎的信任，尊其为"大和尚"。他积极向民间传播佛教，建寺达893所。

唐高宗显庆间（656—660），僧伽、僧护二尊者也来到雾中山。他们原为王子，在山中绿云关修行，后奉旨修复了普照寺，即开化寺。绿云关为开化寺分袭的48庵院之一。高宗曾来山中，向他们问道，并下令减少该寺田赋。

南宋孝宗淳熙年间（1174—1189），园泽长老奉诏重建普照寺并任住持。清县志尚存园泽尊者撰《雾中山述记》片断和《十景诗》一首。述记云："雾中十景有：雾中明月、降龙七佛、天台圣僧、石城烟雨、青霞碧玉、瑞彩金刚、云锁三关、晓钟普应、雪停天竺、四会接圣。"《十景诗》为："雾中明月古今秋，显应降龙七佛楼。天台圣僧飞锡过，石城烟雨洗苔收。青霞碧玉乾坤阔，瑞彩金刚山岳浮。云锁三关藏古寺，晓钟普应彻丹邱。雪停天竺长年秀，四会亭中接圣谟。天竺旃檀兴象教，宗风广播四神州。"[①]

宋末战乱，雾中山上的寺庙多损毁于兵火。明朝成祖永乐年间（1403—1424），天竺高僧普达舍耶来到雾中山。传说其师吩咐他前往西蜀传法，普达舍耶于是到了大邑鹤鸣山。中午入定时，守山神突然出现，指引其前往雾中山。普达舍耶依言前去，觉"恍若旧识"，便和弟子们留下来修筑寺庙。正统八年（1443）敕赐匾额曰：天国山开化

---

① 谢良：《雾中高僧录》，中国人民政治协商会议四川省大邑县委员会文史资料委员会：《文史资料专辑》第1辑《大邑名胜今昔》，第149页。

禅寺，任命普达舍耶为住持，封名大阐教。普达舍耶当时也被公认为是僧众近祖。他圆寂后，被奉为肉身佛。明御史王圻《游雾中山记》云："红岩（山）之南为天台山，即普达舍耶所开山也。其人坐化，其骸尚存。"

正统十一年（1446），明英宗（1435—1464在位）赐普达舍耶的弟子铁纳星吉法名园羲贡关，继任雾中山住持。又在大邑县城北门外设立都冈衙门，授予象牙图章，颁礼部扎付，管辖大邑等地1000多所寺庙常住僧众。

明孝宗弘治（1488—1505）初，法兴任开化寺住持。率僧人建大雄宝殿、七佛经阁、伽蓝神祠，又集资营建法堂、天王祖殿、僧堂、斋厨、绘庄神圣、砌曼阶梯。一时间，殿宇重重，金碧辉煌，晨钟暮鼓，香火旺盛。法兴又与徒弟本受捐资刻碑，记录雾中山历史，并千里迢迢前往京城（今北京）请大学士眉州人万安主笔、新都人杨廷和题写，是为《开化寺碑》，为了解雾中山留下宝贵资料。

贞著（云寮子），明嘉靖时期开化寺高僧，博学，善书法、诗词。曾于嘉靖三十八年（1559）前往杨慎流放地请求其撰写《开化寺碑记》，遂留下又一篇记载雾中山历史的资料。贞著出发前，时人赋诗云："云寮出山真苦心，太史声价高词林。川南咫尺路非远，十月江寒烟雾深。入门顶礼山中相，升堂似睹如来像。缙绅贤哲解参禅，正觉园通息诸妄。子行远持尺素书，要求海上连城珠。摩尼如意随方现，朗照诸天及五湖。江阳渺渺千余里，锦城迢迢隔一水。寒露萧条白雁来，绪风披拂黄茅靡。丽藻鸿裁世所欢，银钩金薤古称难。挥毫兴到一弹指，请翁为尔书诸丹。"诗词描写了贞著在寒冷的十月渡江前往杨慎所在地永昌（今云南省保山市隆阳区）求文的艰难历程，也透露出当时众人纷纷来此礼佛的情景。

明朝，雾中山的寺庙僧众数达到极盛。嘉靖年间（1522—1566），曾任上川南道布政司右参议的胡直撰写《开化寺碑记》说："（雾中山）宜植佳茗，不能谷。僧徒数千人，以茗易谷，不徒手而食。"① 明朝著名史学家、御史王圻作《游雾中山记》云："（雾中山）两河以北、龙窝以南，方数十里，栋宇错落，皆缁舍，绝无杂居……若僧厨佛宇，鳞次星斗，列于寺之四围者，不可胜数，削发而处者数千人。"② 方圆几十里都是寺院，和尚多达几千人，可以想象当时此地佛教何其繁盛！僧人们种茶为生，也体现出明显的佛教中国化特征。

雾中山保留了不少历代寺院遗址，今天还可随处看到明代以前留下的台阶、柱础、神台、海幔、踏道、照壁、牌坊等。

现在，雾中山开化寺、接王亭等地都被批准为宗教活动点，每年佛祖生日、观音生日、蓥华生日和圆寂日，庙中都要举行纪念仪式。

第二节　佛光照雾中

雾中山，原名大光明山，又名天诚山、雾山，主峰海拔1638米，其地北有九龙山，南有金刚山，西有红岩山，号称72峰，面积约10平方千米，是晋原八景"明月清池"所在地。明代杨慎《雾中开化寺碑记》说："山恒孕雾，故受斯名。"③ 明王圻《游雾中山记》云："初笼忽散，乍洒旋收者，山间之云雨也。"④ 山间终年云雾缭绕，宛如仙境。杨慎将其与鹤鸣山并提，认为"仙佛同源，萃于二山。鹤鸣二十

---

① 胡亮：《佛教南传第一站——雾中山》，中国人民政治协商会议四川省大邑县委员会文史资料委员会：《文史资料专辑》第1辑，《大邑名胜今昔》，（内部发行）大邑银中印刷厂1994年版，第132页。
② 胡亮：《佛教南传第一站——雾中山》，中国人民政治协商会议四川省大邑县委员会文史资料委员会：《文史资料专辑》第1辑《大邑名胜今昔》，第135页。
③ 四川省大邑县志编纂委员会：《大邑县志》，四川人民出版社1992年版，第813页。
④ 四川省大邑县地方志编纂委员会：《大邑县志续编》，四川大学出版社1996年版，第641页。

四洞，张道陵之所登真也，雾山一百八盘，僧腾兰之所卓锡也"。清代邑令宋载《雾山月池赋》也说："七十二峰徐来，溯花溪于天镜；一百八盘罗列，抱碉户而云轻。"① 从山脚到山顶，山路曲折，一百八盘，七十二峰，途经潭、池、坊、亭、庙等景点，一路风光优美，文物古迹众多，是寻幽探胜的绝佳去处。

出大邑县城西门，经过悦来古镇、鹤鸣山，就可到达雾中山。山脚下首先是接引殿。原有一座石坊，上有匾额"雾中山"，又有明代内江赵大洲题额"九天护净"，均毁。现仅存一残殿，有鞠以正题联："花开曲径知春到；云锁重山得月迟"，额为"禅关初地"。

往前经过火烧桥，再走一段狭窄的山路，之后就是青霞嶂。此段原有栈道，宽不盈尺，王圻所谓"两岩陡夹如关隘""鸟道盘屈"，像这样的路，后面还有多处。宋朝张俞作《青霞嶂》诗："雾山环合自云川，户有清溪种玉田。万本桃花不知处，几人曾得问秦年。"俨然一派世外桃源的景象。又有文同《题雾中山碧玉潭》诗："千岩角逐互吞吐，一峰拔起矜崔嵬。日光微漏见潭底，水气上浮云成堆。"② 山间峰峦叠嶂，潭水清澈见底，在阳光下，水气升腾直入云霄。又向前，溪涧两侧峭壁高耸，形如高冠，故称冠子山。再前行就到了碧玉潭，石壁刻有"碧玉潭"三个大字。这里悬崖峭壁，树木苍翠，云雾缭绕，为一上佳观景点。王圻《游雾中山记》说这里："两山矗立，崔巍插天，不可仰视。灌木丛草，附室以荣，葱菁布护，云霞之气，时时浮动。余谓雾中之景，此其最佳。"③

---

① 四川省大邑县地方志编纂委员会办公室：《（乾隆）大邑县志校注》，内部发行1998年版，第330页。

② 《古今文人咏雾山》，中国人民政治协商会议四川省大邑县委员会文史资料委员会：《文史资料专辑》第1辑《大邑名胜今昔》，第154页。

③ 四川省大邑县地方志编纂委员会办公室：《清乾隆〈大邑县志〉校注》，内部资料1998年版，第249页。

继续攀登，会走过云集桥，这里是进入雾中山两条路的必经之地，故名云集。由此向前是用红沙石条砌成的上山梯道"八十步"，显得非常古老，让人不由得想起"深山藏古寺"的诗句。登上"八十步"后，路分岔，右边通向大字岩，石壁刻有明御史梁奕题写的"献城"二字，岩下方池中泉水清澈，明代王圻谓："清泉漾碧，雨之不溢，汲之不枯。"遂题"圣泉"。又有清乾隆时期涪陵人陈雨新题联："贯石存金像；陀空泛海音。"往前可去开化寺。

　　云集桥往右就是接王亭。清代崇州人唐养贵《接王亭塑佛象碑记》说："亭因王名，尊王也，王为佛，至尊佛也。尊王者缘以尊佛，尊佛者益知尊王。"① 据说汉昭烈帝刘备曾到此，遂有是名。亭上对联云："路入青霞，千嶂攒成初喜地；光通日月，百盘腾上妙音天。"王廷简《接王亭》诗描写这一带风景为："千岩积翠呈佳丽，万木浓阴绝点埃。"② 放眼望去，千山万壑，青翠欲滴，无边无际，令诗人感慨"惭乏当年洛赋才"，没有办法表现眼中所看到的各种美丽。亭旁石坊上有"霞嶂关"三字，为王圻所书。石坊旁有石狮一对，明、清石碑各一通。还有一株巨大的红豆杉，经鉴定为明代古树。现存殿宇三重，系清初重建。向前为散粮坪、关饷亭遗址，曾为寺僧领取粮饷处，由此也可想象当年山中寺院数量之繁多。

　　再过飞仙轿，可见飞仙石，石上有男女足迹。相传有男女二仙，在此腾空而起，飞至数十里外的大平乡（今斜源镇）。

　　从飞仙石向前路又分岔。往左通往灵官殿。灵官原为道教神灵，此殿表明雾中山曾是佛道并存之地。现存龙凤浮雕石坊一座，正面额

---

① 任继愈主编：《中华大典·宗教典·佛教分典5》，河北人民出版社2016年版，第4018页。
② 任继愈主编：《中华大典·宗教典·佛教分典5》，河北人民出版社2016年版，第160页。

书御赐"天国名山",两边有联。背面额书"西维灵阙"四字,明进士临邛王廷简撰,南充赵季沛书,邑人叶文松等建。坊前立两道石屏,左龙右凤,惟妙惟肖。据旧县志载,此坊前面还有两道石坊,合称"云锁三关",为雾中山十景之一。再往前过牛角池、漱云桥,即到开化寺。山中寺庙众多,开化寺是各庙的总持。

开化寺原有二王殿、罗汉堂、大雄宝殿。殿前有敕赐"开化寺"匾额,殿内原有6铁钟、2铜钟、历代碑记,殿后有1尊铜佛,高1丈8寸,铜塔1座,高丈余。可惜多已损毁,现仅存明代修建的金刚、天王两殿,古碑数通,以及明代以前禅院遗留下来的石狮、台阶、柱础、神台、海幔、踏道、照壁、牌坊等。有一石屏建于明代,刻有圆形龙凤镂空图案,线条流畅圆润。屏上还有万历六年(1578)释子广厚建字样。还有一石坊上书"青雾梵天",背额书"金光神禹",为邛州牧朱仕挺题。左右耸立一对高大雄伟的石狮,形象生动。青雾梵天坊旧有不少对联:"春水夏云秋月冬风,宝地占四时之景;西瞿东胜北卢南赡,京天统万法之宗"(明杨慎题)[①],"仰看云开天尺五;应教月贮水中央"(明王廷玉题),"榻连翠竹和云卧;袖拂黄花带雨收"(明朱世挺题)。另外,开化寺有对联云:"时出烟云铺下界;夜来钟磬彻碧天。"

此外,还有三通题为"开化寺碑记"的石碑。一为明代御史胡直撰,二为大学士万安撰,三为明代文学家、状元杨慎撰,都已残缺不全。不过,三碑文均存于旧县志中,是考证雾中山历史以及佛教南传史的重要资料。

开化寺左边有八功德水,为明月池的地下潜流。据《升庵全集》

[①] 《雾中山对联录》,中国人民政治协商会议四川省大邑县委员会文史资料委员会:《文史资料专辑》第1辑《大邑名胜今昔》,第170页。

卷76载，此水"一清二凉，三香四柔，五甘六净，七不噎、八除病"，① 可达消除疾病、延年益寿之功效，故称"八功德"。岩下还有明代残碑以及20多尊石佛像，像后则是存放寺僧骨灰的石窟。明代大学士万安有《游开化寺题壁二首》："胍连灵鹫娑伽境，天马狮王正不偏。冠子金刚撑碧汉，石城千佛涌祥烟。木禅乐道盘砣润，海马天牙净土元（玄）。三足神僧从定出，八功德水绽金莲。""四会亭前境自幽，青霞碧玉挂银钩。圣灯每夜飞来去，神虎常居任往游。圣水龙岩风味别，接王鸾驾篆烟浮。玄鸦报晓龙蛇雨，明月池涵一样秋。"② 该诗暗含了雾中山盘砣石、海马石、三足树、八功德水、青霞嶂、碧玉潭、圣水、龙岩、接王亭、明月池等多处景点，可谓精巧。

再往前行70米有巨石，石高3米多，宽近5米，上有杨慎书"盘陀石"三个大字，他还写有《盘陀石》诗："昨过灵灯净土，兹辰云顶盘陀。三百六十飞陛，八万四千窣波。诸峰须弥纳芥，众水阿耨多罗。何处昭涛清转？似滨渔山梵歌。"③

前行300米，有一桥，旁边巨石刻有"流月桥"三字，为明代胡庐山题。又有石坊，上书"圣水流月"。桥左侧石壁上刻有碑记，介绍建桥修路经过，落款为明正德十三年（1508）戊寅五月夏日住持冈松。

再前行300多米，就来到著名景点明月池。池不大，直径为5.3米。它没有进水口，也没有出水口，应是地下水涌出。据勘察，其水源自喀那山东南的利拉萨罗瓦湖。池水水量常年恒定，遇大雨，不会溢出，遇干旱，也不会干涸。过去每当干旱无雨时，当地人还会来此

---

① 四川省大邑县地方志编纂委员会办公室：《清乾隆〈大邑县志〉校注》，内部资料1998年版，第331页。
② 《古今文人咏雾山》，中国人民政治协商会议四川省大邑县委员会文史资料委员会：《文史资料专辑》第1辑，《大邑名胜今昔》，第155—156页。
③ 《古今文人咏雾山》，中国人民政治协商会议四川省大邑县委员会文史资料委员会：《文史资料专辑》第1辑《大邑名胜今昔》，第156页。

求雨，邑令缪廷桂的《明月池取水祝文》云："正蛟龙潜伏之时，挹涓滴于盂中，即风雨腾飞之。会某等谨率士民，虔诚祷请此处，携来东海湿云，连天半奇峰，归时洒遍西畴，甘雨即座中法水，澍润千里，欢溢三农。"[1] 表达了虔诚的心愿。

该池还有一个神奇之处。旧县志记载："或曰：池中时有金光呈现，旧谱谓此山为大光明山，疑以是耳。"[2] 据说：每当阴历初一、十五，皓月当空之时，夜半，池中会现五彩光环。王圻游记说："池之上有寺，寺后构新楼，曰七佛楼。"[3] 范汝梓游记还说："池不甚广……八功德水即此池所澹泞处也。积旱不涸，积霖不涌……时发金光若月，天晴辄现……蜀多圣灯，即此山现光，亦一圣灯云。"[4] 清代宋载《雾山月池赋》描写此地景色说："气含润以争妍，岩前标洁；景随方而献媚，水面扬清。时则露洒菩提，华峰不远；光涵圣水，绿漪初沉。"[5] 雾气飘散，远处的山峰若隐若现，明月池波光潋滟，天上忽而洒下几滴细雨，是菩萨宝瓶中的仙露么？王续武有《明月池》诗："一放金波映碧渊，婵娟影静漾沦涟。源头活泼浮光素，古殿钟声锁暮烟。"[6] 左绅的同名诗为："混沌谁将斧凿开，冰轮清冷绝纤埃。等闲漫讶池亭

---

[1] （清）赵霨纂修：《(同治)大邑县志》，清同治六年刻本，卷十八第24页。
[2] 卫复华：《佛教胜地雾中山调查小记》，中国人民政治协商会议四川省大邑县委员会文史资料委员会：《文史资料专辑》第1辑，《大邑名胜今昔》（内部发行），大邑银中印刷厂1994年版，第145页。
[3] 四川省大邑县地方志编纂委员会办公室：《清乾隆〈大邑县志〉校注》，内部资料1998年版，第250页。
[4] 四川省大邑县地方志编纂委员会办公室：《清乾隆〈大邑县志〉校注》，内部资料1998年版，第239页。
[5] 四川省大邑县地方志编纂委员会办公室：《清乾隆〈大邑县志〉校注》，内部资料1998年版，第330页。
[6] 四川省大邑县地方志编纂委员会办公室：《清乾隆〈大邑县志〉校注》，内部资料1998年版，第362页。

物,翠竹缘何紫雾排。"① 从明月池向前还有无神殿、晒经石等景点。

从飞仙石左行经过天涯石、罗汉洞、海马石,可到檀香阁,这里现存一什伽古佛。再往前为石佛寺,有一巨石,上刻摩岩造像。正中佛像面容慈祥,身披袈裟,项带佛珠,手作法势,盘脚端坐。两边又有14尊佛像,顶上刻飞天。往前还有晒经寺、伏虎殿、茶杏亭。再向上可到雾中山最高峰鍪华顶,有鍪华寺。站在山顶,眺望远方,云海茫茫,气象万千,运气好,还能见到五彩佛光。

雾中山四季景色各异,春天"麦秀渐渐,菜花烂漫如绣,柳线已垂垂作青眼,梅英眣弗,桂箭射筒,森耸翠色";② 深秋,山下菊花还在盛开,山上已经白雪皑皑,空谷中还传来梅花的幽香,《雾山秋雪》便云:"三秋犹晒黄金菊,六出新霙白玉冈。旸谷远含波潋滟,湘帘遥映月光芒。读书谁比孙康力,得句还推道韫长。阁外梅花今未破,雾中先欲斗春香。"③ 历史上题咏雾中山的诗歌不可计数,下面选录几首。

雾中山行④

范瑟(明代参议)

五月九日火云生,宪长邀吾城西行。出门霜威驱毒瘴,并与清话闻新莺。莺声百转啼山寺,朝暮游人不知处。山岩会长苍龙松,海峤时生碧玉树。回峦曲径入京天,争到何人不羡仙。日月两轮

---

① 四川省大邑县地方志编纂委员会办公室:《清乾隆〈大邑县志〉校注》,内部资料1998年版,第361页。
② (清)赵霦纂修:《(同治)大邑县志》,清同治六年刻本,卷十八第21—22页。
③ 四川省大邑县地方志编纂委员会办公室:《清乾隆〈大邑县志〉校注》,内部资料1998年版,第393页。
④ 《古今文人咏雾山》,中国人民政治协商会议四川省大邑县委员会文史资料委员会:《文史资料专辑》第1辑,《大邑名胜今昔》内部发行,大邑银中印刷厂1994年版,第156—157页。

东西转,乾坤此日五云骞。凤凰接翼翔千仞,龙虎交逢明盛运。禅床漫说拥全莲,儒生岂为浮名困。呼吸能回天地春,还教岁序物华新。太平天子神六御,会看世作羲皇人。

此为明代参议范瑟所作。诗中写到五月九日,朋友邀请他游雾中山。早早出门,霜露未散,两人边走边闲话,在百转莺啼声中进了山。山中苍松碧树,云气弥漫。兴致勃勃在庙中访禅问道,儒生岂能被虚名所困?

游雾中山①
王溥(贵池人,明代邑令)

天拥芙蓉削更奇,竹龙浑似凤来仪。云深却与尘氛绝,月冷应须鹤梦迟。残夜疏钟僧味淡,暮霞倦鸟野情怡。步余借得些儿景,数点梅花几写诗。

此为明代邑令王溥所作。诗中写雾中山宛如一朵雕刻的芙蓉,高耸入云,隔绝尘嚣。黄昏,冷月初现,禅院钟声响起,飞倦的鸟儿回到巢中,散步时看到几朵梅花已经开放了,这正好写点诗啊!

游雾中山②
杨莹(浙江人,明代)

峭壁攒峦晻雾中,我来高眺倚晴空。西围山色迷归鸟,东泻溪声走渴龙。地拥金刚窥法界,花敷玉蕊散香风。春光争似青鞋得,日月行沾草露浓。

---

① 四川省大邑县地方志编纂委员会:《大邑县志续编》,四川大学出版社1996年版,第647页。

② 四川省大邑县地方志编纂委员会办公室:《清乾隆〈大邑县志〉校注》,内部资料1998年版,第350页。

此为明代杨莹所作。晴空万里，诗人在高山上远眺，只见悬崖峭壁掩映在云雾中，山色如此美丽，连鸟儿都被迷住了。春光明媚，山间溪流潺潺，风中传来花香阵阵，这里是金刚所在的法界。只见游人争着向山顶进发，连鞋子被露水浸湿都没有察觉。

第三节　高堂圣灯飞

高堂寺位于大邑县斜江乡境内的高堂山上，海拔796米，占地约1平方千米。寺区有胸围50厘米以上的树木2325株，其中百年以上古柏965株，桢楠54株，还有一株树龄500余年的明代红豆杉。院中古木参天，殿宇重重，气势恢宏。

早在东晋太元年间（376—396），此地已建福庆寺。北宋改名兜率寺。兜率为梵语，指兜率天，居此天者，欢喜满足，是一片极具诱惑的乐土。文同摄大邑令时，两次游兜率寺，作《高堂山兜率寺》诗："孤绝不可状，此山余旧闻。因官多暇日，与客到深云。门外一尘断，座中千里分。劳生当自去，缭绕下西曛。"① 又有《题兜率寺》诗："簿领迷人喜暂闲，聊寻古寺陡孤峦。柏藏一径中间窄，云敛千峰四面宽。远目已将飞鸟过，寸心更乞老僧安。若为借得禅房宿，卧看龛灯一点残。"② 诗词对寺庙地势之险作了生动地描绘，称其为"孤绝""陡孤"，进庙如进入"深云"之中。

明弘治初年，兜率寺改为高堂寺，谓其高也。明清两代多次修缮、扩建。1939年，又再次募款修建，寺中共建有9重殿宇，从山门到山

---

① 《古今文人咏高堂》，中国人民政治协商会议四川省大邑县委员会文史资料委员会：《文史资料专辑》第1辑，《大邑名胜今昔》，第267页。
② 《古今文人咏高堂》，中国人民政治协商会议四川省大邑县委员会文史资料委员会：《文史资料专辑》第1辑，《大邑名胜今昔》，第267页。

顶依次而上是接引殿、天王殿、藏经楼、大雄殿、观音殿、药王殿、灵官殿、猫猫（伏虎）殿、崟华殿，层层向上，非常壮观。大雄宝殿右侧建有经堂、斋堂、宿舍，院内有花圃、鱼池，是和尚们念经起居之所；左侧为仙女殿，殿后是为乞丐修建的住房叫化营，这是非常独特的。"文化大革命"中，寺庙遭到严重破坏，现已逐步修复。汶川大地震中高堂寺再次受损，现在经重建后的高堂寺焕然一新，更加雄伟壮丽，接待着千百万信士游客的来访。每年六月长达一个月的崟华会期，来自眉山、彭山、邛崃、蒲江等20余县的游人信士络绎不绝，云集高堂寺。那时，上山拜谒者日以万计，香烟袅绕，钟声四溢。合寺僧众梵呗圆音，为众祷祝，普愿天下安乐太平。山上主要景点有以下数处。

一　龙神堂

位于高堂山南麓，现有清乾隆年间重建的庙宇，供川王李冰和关羽神像。

二　锁龙桥

龙神堂附近，为清代中叶修建的石桥。桥下溪水潺潺，四周绿树环绕，鸟鸣嘤嘤，是山脚附近一处理想的观景点。

三　独柏亭

高堂山腰有一株苍翠的柏树，枝干遒劲，生机盎然，据说为明代所植。树旁有座四方形的独柏亭，有联云："历尽沧桑独柏树；评章风月半山亭。"

四　拜灯亭

在高堂山腰，意取朝拜高堂圣灯。"日落高堂圣灯飞"是县中八景之一。清代赵霈纂修的《(同治)大邑县志》说："高堂圣灯在县西十五里之高堂寺。山泽通气，辉媚光明。每清风月朗之霄，有无数金缸，晶莹闪烁，照耀林峦，今常见之。乃询土人云：圣灯每现，则雨泽稀少。惟远处可望，近则不恒见云。"[①] 据当地看见过的人说："每春夏之际，或秋日放晴之傍晚，圣灯即浮现于寺之林峦间。圣灯初现如一点星火，至夜静时大如金色铜盘，光芒四射，闪灼不已。倘注目久视，圣灯又如两铜盘重叠在一起，此或出于视觉之变幻。当久雨初晴，圣灯乍现，世人便说高堂寺圣灯现了，天已晴正。"对于这种奇特现象发生的原因目前还没有可靠的解释。清乾隆时期邑令宋载作《高堂圣灯》诗："旧是传灯佛子宫，一山高耸焰熊熊。夜来取次凭虚望，误认明星荡碧房。"也记载了这种夜晚星火闪烁的现象。

五　山门

山门一排三间，匾书"古兜率寺"。门前有一高大影壁，上为原中国佛教协会会长赵朴初题写的"高堂寺"三字，字迹雄健苍劲。

六　观音殿

在高堂寺山腰，清代修建，内供三尊观音大士法像，神态端庄，窗檐石础均刻有各种花卉图案，匾书"佛宇重辉"。

七　大雄宝殿

原殿重建于清初，"文化大革命"中损毁，今重建。占地近2亩，为重檐歇山式宫殿结构，黄色琉璃古瓦，房脊上塑二龙抢宝、鳌鱼吞脊、麟吐玉书，上下八大重檐翘角，整座殿宇巍峨雄伟。殿上匾额题

[①] （清）赵霈纂修：《(同治)大邑县志》，清同治六年刻本，卷五第7页。

"尘海无舟"四字，联云：

> 高士集兹山有素；
> 堂皇依旧地无尘。

殿中供奉三大佛像和十八罗汉，雕像个个栩栩如生。殿外古木参天，其中有一株需3人才能合抱的明代柏树。

八　藏经楼

原为明洪武年间重建，"文化大革命"中拆毁，今将安仁镇大庙清乾隆年间建筑搬迁至此。匾题"藏经楼"，内藏贝叶经多册。

九　灵宫殿

原殿为清代建筑。今修复的殿为一进三间。内供道教护法使王灵官，只见他右手高举钢鞭，左手前伸，金面红须，怒目圆睁，面容威严。殿内对联："休怪我鞭下无情，这邪气歪风，焉能不刹；但愿你心中有法，对损人利己，切莫妄为。"语言通俗，内容贴切，发人深思。

十　伏虎殿

原名猫猫殿。殿中塑一伏虎老人，手握竹杖，旁边两只大虎，张牙舞爪，十分凶猛。匾题"虎啸崇山"。

十一　鍪华殿

原殿为清代重修，"文化大革命"中被毁，今重修。供有鍪华菩萨，塑像慈眉善目，法相庄严。此处为高堂山顶，在此远眺，山峦起伏，云蒸霞蔚，还能望见不远处的鹤鸣山。鍪华菩萨俗名江德，明朝人，法名明本，早年曾在大邑修行，后担任什邡县鍪华山古寺住持，明神宗万历年间被追封为蓥华祖师。

十二　仙女池

位于灵宫殿左边树林中，池呈圆形，水面广阔，水深数米，清澈见底。传说曾有仙女在此沐浴，有后生偷偷前去一探究竟，仙女遂遁去，再未出现。

十三　游食庵

位于山门旁边不远处，为一幢新修的大殿。门前有株大红豆杉，树高15米，胸围1.4米。

十四　碑亭长廊

在大雄宝殿后，有碑刻近百通。

高堂寺香火旺盛。每年农历五月二十八日，还会举办为期一月的庙会，其中六月十三日是蓥华祖师的圆寂日，这天整个高堂山人流如织，热闹非凡。

第四节　圣洁白岩寺

白岩寺位于大邑县城北面金星乡嵯峨山白岩脚下，寺以岩名。山上有块巨大的悬岩，雪白耀眼。石高100米，长300多米，宽约数丈，四面悬绝，如刀砍斧削，唯一条小路可通。

白岩寺原为道观，唐宣宗大中二年（848）改为佛寺，由嵯峨、大乘、元通3寺组成。明代又进行了重建，是当时第一座位于汉族地区的藏传佛教寺院。

白岩寺依山而建，拾级而上，依次是山门、天王殿、观音殿、大雄殿、弥勒殿、文殊殿，有殿宇近百间。殿后是罗汉洞，分上下两层，全长约200米，宽数米，洞内供罗汉500尊，是县中唯一的罗汉群。可惜原建筑都遭到损毁。

20世纪90年代重修的山门为一底二楼，一排3间，匾额题"白岩山禅院"四字，联云：

地辟奇观，此处有崇山峻岭；
天开胜景，何时无明月清风。

还先后重建了弥勒殿、大雄宝殿、观音殿、文殊殿、大佛殿。观音殿中供奉藏传佛教像10余尊，均按藏传印度古教装塑。

寺后有一山洞，名曰龙洞。主洞深宽皆约7米，高约3米，有3个岔洞。洞内清泉汩汩，冬季有热气从洞口喷出，冬暖夏凉。山麓有一水库，人称龙湖，水面面积5平方千米，可荡舟垂钓。

寺中有古银杏林，约90多株，其中一树兜可安放一张方桌、4条板凳，供8人环坐，据鉴定它约有千年树龄。它旁边的银杏树多高达30米以上。每到秋天，金色的银杏树在阳光下分外夺目，风起时，树叶飘落，恍若童话世界。

白岩寺是离成都最近的藏传佛教点，寺中收藏大量佛教经典和文物，其中有十世班禅手书"南无吉祥释迦牟尼佛"条幅、梁漱溟85岁书写的《发愿文》等。

清代邑令敖立榜于同治七年（1868）来此察看，作《游白岩寺二首》："桃花流水此中寻，绀宇珠宫锁绿阴。一幅烟岚新画本，千秋雪岭旧丛林。鹤归月照禅心静，龙去云迷洞口深。无限诗情来眼底，吟余默坐听钟声。""洁白如斯亘古今，天然一片映冰心。偶来瑶岛上头上，宛坐琼林深处深；杏恰垂银光灿灿（寺前银杏数十株，大者合抱，结实累累如贯珠，色白于银，可玩也）。松疑嘎玉响沉沉。四围画意窗含雪，那许红尘半点侵。"① 诗中描写的自然风光，今日依旧，那洁白的山崖、古老的银杏树、桃花流水的乡村风光、不远处的西岭雪山……怎能不让人心驰神往？

第五节　药师佛石窟

药师岩，位于大邑县斜源乡盘石村内的凤凰山腰，又名后岩。在长150米的悬崖峭壁上，雕刻了各类佛像、供养人像和佛俗故事像1032尊，其中主窟造像为药师佛。

根据药师岩的《大像记》题刻及其他题记，摩岩造像开凿于唐文宗李昂开成二年（837），完成于五代至北宋。明朝嘉靖年间（1522—1566），又进行过修复。

药师古佛，居造像群正中偏右位置。龛宽4.34米，高6.54米，深4.61米。佛像与莲座由一整块岩石镌刻而成，通高4.9米，其中莲座高2.8米，宽3.4米，药师佛高2.1米。只见佛像头戴宝冠，身披天衣，凤眼微张，袒胸露臂，姿态丰满，面部慈祥，手捧药钵，跣足盘腿端坐于莲台之上。左壁上刻古镜和尚、力士及弟子65位。顶部飞天，线条流畅，裙袂飘扬。佛教中，药师佛与释迦、弥勒二佛合称为横三世佛。据《药师经》说："此佛曾发十二大愿，医治众生病苦，消灾延寿。"②

其旁边为"五方佛"龛。五方佛，指东方阿閦佛（表觉性），南方宝生佛（表福德），中央毗卢遮那佛（大日如来），西方阿弥陀佛

---

① 《古今文人咏白岩》，中国人民政治协商会议四川省大邑县委员会文史资料委员会：《文史资料专辑》第1辑，《大邑名胜今昔》内部发行，大邑银中印刷厂1994年版，第359页。

② 胡亮：《且说飞凤山药师岩的摩崖造像》，同上，第377页。

（表智慧），北方不空成就佛（表事业），属佛教密宗系统。龛长8.9米，高3.5米，深1.9米。龛内圆雕五尊佛像，各高1.8米，都慈眉善目，端坐莲台。

他们旁边是竖三世佛，即燃灯佛（过去）、释迦牟尼佛（现在）、弥勒佛（未来）。他们身旁还刻有66位佛化弟子，这种将供养人与佛像刻在一起的造型比较罕见。

竖三世佛旁边是一组大型群雕：三佛四菩萨。该龛呈长方形，长12.78米，高4.5米。分为上下两部分。上部主像为"三身佛"，即大乘佛教所说释迦牟尼三种不同的佛身：毗卢遮那佛、卢舍那佛、释迦牟尼佛。下部主像为地藏、文殊、观音、达摩四菩萨。他们周围刻五百阿罗汉、供养人像及唐僧取经、打虎、捕鱼等佛俗故事人物586位。

此外还有韦陀、观音等塑像，不一一而足。药师岩石窟塑像众多，雕刻精美，绝大多数雕像体态丰满，庄重朴素，为晚唐造像，也有宋代作品，具有相当的历史价值和艺术价值。

大邑佛教文化历史悠久，当地修建了佛教南传后的第一批寺庙，建造了许多精美的摩崖雕像，现存许多寺庙也都各有特色，在四川省各区县中独具魅力。

第六章　古镇文化

天府文化历史悠久、内涵丰富、博大精深。分布于成都境内的众多古镇，是天府文化的集中荟萃和物化形式，是天府之国的微缩版本。深入研究、着力挖掘天府古镇文化，就可以以小见大、以一当十，从个案研究中总结出普遍性，从而对博大精深的天府文化形成更微观、更具体、更深入、更透彻的理解。大邑县坐拥唐场、新场、安仁、悦来、晋原、鄐江等众多古镇。这些古镇拥有百年、数百年乃至上千年的历史，又保留着清末民初以来的时代风貌，还承继了近代百年川西地区的民俗风情，是了解地方历史文化的最佳窗口。透过这些古镇，就可以更好地认识天府文化，认识成都，认识大邑。

第一节　以武崛兴安仁镇

安仁古镇位于大邑县城东南，距离成都41千米，是中国历史文化名镇和中国环境优美乡镇，也是成都市十大魅力城镇和成都十四个优先发展的重点镇之一。

安仁古镇历史悠久，相关记载最早见于唐人李吉甫撰《元和郡县志》。据该书所载，唐初武德三年（620），割临邛依政、唐兴等县，取

"仁者安仁"之义，置安仁县。其后600多年，安仁始终是县治所在地。至元代至元二十一年（1284），安仁县方才撤销。若追溯安仁古镇与大邑县的建置历史，安仁建县实则早于大邑50年，可见其历史之悠久。至安仁废县之后，安仁仍然是大邑东南坝区的中心场镇。悠久的历史必然形成丰厚的文化底蕴。自古以来，安仁都是人文荟萃之地。据地方志书所记，该地取得进士、举人、秀才功名者多达30多人。尤其是民国时期，更是孕育了很多享誉中外的仁人志士，涌现出以刘湘、刘文辉为首的一大批军政要员。留下了他们所建多处大、小公馆，现已成为国内罕见、保存完整的公馆建筑群。实际上，安仁文化风韵确有不少耀眼之处。

其一，安仁古镇拥有国内罕见的公馆建筑群。安仁在近现代是一个"以武崛兴"的名镇（详见下章），是著名的抗日将领刘湘、起义将领刘文辉等一大批民国时期军政要员的故乡。担任过文官县长以上、武官团长以上者超过30人，其中更有军长3人、旅长9人、团长18人，故素有"三军九旅十八团"之称。他们在安仁留下的公馆建筑群，规模庞大，至今保存完整。这些公馆建筑是中国近现代社会的重要史迹，是认识和研究中国半封建、半殖民地社会经济、文化、建筑及四川军阀的重要场所，是百年中国社会发展史的一个断面，[①] 其历史文化价值与建筑文化价值是他处难以相比的。

其中安仁刘氏庄园又是最典型的代表，它与烟台牟氏庄园、惠氏庄园齐名，并称中国三大庄园，为全国重点文物保护单位。庄园作为中国建筑形式的一大类，历代遗存并不多见，而安仁刘氏庄园建筑群规模浩大、分布集中且保存完好，是清末民初乡村庄园居所的杰出代表，在我国南北两大类庄园中占有极其重要的地位，反映了四川西部

[①] 任桂园主编：《天府古镇羊皮书》，巴蜀书社2011年版，第495页。

清代至民国建筑发展的历程，同时也是了解中国近代社会、政治、经济、文化的一个重要窗口，是中国庄园文化的重要代表。

其二，安仁镇是具有世界性影响的大型泥塑《收租院》诞生地。大型泥塑《收租院》，是采用我国民间传统泥塑技法，在刘文彩庄园现场创作而成的世界级作品。其思想性、艺术性达到了高度的和谐与统一，在我国雕塑史上具有革命性的创新意义。该雕塑作品多次对外展出，先后接待了数十个国家元首及国际友人，在国内外产生了广泛而深远的影响，受到了许多国内外人士的赞誉，被认为是新中国成立以来雕塑领域取得的顶尖成就。安仁也因此拥有了"中华泥塑艺术宝库"之美名。

其三，安仁古镇拥有规模宏大的博物馆群落。坐落在安仁镇的建川博物馆，为当今中国民间最大博物馆聚落。该馆收藏有抗日战争时期的文物10000余件、"文化大革命"时期艺术品20余万件、老公馆家具100余万种、其他艺术品300余件。建川博物馆的特色在于重点收藏了"文化大革命"和抗日战争时期的文物，这两项专题藏品数量、品质在国内均居前列，不仅具有收藏价值、美学价值，还具有学术和历史研究价值。

其四，安仁古镇保存着完整的历史街区。诸如维星街、树人街、裕民街、安惠里等古街，其历史文化积淀深厚，民俗文化氛围突出。经由园林绿化、房屋立面改造、道路改造三大主体工程，古老的街区焕然一新，极大地提升了刘氏庄园的外部配套环境，在一定程度上解决了游客的吃、住、行、游、购、娱等问题，逐步形成了刘氏庄园、建川博物馆、老公馆和安惠里旅游经济圈，极大地促进了安仁古镇旅游和社会经济再上新台阶。

依托上述资源，安仁古镇被中国博物馆协会授予"中国博物馆小镇"的称号，其部分公馆将作为博物馆的场馆使用，这成了公馆的另一种存在方式。2017年11月，安仁被第二届博鳌国际旅游传播论坛评为"2017年度文旅小镇"。2019年10月，又入选了首届"小镇美学榜样"名单。

第二节　丝路明珠新场镇

新场镇是大邑县最早的建制镇，始建于东汉末年，兴盛于明朝嘉靖年间，距今已有近两千年的历史。古镇位于山区、丘陵和平坝的交融地带，距大邑县城12千米，距成都58千米，山丘平坝兼有。因其东靠成都，西邻邛崃，南有水路通新津，北可达西岭雪山，自古以来就是兵家必争的关口要地和客商云集的重要商贸节点。镇内的水是从西岭雪山奔流而下的邮江水，经分流后从头堰河、二堰河、三堰河穿镇而过。数百年来，这里的木材、煤炭、茶叶、大米和杂粮等物资的吞吐量极为可观，素有"五大市场"之称，是茶马古道和南方丝绸之路的重镇之一。

新场古镇素有"最后的川西坝子"之称，是四川现存规模最大、保存最为完好的古镇，历史积淀十分深厚。古镇呈二纵二横井字型布局，拥有七条较为完整的古街道，分别为下正街、上正街、太平正街、太平街、太平横街、香市街、河坝街；还有六条小巷子，分别为水巷子、张翼庙巷、谢家巷、猫市巷、桶市巷、上字库巷。镇内大院落、楼阁众多，现有39处明清古建筑（含遗址、墓葬），15处民国时期的重要史迹及代表性建筑，建筑面积高达20多万平方米。全镇有文物保护单位24处，其中国家级文物保护建筑1处，省级2处，市级2处，县级19处。川王宫、李氏旧宅、福临社、集股客栈、黄鹤楼、广东会馆、天主教堂、福音堂、刘成勋故居、璧山寺等皆青砖青瓦、古韵古色、雕梁画栋、栩栩如生。这些建筑沿着一弯曲水分布，形成了新场古镇颇具浓郁川西民居特色的"船"型水乡布局。

新场川王宫，位于川王村，始建于明万历四十八年（1620），是明代建筑风格古建筑，国家级文物保护单位。为纪念先秦李冰而修建，后演变为儒、释、道三教合一的庙宇。前殿供奉川王李冰雕像，配殿供奉文殊、普贤、吕纯阳、张三丰塑像，左右偏堂均供民间移送的祖宗灵牌。庙内有不少赞颂李冰的楹联、诗文。在"文化大革命"中，塑像、墨迹被毁，殿宇及塑像今已修复。川王宫坐北向南，占地面积约2530平方米。建筑平面呈长方形，由山门、张飞殿、川王宫、关羽殿、刘备殿、三清殿和左右厢房等组成，共有87间房屋，建筑面积1464平方米。新场川王宫承载着蜀地历史，建筑主体用材讲究，工艺细腻，结构与装饰手法具有四川传统建筑的神韵，整个建筑打破了一般庙堂建筑的对称结构。

除物质遗存外，新场还有极具特色的非物质文化元素。一是"水文化"。新场古镇水系丰富，水量充足。头堰河、二堰河、三堰河穿镇而过，在镇内交织成了一张密集的水网，在川西坝子上凝聚成一个独特的"江南水乡"。二是"古道文化"。新场镇是茶马古道上重要的历史文化名镇，是南方丝绸之路的重要节点。全镇拥有与古道相关的文物古迹24处，有丰富的历史底蕴和文化看点。直到现在，新场仍然保留着传统的赶集习俗，每逢二、四、七、十日，附近山区的农民和百姓都会挑着箩筐、背着背篓来这里赶集，所以也有人称新场是"南方丝绸之路上千年不散的集市"。三是"民俗文化"。新场的民俗文化活动众多，玩友、圣谕、行会戏、平台会、阴差会、闹元宵、请神、各类灯会等，在明、清及民国时期十分盛行。四是"农耕文化"。新场的酿造业、竹编业等涉农手工技艺，工艺精湛，世代相传，声名远扬。五是"美食文化"。新场古镇的肥肠血旺、麻油鸭子等地方特色美食，是地方饮食文化的瑰宝，是吸引游客的重要载体。六是"宗教文化"。

新场镇有三教合一的国家级文保单位川王宫，有省级文物保护单位佛子岩，还有璧山寺、天主教堂和福音堂等。

今天，新场古镇仍然保留的特色民俗活动有：一、玩友。玩友即川剧坐唱，又叫"摆围鼓"。玩友的清唱剧目主要是短小精悍、群众喜闻乐见的折子戏。它一般都在茶馆清唱，只能听声音，没有表演动作，故俗称"板凳戏"。每逢年节庙会或士绅人家子弟结婚时，玩友班子常被邀请去"摆围鼓，闹花夜"。新中国成立前，新场古镇十字口邵德三开设茶馆，卖夜堂时，常组织玩友活动，吸引不少人到此参加活动，借此招徕更多茶客，增加营利收入。二、圣谕。民国以前，新场居民在春节、春分或庙会期间，往往在村落院坝、街道庙堂或茶馆设台宣讲康熙皇帝治理国家的六条"圣谕"。用一张方桌和几条板凳，搭成讲台，台上放着一面是"圣谕"，一面是"格言"字样的黑色金字小木牌。一人站在凳上，以说书形式向群众宣讲忠、孝、节、义和因果报应之类的故事。久而久之，宣讲治国圣谕逐渐流于形式，说书讲故事的民俗活动却由此发展兴盛起来。三、行会戏。据新场古镇民间传说，每年七月初六日是璧山娘娘走娘家的日子。届时将由三仙观接回璧山娘娘，举办盛大的庙会。会期中，新场街上的"十大行"商铺也会分派会金，请川剧班子在璧山庙演戏（又称坝坝会）。剧目内容丰富多彩，非常热闹。庙会期间，许多青少年会化妆，穿上古装，扮成剧中人物或化上奇形怪状的花脸，穿着红绿衣服，站在有抬竿的方桌上，由四人抬着沿街列队游行以示娱乐。

2008年12月，新场古镇被国家住建部、国家文物局授予"中国历史文化名镇"称号；2011年3月，新场镇被省旅游局授予"全省乡村旅游示范镇"称号；2013年1月，新场古镇获批"国家4A级旅游景区"；2013年4月，新场镇川王宫被公布为"第七批全国重点文物保护单位"；2013年6月，新场古镇核心区上、下正街被国家文化部和文物局评为"中国历史文化名街";2017年1月,新场镇被四川旅游标准评定委员会授予"四川省乡村旅游特色乡镇"称号;2017年2月,在省发改委公布的《四川省"十三五"特色小城镇发展规划》中,新场镇被列为"旅游休闲型小镇";2018年9月,新场古镇被四川旅游标准评定委员会授予"四川首届十大古镇"称号。

第三节 移民汇聚唐场镇

唐场镇坐落在大邑县东南部的斜江西岸,距大邑县城仅十多千米,是在清朝初年"湖广填四川"的移民大潮中逐渐兴盛起来的一处历史古镇。后来因人口日渐增多而设"场",又因当地居民多为唐姓,故称唐场。

唐场古镇倚靠斜江,自然条件十分优越。斜江发源于大邑县北部红岩山龙洞子,途经梯子岩、瓦子坪、观音坪等地,得众多溪水汇入。又受粗石河、干溪河等支流之水,一路奔向东南,流入蒲江,最后在新津区境内汇入岷江。蜿蜒上百里的斜江是大邑境内的主要河流,也是唐场及周边广大坝区的重要水源。唐场立镇于斜江之旁,土沃水丰,所以自古以来就是适宜人居的富庶之地。

地方典籍对唐场的记载,最早见于唐宋时期。唐代时,该地为安仁县辖区。元代至元二十一年(1284),随安仁县一起归入大邑县。明末清初,四川战乱频发,大邑一带受到严重影响,满目疮痍,人口锐减。清初康熙、雍正年间,大量外省移民溯江而上,迁徙来到川西坝子,斜江河畔成为移民们安身立命的乐选之地。《(同治)大邑县志》记载:"自明末叠遭兵燹,土著无几,率多秦楚豫章之人,或以屯耕而居，或因贸迁而占籍，五州杂处，好尚不同。"① 至乾隆时期，地方政府正式于该地设场，隶属于南忠乡，后又编入上南乡五甲地。清末民初，唐场成为大邑一带的大场，当时民间有"一新二唐三灌口"之说。所谓的"新"，就是指新新场，即今之新场；"唐"即是唐场；"灌口"则是现在的悦来场，时称灌口场。由于水陆通达四方，唐场迅速成为农商物资屯集和周转的重要交易地，远近乡人、客商每每聚集于此。他们先后在场内外修筑了湖广会馆、江西会馆、陕西会馆、贵州会馆等众多移民同乡会馆，使唐场的市镇极大繁荣起来。至民国二十四年（1935），唐场升格为镇，随后又改置为唐镇乡。新中国成立后，唐场的行政区划多次变动，先后设立了唐安乡、唐安人民公社、唐镇乡、唐场人民公社、唐场乡等地方行政单位。1985年，唐镇乡改设为唐场镇。2004年，唐场并入安仁镇并延续至今。

　　唐场依水而兴，其街道布局基本上是顺应斜江的流向而形成纵横交错的网络。镇上现在还保留着上民权街、下民权街、中兴街、水果街、伏龙街、水井街、鸡市街、新政街、河坝街等多条古街。其中，上民权街和下民权街为场镇东西轴向的主干道，被镇上居民视为"龙体"。其他街道则形似"龙头""龙耳""龙眼""龙须""龙尾"，分布在"龙体"周围。民国时期，唐场商贸繁荣，走南闯北的政府高官、行会会众、袍哥大爷、商贾贤达汇聚于此，开展宗教、会展等各种文化活动。同时在唐场带起了一股"洋风"，深刻影响了当地的建筑风格，使唐场镇上出现了一大批"洋气"的建筑。这些建筑立面的设计是乡土建筑与西方建筑风格相结合的大胆尝试，现存的"小洋楼""小姐楼"是其代表。时至今日，古街上还留存有很多中西合璧的楼房，建筑立面新潮华丽。街上也有很多古朴典雅的豪宅大院，其高大的封

---

① （清）赵霨纂修：《(同治) 大邑县志》，光绪二年增修本，卷七第2页。

火墙在很远就能望见。大院门里则是深深的走廊、天井、后院和众多房间，尽显古拙幽深之美。

唐场不仅留存了川西民国建筑之"形"，还延续了川西坝子民俗之"神"。在民国时期，成都周边各乡镇都会在春季举办大型庙会或朝会，以便农贸交易。这些民俗活动大多与时令节气或宗教节日有关。比如，春台会、观音会、元宵会、兰花会、太子会、百花会、提灯会、鸭子会、童子会、清明会等。唐场最初规模不大，但由于地处水陆交通要道，来来往往的商旅客人常在此地的"幺店子"住宿、吃饭、补给，于是人气渐增。后来有几家当地村民在河坝边兴建了街道和市场，每年春分时节，远近客商或农人都会聚集在此买卖交易，互通有无。久而久之，就形成了远近闻名的"春分会"。20世纪三四十年代，唐场春分会规模达到极盛。近自大邑、崇庆（今崇州）、邛崃、新津、蒲江、芦山，远至成都、重庆、雅安、乐山等地都有商旅前来。他们在唐场交易农具、牲畜、粮杂、药材、山货、布匹、烟茶、竹木等各种生活与农业生产用品。除此之外，唐场镇上众多的宗教、文化活动，各种名目的行会、行戏也带动了地区文化的繁荣。比如，当地举办的"高杆会""狮子灯""迎菩萨""坝坝戏"等各种民俗活动，场面就极为热闹，令人目不暇接。

在改革开放的春风里，唐场再度繁荣。原来的场镇已拓建成新的社区，但仍然保持着川西坝子上的传统风尚和淳朴民风。居民沿袭着旧时的生活习惯，居住在黛瓦灰砖老房院里，穿着青衫布鞋，抽着叶子烟。很多老街上还存有铁匠、篾匠、鞋匠和装银匠的作坊，还有"打扎筒""烧灯花"的土法中医术流传。当地的名优产品——古法生产的豆腐乳依旧在制作、销售。该产品取唐场"高巷古井"之泉水浸泡黄豆磨制，具有陈香细嫩、入口化渣、营养丰富、开胃健脾、增进食欲之功效，因色泽油润、咸淡适度而闻名遐迩。[①] 在今天的唐场古镇上，"唐桥牌唐场豆腐乳""谭记唐场豆腐乳"等大字招牌仍然随处可见。如今，唐场春分会仍是成都地区一年一度的盛会。每逢会期，唐场大街小巷就会变得热闹非凡。乡下居民从四面八方赶来，买卖农事用具、瓜蔬粮杂或其他生活必需品，顺带求医问药、走亲访友。街边的茶铺将长长的条案和板凳摆到街面上，引得许多老人来此喝茶、打牌、消磨时间，成为一道特别的景观。

第四节　麻羊之乡悦来镇

悦来古镇地处大邑县中部丘陵中心，是成都平原西部的丘陵重镇。该古镇距县城仅8千米，幅员面积26平方千米。属亚热带气候，温和湿润，境内平坝、丘陵、高山皆有。悦来古镇历史悠久，物产丰富，交通发达。是大邑县城通往国家级风景区——西岭雪山、高山滑雪场、花水湾温泉度假区、道教发源地——鹤鸣山、道教早期传播地——雾中山的咽喉要道。

全国著名乡土建筑专家、西南交通大学建筑系教授季富政曾经评价悦来古镇："保存了近代最为完善的西方建筑，在整个四川是很少见的，'冷师长'的洋楼也因此影响了当地其他建筑，这是西方文化对中国民间文化冲击的一个较好的例证。"此处提到的"冷师长"，即20世纪30年代的地方军官冷寅东。他在悦来古镇修造了一幢西洋风格的建筑。该建筑位于悦来古镇正街249号，为中西合璧砖木结构，三面为街房，占地面积1530平方米，由四个院落与主体建筑构成。建筑正门是一座雕花石拱门，弧门上红白线条描绘着一些简单的花鸟虫草，门

[①] 王利器：《王利器学述》，浙江人民出版社1999年版，第334页。

额有楷书繁体"觉庐"二字。建筑名虽然低调，却掩饰不住主人曾经的风采与辉煌。石门两侧奢华高大的风火墙高出周边居民建筑两倍以上，与周围的房屋迥然不同。在这组建筑中，最核心的大院由青砖垒成。四合院围着一个地势略低的院坝，两边有木柱支撑的回廊，周围都是木结构的四川民居建筑。院内的主体建筑为一座两层高的洋楼，大约有10米高，坐南朝北呈"凹"字形，气势非凡。该楼由几根高大的柱子支撑连接，外围配着环形的雕花栏杆。楼房后面两侧各有一座小碉堡，呈多边形，上部细尖，顶部有仰天长鸣的仙鹤，中间有用青瓦组合成的长墙。碉楼一边是一小房间，另一边是通向二楼的楼梯。二楼的走廊由木板铺成地面，上面是半圆形窗户与长方形窗户，窗上有泥塑镂空装饰，大部分窗上是三叶状透气孔，木头玻璃相间的格子窗户都可上下开合，几乎每个房间都有一个精巧的小壁炉。走廊外部设有一个弧形的欧式观景阳台。站在阳台上，青瓦铺就的古镇屋顶尽收眼底。"觉庐"之外，是由不规则石块和大鹅卵石铺成的曲折小巷。巷子左边的高墙内，是当年公馆卫队人员的驻地，砖混结构的墙上镶嵌着铆钉。小巷右侧是菜地，青菜葱绿。更远处则是安静祥和的民居，偶有炊烟从屋顶飘出，在民居周围或树木丛中肆意穿梭，似乎在用它独特的文化语言和符号述说着古镇的过往。

瑞悦堂位于悦来镇观口社区，系民国时期中西合璧砖木结构建筑。建筑包括一座青瓦屋面的四合院和一栋全木结构的吊脚楼，左右两边是西式建筑的洋楼，整体建筑占地面积1850平方米。目前，民宿有12间房，每套房可接纳3—4人，整个建筑是典型的川西民居和西式洋楼的完美结合，形成一个民国时期中西合璧的砖木结构建筑群。

冬至亦称冬节、交冬，它既是二十四节气之一，又是中国的一个传统节日，民间历来有"冬至大如年"的说法，川西地区也有在冬季吃羊肉的习俗。悦来镇是"成都麻羊"的主产区，是名副其实的"麻羊之乡"而大邑麻羊的特别之处在于味道鲜美而少（轻）膻味。每年冬至前后，悦来镇上都要举行盛大的"大邑麻羊美食文化节"活动。其中，最引人注目的活动项目就是现代"庖丁解羊"比赛和"麻羊选美"大赛。"庖丁解羊"讲究的是快、准、狠。参赛选手在经过一番紧张激烈的角逐后，速度最快的选手将获得"悦来第一刀"的称号。"麻羊选美"则讲究"慢工出细活"。麻羊选美的标准，一要看被毛——麻羊体侧被毛呈赤铜色、麻褐色或黑红色为佳；二看体形外貌：有"十字架"和"画眉眼"者为上；除此之外还要看个体体重和体高等。经过众评委仔细观察，打分评比，最终评选出"羊王"。每年的"麻羊美食文化节"能吸引附近 7 个场镇，上万人前来参赛、参观，场面十分热闹。此时，在镇上的羊肉店里，熊熊的灶火上煮着棒子骨熬出来的羊肉汤，雪白清香，汩汩冒着诱人的热气，满锅沸腾。据说这里的羊肉一年四季都可以吃，而且绝不上火。

这些独特的文化资源，为悦来古镇提供了丰富的历史文化遗产。鉴于该镇深厚的文化底蕴和历史价值，悦来镇于 2001 年被评为"成都市十大古镇"之一。

第五节　源远流长晋原镇

晋原是大邑辖区内又一历史文化名镇，它与大邑、安仁两镇有着非常深厚的历史渊源。晋原旧为江原，意为长江水畔的原野。成汉玉衡二年（312），李雄改江原为"汉原"，置郡，隶属益州，意为成汉之江原，辖境相当于今日四川省崇州、都江堰等市一带。同时，李雄又分蜀郡置江原县，治所在今天四川省崇州市西北怀远镇。东晋永和三年（347），晋灭成汉，改汉原为晋原郡，意为晋之江原，江原县仍置。北周孝闵帝元年（557），改江原县为多融县，后又改为晋原县，属犍为郡。唐武德元年（618），晋原县地分出部分置唐隆县。武德三年（620），临邛、依政、唐隆3县分出部分地置安仁县，贞观十七年（643），安仁县撤销。咸亨元年（670），安仁县复置。次年，又割晋原县西部置大邑县。为纪念旧晋原县，大邑的治所又取名为晋原镇。此后行政版图屡有调整，晋原县最终消失于历史长河之中，但晋原镇（今已改为晋原街道）保留了下来。

晋原古镇背依雪山盛景，面朝蓉城天府，拥有生态和文化的双重优势。该镇是成—温—邛发展走廊的节点，交通便利，拥有四通八达的水陆路网。晋原历史悠久，文化厚重，境内胜迹有成都市文物保护单位子龙祠、佛教名寺高堂寺、大邑县天主爱国会教堂等。其中，子龙祠又称将军庙，位于今天晋原街道辖区银屏山下，系三国时期蜀汉名将赵云的墓冢和祠宇所在。这是成都郊外仅存的一处三国遗迹，隐山阁、观荷亭、小沧州、子龙祠正殿和左右偏殿等尚存。高堂寺位于晋原镇西十五华里。该寺始建于东晋孝武帝太元年间（376—396），距今已有一千六百多年的历史。远望山头，俨如卧佛；遥望后山，状如罗汉，是一处得天地形胜的佛教圣地。高堂寺山门前的屏风上，题刻着原中国佛教协会会长赵朴初书写的匾额。"高堂寺"三个字大盈一尺，苍劲有力。沿山门石阶而上，依次是接凤殿、观音殿、韦驮亭、大雄宝殿、仙女殿、藏经楼等建筑群。殿外古柏参天、桢楠滴翠，白云飘逸舒卷，青山幽静朦胧，美不胜收。每年六月，高堂寺都要举办盛大的法会——"莲华会"，会期长达一个月之久。届期，来自眉山、彭山、邛崃、蒲江等二十余县的善男信女络绎不绝，纷沓云集，上山拜谒者日以万计。在袅绕香烟、晨钟暮鼓之中，合寺僧众高歌梵咒，为民众祷祝，普愿天下太平。天主教堂坐落在大邑县城中心，现有教职人员（神甫）1名。天主教堂于1986年12月25日正式对外开放，管理规范，制度健全，通过开展宗教活动宣传爱国爱教，吸引了6000

多信教群众参与，成为古镇上一道独特的风景线。

如今，晋原正充分利用"雪山、森林、温泉、庄园、道源"特色旅游资源，抓住大邑县打造安仁—西岭雪山历史文化与自然遗产走廊旅游线的优势与时机，大力改善乡村旅游基础设施，积极发展乡村旅游服务业和特色旅游产业，构建一座生态旅游山水城。随着大邑县旅游环境的改善提升和旅游产业的提档升级，晋原镇的乡村旅游服务业和特色旅游产业也兴盛起来。在此基础上，晋原因势利导，积极培育特色乡村旅游产业，推进一、三产业的融合发展。最近数年，晋原又制定了村庄规划，提升基础设施建设水平，整合各个村的优质自然资源和人才资源，提高社会服务质量，努力实现"一村一品一特色"的一、三产业互动发展模式。2018年，晋原镇还通过网络评选被评为"四川最美小镇"。

第六节　青梅煮酒邮江镇

邮江古镇位于大邑县中部偏西，面积约66平方千米。古镇历史悠久，风景秀丽，是安仁—西岭雪山历史文化与自然遗产走廊上的重镇之一，也是成都建设世界生态田园城市市级示范线上的重要节点。邮江镇的高速发展历史主要从清代开始。清代中期，邮江被称作隆兴场。后来因地处邮江河畔更名为邮江场。1950年升格为邮江乡，1958年改为邮江公社，1984年复乡。1992年，邮江乡与三坝乡合并，设立了邮江镇，延续至今。该镇依山傍水，以天麻、黄柏、黄连、梅子等山地特色农产品而闻名于世，酿酒、砖瓦、铁器加工、木器加工等传统工艺较为发达。因地靠邮江而有较为便利的水路交通运输条件，所以邮江镇在一、二百年的时间里迅速崛起，成为成都西部的名镇。

邮江青梅酒是大邑县特产，中国国家地理标志产品。用邮江青梅生产出来的青梅酒既是果酒也是一种保健酒，具有味香纯正、酸甜爽口、生津止渴、健脾开胃的功效。邮江青梅酒以大邑西岭雪山青梅果为原料，利用现代的生物科技，经特殊的工艺酿制而成，为无色素、无香精、纯天然的美酒。

近年来，邮江古镇充分依托传统优势，积极迎合新时代市民的文化旅游需求，高效开发域内亮点特色产品，着力培育以青梅连片种植、青梅深加工、乡村旅游为一体的青梅产业生态圈，努力打造"一园·一链·一走廊"的特色青梅小镇。这种依据传统、开拓创新的文化开发项目包含了多方面的内容：一是由企业牵头，带动农户，共建万亩青梅园。按照"政府引导、龙头企业主导，农户参与"的原则，以田园、虎岗和三坝区域为重点，充分利用政策，引导龙头企业建立标准化示范基地，鼓励合作社、种植大户等适度规模种植，调动群众积极性连片种植，共建万亩青梅园。让过去青梅遍山的盛景重新出现在邮江。二是狠抓招商引资，延长青梅产业链。以拓展青梅产业链为工作重点，加大招商引资力度，通过高端企业的引进，培育以邮江青梅种植与加工、周边产品深度开发、乡村度假观光旅游为一体的产业生态圈。让青梅成为古镇的文化名片和经济引擎。三是重点打造十里青梅走廊，建设产—镇一体化的新型小镇。具体而言，就是发挥当地青山绿水的生态资源优势，以万亩青梅园为中心，打造一条独具特色的十里青梅景观长廊。为西—花（即西岭雪山—花水湾）旅游度假区增添新的旅游引爆点。与此同时，邮江镇还以青梅种植观光为主题，大力引进国内、国际实力投资商和一流的设计团队，充分发挥龙头团队的作用，建设精品民宿产业集群，为观光旅游业的发展、为古镇文化的传播提供硬件支撑。在这些举措的有力推动下，产—镇一体化小镇已初具规模，邮江古镇也焕发出时代生机。

第七章　公馆文化

　　公馆，古代一般指公家修筑的馆舍或者达官贵人的寓所。《礼记·杂记》称："公馆者，公宫与公所为也。"汉儒郑玄将它解释为："君所作离宫别馆也。"由此可见，最初的公馆就是由国家或者国君主持修建的馆舍寓所，提供给诸侯或士大夫临时居住。《孔子家语》就曾记载齐景公访鲁而"舍于公馆"的故事。从这些信息中可以看出，公馆主要是高官显贵们的住所。近代以来，中国门户开放，西风东渐，传统的公馆逐渐受到西式建筑风格的影响，演变为高门大院、恢弘气派的城市独立式庭院居室，成为官僚、军阀、富商、名流的固定宅邸，是他们身份、地位、特权的象征。与这种上流社会的文化需求相应，公馆庭院也就具有了较高的建筑水平、审美品位和文化价值，是近代建筑史、文化史上一道靓丽的风景。大邑县拥有在整个中国规模最大、最为集中、保存最完好的近代老公馆建筑群落。安仁古镇则是大邑公馆文化中最璀璨的一颗明珠。

第一节　百年公馆话安仁

　　20世纪初，公馆成为民国高官显贵的居住时尚。一时之间，带有浓厚西洋风格的公馆建筑群落在南京、上海、北平、重庆、武汉、沈阳等经济发达、文化繁荣的全国"一线城市"遍地开花，形成了别具特色的公馆文化。与这些大城市公馆文化高度发展相映成趣的是，在川西寂静无闻的安仁小镇上，竟然也先后建成了几十座大、中型公馆，它们彼此连接呼应，形成了一个规模庞大的公馆建筑群落。不仅如此，大邑县安仁镇上的公馆群落还逐渐演化出了自身独有的建筑风格与建筑特色。究其缘由，都与安仁"以武兴镇"的历史密切相关。

大约从20世纪20年代开始，民国政府统治薄弱，各地军阀割据，政局混乱，国势日非。四川偏处西南，远离中央政府的控制。于是地方上有权势、有军队的士绅、军阀趁势而起，独霸一方，成为强大的地方割据势力。以大邑县安仁镇刘氏子弟第九代刘文辉、第十代刘湘叔侄为代表的地方军阀逐渐把控了四川的政治、军事、经济大权。在"功成名就"之后，他们更期待着"衣锦还乡"。于是刘氏兄弟子侄决定回到老家，营缮旧居，经营故乡。他们在安仁镇购产置业，大兴土木，修筑了包括刘氏老宅祖屋和刘湘公馆、刘文彩公馆、刘文辉公馆、刘文成公馆、刘文渊公馆、刘文昭公馆在内的刘氏庄园建筑群。与此同时，刘氏叔侄军阀的重要部属，依附于刘氏而飞黄腾达的地主、官僚、军阀、士绅也纷纷移徙迁居于大邑县安仁镇。在方圆21.4平方千米的古镇周边，修建起了40多座（现今保存较完好的仍有20多座）美轮美奂、自成一体、各具特色的公馆，构筑了一个庞大的公馆建筑群落、文化群落。[①]

大量公馆如雨后春笋般依次出现，又进一步刺激了安仁的繁盛，使这个原本宁静的偏远小镇迎来了前所未有发展机遇。为了保证公馆修建时输送物资，也为了在公馆建成后军阀们能乘坐小轿车出入，安仁的街道被拓宽改筑。这项工程拆除了原来老街上不少挡路的房屋，

[①] 中国古镇古村游编写组：《中国古镇古村游》，中国旅游出版社2012年版，第106页。

新修了宽阔平整的主街。街上吉普车、小轿车、两人抬轿来往不断。为了拱卫公馆的安全，军阀们特意调派了一个连的兵力驻扎在镇上维系治安，连长、排长、士兵穿梭在大小街巷中，为安仁带来了新的人口，也刺激了当地的消费，为小镇增添了不少活力。为了供给公馆日常生活所需，军阀们不仅将长期聚敛的大量财富、物资向安仁汇集，还不定时在镇上大量采购。于是小镇上的市场乘势兴起，每天上下午都各有一场集会。为了满足文化娱乐需求，安仁镇的大街上还仿照成都悦来剧院的时髦样式修建了一座当时中国西南地区最漂亮、最气派的老星廷戏院，轮番上演各种新旧剧目。每年之中，必定有一两个月的时间，四川地区最著名的新又新戏班会来老星廷戏院演出，阳友鹤、周企何、陈书舫、周慕莲等川中名角儿纷纷来此献艺表演。除此之外，每当有昆曲、京剧名角儿到成都来，也几乎必到安仁演出。当好戏上演的时候，刘湘、刘文辉定居在安仁的家眷们，刘文彩的几房姨太太们，廖玉廷、张旭初、刘元瑄等军阀的妻女们，都会精心打扮一番，带着仆从下人，坐进预定的高级包厢看戏。戏院的大堂则留给了更多的普通镇民。等到舞台上鸣锣开唱，整个老星廷就会人山人海，台上唱戏，台下喝彩，响成一片。为了赈济贫民、扶持地方文教，军阀们还在镇上开设医馆、学校。比如临主街的中药铺"半济堂"，就是刘体仁开设的医院药铺，既问诊，也售药。刘体仁本人甚至还会亲自坐堂，遇到贫残孤老，往往减免诊疗费用。由刘文彩出资创建的安仁中学，是当时享誉全川的一所名校。学校的老师都是从外地专门礼聘而来的名师，能有效保证教学质量。学校的教学设施也很齐备、先进：有德国斯特劳斯钢琴，还有堆满了两间大屋子的化学教学仪器。这所学校不仅招收大邑本地的子弟，还接收来自外地的学员。成都、乐山、眉山等附近地方的大户人家就将子女送来读书，每个星期都是汽车接送。凡此种种，都让以公馆群落为中心的安仁场镇、街道迅速繁荣了起来。

从此以后，安仁就商铺林立、货物琳琅、熙熙攘攘、热闹非凡了。其繁华时尚，丝毫不落伍于当时国内的大都市。

通过对安仁公馆文化历史渊源的梳理可以看出，大邑县安仁镇确实是在军阀割据的特殊背景下勃然兴起的。乡绅军阀的发迹与回归，直接推动了大量公馆的兴建；公馆的集中出现，又进一步促进了安仁甚至整个大邑的繁荣。可以认为，公馆文化是大邑历史文化的重要组成部分，只有深入解读这些见证了无尽沧桑的老公馆群建筑，才能更深刻地认识大邑和大邑文化。

第二节 中西合璧的公馆

一 刘氏庄园

安仁的辉煌，主要是由在大邑世代居住了 200 多年的刘氏家族开启的。刘文彩、刘文辉兄弟正是民国时期这个"天府豪门"的核心成员。他们居住的公馆群落，同样也是大邑首屈一指的公馆建筑代表。

所谓"刘氏庄园"，有广义与狭义之分。广义的刘氏庄园是指安仁刘氏一族数代兄弟、叔侄、祖孙多座公馆庄园建筑的总称；狭义的刘氏庄园特指坐落于安仁镇金桂街 15 号的刘文彩、刘文辉庄园。该庄园始建于清末，经过数十年的陆续拓建，至民国末年方才最终定型。1932 年，曾任叙府税捐总办、烟酒公卖局局长的刘文彩衣锦还乡，在安仁镇刘氏祖居附近大兴土木，营造庄园，基本完成了庄园南部建筑群的修造。1942 年前后，刘文彩又在庄园北部修建了新公馆，基本奠定了庄园的大致格局。这一庄园整体保持着川西坝子建筑的基本风貌，以砖木结构为主，是 20 世纪二三十年代四川西部近代民居建筑的典型形式。其面积广阔、布局繁复。总占地约 7 万余平方米，建筑面积达到了 21055 平方米。① 整个庄园大体呈一个不规则的多边形，由南北相距 300 多米的两大建筑群组成。两大建筑群四周都有 6 米多高的风火砖墙围绕，共有 7 道大门以通出入。园内含有 27 座天井，3 个花园以及 180 多个相互连通或者独立的房间。庄园内重墙夹巷，厚门铁锁，密室复道，布局灵活多变而不规整，整座庄园犹如一座黑沉沉的迷宫，内含的各个套院或为长方形，或为正方形，或为梯形、菱形，造型丰富多样。雕花门楼等装饰也极具变化，造型多达数百种，有着较高的历史、艺术、文物和科学技术价值。②

庄园内的功能区域由一组中西结合式的建筑群构成，既有中国旧时代豪门府邸的遗风，体现了旧秩序下的尊卑高下等级关系，浸润了中国传统美学的艺术取向；又吸收了西方城堡和教堂建筑的特色，在细节上融入西方的审美倾向，具有强烈的西式建筑新时代特征。

老公馆的正门充分彰显了中国传统深宅大院的恢弘气势。大门主体约有两层楼高，以灰色砖墙为底，砖体之间细勾白缝，朴拙素雅。一对朱红色的威武石狮分踞大门两侧。门板为木制黑漆，门楣上有一对红色的鲤鱼相向翘尾，正在争抢中间的一颗白珠。门楣上还有四个黑底描金大字"受福宜年"。二鱼戏珠的传统图案和题字都寓意着吉祥富贵。正门顶端为凸型拱边造型，一朵粉色牡丹浮雕居中，色调沉稳大方，让整个大门更显庄重。

进入大门，在大厅两侧是刘氏庄园中极有特色的两座中、西式会客厅。左侧的中式会客厅主要用中国传统的木质家具装饰，摆放物件精致而考究，是庄园主人用来会见当时地方袍哥头目的场所；右侧的西式客厅颇具潮流感，主要用新潮的沙发、茶几等西式家具布置，奢华时尚，是主人会见当年军政要员的场所。这两座小小的客厅，最好

---

① 韩欣主编：《中国古代建筑艺术》，研究出版社 2009 年版，第 160 页。
② 谢宇主编：《民居建筑·大邑刘氏庄园》，花山文艺出版社 2013 年版，第 135 页。

地诠释了刘氏庄园中西合璧的建筑特征。

由大厅、客厅向前，是刘氏庄园的内花园，开阔精致，是中国传统院落的精华所在。再向内是主人日常起居的内院，其中含有多间卧室和一座寿堂。寿堂内供奉着刘氏祖先的灵位——这也是中国传统建筑的遗风。寿堂右边是一座两开间的主卧室，里间摆着一张金碧辉煌、极度奢华的大床，贴金大床占地多达9平方米，由4根立柱、4扇门页和宽大的床面组成，气势不凡。对卧室的奢华打造，从某种意义上说，也是中式传统思维的浓缩体现。

穿出内院，在老公馆正门内东侧还有一座"小姐楼"，是主人女儿的住所，为院中之院。小院正门两侧的立柱也呈现朱砂色，门楣上方镶嵌着一块长方形的白瓷板，上有"祥呈五福"四个大字，最顶部是一枝浮雕状的白色牡丹。如果说庄园正大门的建构主要是为了突显气势，那么小姐楼的正门则更显得温婉华贵。院中的主楼主体是砖木结构，同样是以青砖勾白线的传统柱、墙作为基本框架，精美雅致。它的屋顶却是六面攒尖造型，有深深的西式教堂尖顶建筑风味，透露出特定历史时期中西结合的建筑风貌。

刘氏庄园建筑群还包括一座"刘氏祖居"，本是刘氏家族的旧宅，在刘文彩、刘文辉兄弟发迹后又有所修缮、扩建。"祖居"外是青石铺就的曲折小径，小径两侧是挤挤挨挨的灌木和树丛。正门口依然是高门槛、黑漆大门、青砖院墙，充满气派、森严、神秘、压抑之感。门内的建筑也是民国风格，与整个庄园保持一致，"结构标准化，遵循封建礼仪制度和阴阳五行思想"。[①] 园中青石甬道蜿蜒回环，连接着不同的院落。青灰色的卷棚式硬山顶、悬山顶层层叠叠，呈现出柔顺的弧度。

[①] 黄滢、马勇主编：《中国最美的深宅大院（3）》，华中科技大学出版社2014年版，第182页。

除上述主要建筑外，庄园中还有望月台、逍遥宫、花园、果园、雇工院、收租院、粮仓、秘密金库等多种功能建筑，① 它们大多延续了庄园兼容中西的基本风格。总的来说，大邑刘氏庄园见证了社会历史变迁，展现了近现代四川西部建筑技艺、乡村民俗传统文化在西方文化东传过程中所受到的冲击与影响，是认识和研究中国半殖民地半封建社会政治、经济、文化以及四川军阀史、民俗学、近代民居建筑的重要实物，也是中国近现代社会发展史的一个断面。

二　刘湘公馆

刘湘公馆始建于1933年，占地面积9990平方米，建筑面积1200平方米，坐西向东，距刘氏庄园约400米。刘湘公馆是一座不规则的多边形封闭式院落，采用了传统的三进式布局，由前院、内宅院、后院三大部分相互连通的院落构成。院内建筑以木结构为主，青瓦屋面、雕花门窗、吉祥图案与灰墙、青瓦、红柱相映，古香古色。在依托传统的基础之上，刘湘公馆同样讲究中西合璧，除了具有刘氏庄园典型的川西民居风格外，还巧妙地融入欧式建筑的风格，将中国传统民间建筑特色与西方欧式建筑特色进行了有机的整合，故而较刘氏庄园更加精致明快，具有更高的观赏和艺术审美价值。

通过一道富丽堂皇的大门进入刘湘公馆，就是有着"川西第一四合院"之称的前院。该四合院中有一座以青瓦砖柱建造的两层办公楼，是当年刘湘会客和办公的重要场所。一楼有红柱抱壁、雕梁画栋，气势不凡，两侧设有砖木结构的走廊。二楼是大型的会议室，两侧同样有走廊环绕。办公楼的前方是一座一楼一底的"小姐楼"。比起刘氏庄园中的小姐楼，刘湘公馆的小姐楼造型更加新颖别致，装饰图案及花

---

① 刘飞滨编著：《老成都记忆》，当代世界出版社2017年版，第179页。

纹也多有不同，更显得风姿绰约、豪华大方。屋脊正面是传统的二龙戏珠图案，背面是蝙蝠穿云图案，以传统文化中的"富贵""福气"立意。蝙蝠穿云上隐约可见蝙蝠在祥云中翻舞，十分生动。

穿过前院就是公馆的二门。门额上题写着"受福宜年"四个隶书大字，显得格外端庄大方。该门用竖向的直柱支撑，造型酷似旧时的牌坊，两侧镶嵌着一副对联："蔚蔚雾中山，缅怀乡国，每涌大风思将士；茫茫天下事，放眼乾坤，谁将霖雨慰苍生。"此对联为刘湘自撰，清末状元骆成骧手书，不仅体现了刘湘胸怀天下的情怀，也让中国传统建筑文化与对联文化的完美结合得到了充分的展现。二门的背后是精美的灰塑浮雕图案，有"万"字锦纹、回字纹、蝙蝠图案、藏八宝法螺图案等，多种图案相互缠绕、绵延不断，寓意吉祥幸福。这种建筑灰塑装饰正是大邑公馆建筑灰塑特色的一个代表。

二门之后就是内宅院，广阔宽敞。它是目前川西地区保存最大的一处一楼一底的民居四合院。天井长28米，宽24米，是刘湘和主要随从人员、服务人员生活起居的地方。院内建筑主要是砖木结构，以单檐悬山顶穿斗屋架为主，抬梁式屋架为辅。

内宅院之后就是后院。后院有一栋砖木结构的楼房，一个宽大的演武场。这里曾是刘湘警卫加强连士兵的营房。专门负责守卫刘湘本人和公馆的安全。因此，这座营房及附属建筑在功能设计上也就要考虑适合军队办公和军务之用。后院营房和前院的住宅前后呼应，极具军事色彩。这样的建筑风格，与主人的行伍身份是相应的，在大方之中透露出豪情。

在刘湘公馆的三进院落之间，在前院、内宅院、后院宽大的天井与其他半独立空间之间，一般用花墙作为隔断，起到了中国古典园林"隔墙不隔景"的视觉效果。同时，院内还随处分布着充满装饰意味的罗马柱，有传统吉祥图案点缀的众多回廊、过道、门窗和墙壁，有独具特色的花墙,有杨柳依依、小桥流水的花园,它既继承了民国时期川西民居的建筑特色,又借鉴了古典园林的营构表现手法,在局部空间中更是"巧妙地融入了欧式建筑风格",[①] 散发着古朴典雅的诗意和历久弥新的时尚气息,充分反映了近代川西民居建筑的发展与变化。

三 刘元瑄公馆

刘元瑄是刘文渊的儿子,刘文辉、刘文彩的侄子。1926年从军,在刘氏家族中的地位仅次于刘湘、刘文辉。他的公馆坐落于安仁著名的树人街上(树人街可以算是安仁的"公馆一条街",街上有8位民国旧部队团级以上军官在此修建的公馆、铺面,都是独门独户的两进院落),始建于1945年,占地面积5300多平方米,建筑面积2500平方米,有房屋120余间。刘元瑄公馆在安仁的公馆中大小适中,虽不及刘氏庄园、刘湘公馆气派,但很有代表性。目前,刘元瑄公馆已作为原汁原味的民国会被保留下来,最大程度地维持了原有风貌。

刘元瑄公馆坐西向东,大略呈纵向的长方形,两进纵深,由前院、内宅院两大部分组成。三个方向都被高大的墙垣、门房和民房包围,形成一所封闭式的院落。公馆大门在东面,拱形门庭上有大红色的牡丹花装饰,鲜艳夺目。门前保留着传统的木门槛,有一尺多高、近一尺宽,威严神气。

宅门后,是中国传统官邸中常备的重要结构——照壁。刘元瑄公馆的照壁由一扇镂空的黄杨木雕成,上面精雕细刻着古物和古人。它遮掩着宅院中的其他建筑和空间,使其在若隐若现之间更加引人遐想。绕过照壁,是青砖铺成的宽阔甬道和高大墙垣合围而成的天井。在天井的另一端,是通向内院的二门。

---

① 赵迎新主编:《中国魅力古镇》,中国摄影出版社2014年版,第354页。

二门内部，有一个开阔疏朗的庭院，四角遍植树木，有香樟、玉兰、柚子、桂花。其中，香樟和玉兰是富贵之树，柚子谐音"有子"，桂花寓意"折桂"，都是中国传统文化中吉利的口采。主人不仅自己享受着人间富贵，还希望子孙也能蟾宫折桂，出人头地。庭中有一株金桂、一株银桂相伴而生。花树下是一台石桌石椅，是主人及家人休闲纳凉的所在。

庭院正对着大厅。作为公馆主建筑的正屋更多地采用了传统元素，体现了主人的中国文化本位意识。门、窗上都雕刻着在中国文化中有美好寓意的图案，如鱼（谐音余）、蝠（谐音福）、鹿（谐音禄）等；或取其文雅含义，如琴棋书画（寓意文昌），葡萄、石榴（寓意多子），蔬果（寓意丰收）等。屋脊上的装饰也是传统的蝙蝠、祥云、花草等，既祈盼吉祥，也用于"镇火"。

小院东西两侧的厢房是卧室和其他功能空间，主要还是传统的布局，却按西方生活习惯设置了独立的卫生间。雪白的坐便器、陶瓷的浴缸，在当时既新奇又奢华，大大提升了日常家居生活的雅致和便利性。左侧的厢房是主人日常料理公事之所。右侧厢房中的一间被规划为书房，由外国设计师设计，有着浓厚的"西风"。比如书房四壁的书架上，既插架了琳琅满目的线装书，却也有不少英文书籍，可谓中西并陈，相映成趣。房中的摆设，既有中国风的木料家具，也有黑色真皮沙发、玻璃茶几和舶来的电话机。这个书房设计了一整面的玻璃窗，采光极好。窗下设有一榻，既是主人阅读的场所，也是与下属、同僚召开小型会议的地方。

从正厅出小院后门便是后园。后园面积不大，尽头是一排围房，用作会议室和客房。围房边有一口井，青石镶嵌，用浮雕的手法刻出摆尾鲤鱼、半卷半舒的荷叶和将开未开的荷花，雕工灵动，浮影如生。井旁种有几丛竹子，翠竹古井相映成趣，颇有中式园林的情趣。

综观刘元瑄的公馆，其功能划分已十分明确，有起居室、卧室、厨房、餐室、书房、工友房乃至汽车间。同时，公馆内使用、陈设的生活用品中也有很多是洋货，像陶瓷缸子、铝锅等，做工精细，印刻着洋文。这些物件当年在国内还比较少见，而在这座公馆里随处可见。这些20世纪初逐渐形成的宅院设计理念、家居生活方式，已经呈现了近现代建筑的时尚。

四 其他公馆

除了上述三座刘氏家族公馆外，大邑还有多所公馆，各有特色，构成了国内罕见的公馆建筑群，与古街、古道、古巷、钟楼等交融成一片，"充分展现出清末至民国时期的建筑文化特色"。[①]

刘体仁公馆。位于安仁镇天福街84号，占地面积800多平方米，建筑面积约有200平方米。这个不大的建筑修建于1937年，主体建筑是一座单檐悬山顶砖木结构一楼一底二层楼房，其二楼四周的栏杆位于走廊之间，采用了徽州建筑的"美人靠"（又称"飞来椅"）样式，下设条栏，上有靠栏，既是建筑内部空间的分割装饰，又便于主人家眷在楼上休息观览。既可以凭栏俯瞰院内，又可以观赏屋外的风光。

刘树成公馆。位于安仁镇仁和街，建于1928年。公馆坐西向东邻街，占地面积3332平方米，建筑面积1545平方米，房屋50间。平面布局由前至后为三进院，南向有一个大花园。主要栽植柚子、桂花等。公馆建筑为两层，砖木结构，小青瓦屋面。住房普通窗下砖砌砍墙，雕花门窗，木地板。二院为内宅院，也是一处四合院，具有川西民居特色。刘树成，原刘湘—潘文华集团新17师师长，理发师出身。因在四川军阀混战中冒死救过刘湘的命被提为师长。1950年率部起义，后

---

① 任桂园编：《天府古镇羊皮书》，巴蜀书社2011年版，第497页。

历任川南行署农业厅厅长、四川省人民政府参事室参事、内江专区副专员等职。

刘文成公馆。紧邻刘文彩公馆，建于20世纪30年代，占地面积2467平方米，建筑面积1715平方米，房屋43间。建筑坐西向东，大门为牌坊式，具有中西建筑风格。大门门额为"横烟绿映"，描绘了公馆大门前的田野风光。大门两侧用灰塑装饰了"博古纹"和许多动植物吉祥图案，具有丰富的民俗内涵，上方的灰塑"鲢鱼"，寓意"连年有余"。公馆共有四进院落，为砖木结构，以木结构为主，建筑既有单檐悬山式，又有硬山顶封火山墙，均为小青瓦屋面。刘文成公馆建筑的平面布局和特点，比较恪守传统民居建筑形式，具有浓郁的川西民居风俗。现为庄园文物珍品馆。

刘文渊公馆。紧邻刘文彩公馆，建于清末民初，占地面积1905.98平方米，建筑面积432.25平方米，房屋42间。刘文渊公馆具有传统民居特色。公馆大门为木构门罩式，大门向东，吻合风水上讲究的"紫气东来"。门口立着一对威严的石狮子，起镇宅辟邪的作用，大门没有描金涂漆，显示主人的简朴之风。1949年后，刘文渊公馆曾先后用作生产队保管室和分给社员居住。1965年，移交地主庄园陈列馆。现为刘氏庄园办公地点。

刘文昭公馆。紧邻刘文彩公馆，建于20世纪30年代，占地面积2806平方米，建筑面积2701平方米，房屋52间。公馆大门为牌坊式东北向，内庭坐西向东，平面布局为四进院落。大门用灰塑装饰吉祥的牡丹等图案。建筑以木结构为主，小青瓦屋面，主体建筑为两层，木板墙裙。1949年后，作为安仁敬老院，1965年移交地主庄园陈列馆，现为庄园木雕和书画馆。

廖玉廷公馆。占地面积700余平方米，紧邻刘体仁公馆。这座公馆由两个部分组成，是独特的"前店后居"样式。公馆前部临街，是经营酱油和纸火的商铺，后面为内宅院。内宅最里侧是一排围房，作为生活用房。

张旭初公馆。位于安仁镇迎宾路，占地面积1193平方米，有房屋29间，为三大独立院落。张旭初从国立四川高等学堂（现四川大学）毕业，后留学日本，回国后曾任大邑县教育局局长多年。其为人一生和善，颇有儒者之风，故公馆门罩式大门上亦有门额曰"勤俭家风"。

乐述言公馆。位于安仁镇维星街口，占地面积881平方米。乐述言是刘湘的表弟，大邑地方绅士。其公馆大门为牌坊式，门额"自有乐地"。受西式建筑风潮的影响，乐述言公馆装饰了巴洛克柱，主体建筑为一幢砖木结构的两层洋房。

乐自能公馆。位于安仁镇红星街87号，占地面积1708平方米，房屋32间，修建于清道光年间，是目前镇上最为古老的建筑。该公馆保留中国传统建筑风貌较多，基本是川西地区一般的四合院建筑格局，仅从外表来看并没有什么特别之处。相对特殊的是，其门楼采用了亭阁式，在传统建筑规制中较为少见。其主体建筑是悬山式穿斗木结构，砖砌围墙，屋面铺小青瓦。四合院前后各有一长方形天井。

陈月生公馆。位于安仁镇树人街26号，始建于1945年，占地面积3875平方米，建筑面积1513平方米，房屋29间，是典型的中西合璧风格，十分洋气。公馆内的主楼是一座独立洋楼，主楼左右侧有两个房间，正面向前伸出的部分呈半圆形，酷似西式的城堡。这一风格即使在兼具中西的安仁公馆群中都显得标新立异、卓尔不凡。这与公馆的主人陈月生担任军需官、常年走南闯北、见识广博有关。公馆后门和安仁中学后门相对，门楼上书有"德仁"二字，旁边一条幽深的巷子便取名德仁巷。1949年后，陈月生公馆收归国有，作为中国人民解放军西藏军区干部学校，50年代中期，划归西藏军区驻川办事处保育院。期间，张国华、谭冠山、陈明义等将军曾多次来安仁视察干部学校和保育院，便住在内宅院。现改造为安仁公馆会所。

刘元汤公馆。位于安仁镇树人街33号，始建于1946年，占地面积480平方米，建筑面积284平方米，坐东向西，与南面的刘体中公馆相邻。刘元汤公馆为二进院落，前店后院，临街是三间商店。二门前有一个纵向长方形的天井用于采光。二门的门框灰塑是传统的吉祥物，题有"物华天宝"门额。内院是主人的居住区，设有两个正方形天井。前一进为花园，檐廊环绕通达各个房间。从檐廊西面可以通到后一进的天井。后天井东面是封火墙，南北两面是生活用房。建筑结构以砖木结构为主，有穿斗式，也有抬梁式，屋顶面为小青瓦斜坡，又有镶花的窗户。公馆主人刘元汤喜好音乐，家里购置有风琴、钢琴、口琴、留声机等西式设备。

刘体中公馆。位于安仁镇树人街35号，坐东朝西，南有郑子权公馆，北与刘元汤公馆相邻，占地面积1440平方米，建筑面积850平方米。此公馆修筑时间较晚，初建于1946年。公馆布局为前店后居式，共有9间临街铺面。公馆主建筑为穿斗式砖木结构，小青瓦屋面。20世纪80年代中期，其后院建筑被拆除，修建了水塔等设备，同时还对前院也进行了部分改建。

刘元琥公馆。布局依东西轴线展开，公馆大门开在前院的中间。中轴线走廊将前院分割为两个独立的小院，两边各有5间铺面，是公馆主人为经商而设计的。二门采用门券形式，借鉴了西方建筑的特点，通过二门可以进入内宅院的花园。内宅院为三进院落，正堂设计了屏门，隔断外人视线，保证了院内的私密性。

杨孟高公馆。占地面积2301平方米，平面布局为由前至后的三进院落，分为前院和内宅院两大部分。通过前院的中轴线走廊进入后院，内宅院为两进院落，作为主人起居生活之所。

高明轩公馆。占地面积591平方米，由前院和后院两部分组成，前店后居。前院临街，用于出租。进入后院是一个三合院，为主人居住场所。庭院南面砌花台，垒石山，园内花木扶疏，园内绿草如茵，巨樟如盖，生机盎然。20世纪60年代，公馆拆除了庭院内的花台和石山，增修了一排平房。

郑子权公馆。位于安仁镇树人街，坐西向东邻街，建于1945年，占地面积800平方米，建筑面积470平方米。平面布局为前后三进房屋，分为前院和内宅院，前院邻街，为"前店后居"的5间商铺。后院紧邻原"文彩中学"。公馆建筑为砖木结构，小青瓦屋面，硬山顶封火山墙。

这些公馆，最大限度地实现了居室空间的合理化、艺术化，构成了一个建筑面积近14000平方米，占地面积50多亩的老公馆群落，它们"是迄今为止中国发现的最大规模的老公馆群落"（西南交通大学建筑学院教授、四川省建筑师学会乡土建筑专业委员会主任季富政语），是大邑公馆文化的鲜活载体。

第三节　大邑公馆建筑特色

通过对上述代表性公馆的介绍可以看出，大邑公馆建筑最显著的特征就是"中西合璧"——以高墙大院为基本格局的中式传统院落，配以西方的时尚流行元素，"在中规中矩的建筑式样中，尽显中西文化的奇妙组合"，打造出既有民国时期公馆建筑共同特征，又有鲜明四川地方特色的建筑群落。[1]

大邑公馆建筑大多布局严谨，中规中矩。这种格局其实正是中国礼制伦理思想在建筑设计中的体现。其院落主要都是以四合院为最基

---

[1]　熊瑛、王梅：《简述大邑安仁镇公馆建筑特征》，载《新视野中的乡土建筑》，哈尔滨工程大学出版社2008年版，第99页。

本的构成单元，通过堂屋、正厅、厢房、耳房、围房的位置变化和功能区分来体现家庭成员的长幼、尊卑、主从关系；又通过庭院、天井、檐廊的穿插交叠来组织分划空间，在纵向、横向上逐渐扩展，形成院落重重相套、层层递进、步步高升的空间关系，这是中国传统住宅中最核心的设计语言。同时，部分大邑公馆的布局虽然受实际空间的影响而呈现不规则的多边形，但空间中轴线依然是设计规划的重中之重。按照中国的传统文化伦理，在整个建筑群落中，供奉祖先牌位的堂屋必须处于中央核心区域，其他功能空间分布在其周围，形成众星拱月的格局。而按照中式审美取向和乡土建筑意识，房屋、院落的分布又要讲究左右对称、前后照应，这就必然会凸显建筑中轴线的核心地位。而这也恰恰是中国文化灵魂——礼教思想在建筑构造上的体现。尽管大邑公馆的布局灵活多变，但中华传统文化的浸润仍然是根深蒂固的。另外，公馆中的中式传统文化元素也随处可见。比如门楼、屋脊、门扇、窗扇、水井等构架上的雕刻装饰、图案多用祥云瑞草、鱼龙狮子、蝙蝠鹿鹤、琴棋书画、葡萄石榴、古钱蔬果等，都有特定的文化寓意或谐音，既是传统文化的独特印记，又是四川地方文化的生动表达。毫无疑问，这些元素正是大邑公馆建筑的根本，是其中学之"体"。

当然，在以中国文化为基础的建筑样式中，大邑公馆又融入西式建筑特别是西方宗教建筑的精华，形成了中西结合、相得益彰的奇妙效果。[①] 20世纪初，西方列强入侵中国，在所谓的租借地、领馆区大肆修建西式建筑。西方建筑文化因此而影响到中国。"洋盘"的西式设计风格作为先进、时尚的代表逐渐被中国上层社会普遍接受。四川虽然地处西南，但也出现了许多由西方传教士修建的教堂、医院。大邑公馆作为社会上层军政要员的住所，也就充分吸收了当时西式建筑的

---

① 李少林主编：《中华民俗文化——中华民居》，内蒙古人民出版社2006年版，第197页。

各种要素。例如，公馆的门楼，大多借鉴了教堂建筑的垂直水泥柱式结构，用来统领整个门身，创造出别具一格的拱券加哥特式建筑风格。作为公馆最显眼的入口，这样的门楼可以说是当时最具西化特征的标志。不仅如此，在公馆建筑的一些细微之处也有西式建筑的影子。比如其门窗拱券、壁柱柱头、墙面线角、楼梯扶手、栏杆花式等，很多都采用西洋古典或近代简洁风格进行装饰，显得灵活生动、不拘一格，与四川地方文化中的自由洒脱精神也形成一定的呼应。此外，大邑公馆还改变了中国传统建筑的竹木穿斗、抬梁结构，像西式建筑一样大量使用青砖、红砖、石料、水泥构筑墙体，不仅节省了木料，还更有利于防火、防盗、防潮、防腐，加强了建筑的稳定性、耐久性和隔音保温效果。再者，大邑公馆按西方近代建筑使用习惯进行了功能区分，在传统院落中划出了起居室、卧室、厨房、餐厅、书房、卫生间等，形成了若干个互不干扰的独立空间，使房屋更宜居，增强了舒适性、豪华性。凡此种种，都是大邑公馆建筑在"中学之体"上，借鉴"西学之用"做出的创新改进。

总的来说，大邑公馆建筑体现了中西两种文化在 20 世纪之初的冲突与对话。中国的伦理哲学与西方的实用主体完美结合是其最明显的特征。这种中西结合的建筑风格，代表了当时最高超的建筑水平，代表了中国古代建筑艺术向现代建筑艺术的过渡。因此，无论从建筑本身还是从其背后蕴藏的人文内涵来看，大邑公馆都是中华民族的文化精髓，是天府文化与时俱进的生动呈现，是近代中西合璧的建筑典范。大邑公馆文化由此成为见证"洋为中用"的时代坐标。

第八章 博物馆文化

大邑县安仁镇是中国博物馆协会认定的国内唯一一处以博物馆为特色的旅游小镇（2009年12月27日正式授牌）。在获此殊荣的同时，大邑县更在全力推进世界级博物馆小镇建设，努力将安仁打造成为继大熊猫、金沙遗址、青城山、都江堰之后，成都旅游的第五大品牌。以安仁"博物馆小镇"项目为代表，大邑的博物馆文化具有深刻丰富的内涵，是连接历史积淀与现代创新的纽带。

第一节 中国唯一博物馆小镇

大邑县安仁镇，是清幽秀丽的"川西旅游环线"上一处绝佳的风景。这条川西旅游环线拥有"最后的川西坝子""天府水乡"——新场古镇，"中国道教发源地"——鹤鸣山，南丝绸之路上的古佛弥陀道场、"南传佛教第一站"——雾中山，中国南方雪山温泉国际休闲度假区——西岭雪山花水湾温泉度假小镇等诸多景点。这些景点通过成温邛高速公路衔接，构成了一条"安仁—西岭"间的自然遗产、历史文化走廊。这条走廊将山水田园的自然风光与传统人文精粹融为一炉，上起秦汉，中连唐宋，下至明清，近抵民国，连构了一条纵贯中国历史,拥抱川西秀美风光的文旅精品路线。而大邑正处在这一长廊的黄金地段,其历史文化资源更是得天独厚,这在整个中国的旅游版图里也是少有的。这些优质条件,为发挥、利用大邑博物馆文化,打造世界级的博物馆小镇,提供了坚实的保障。

从2007年开始,安仁古镇就开始以博物馆文化为依托,积极融入成都市委、市政府提出的"天府古镇"建设项目,成为成都打造"国际旅游度假目的地"的重要组成部分。2009年,国家文物局和中国博物馆学会联合授予安仁镇"中国博物馆小镇"称号,安仁是全国唯一获此殊荣的单位。这让安仁可以更好地发掘其厚重的历史积淀和丰富的馆藏资源,向世界展示中国悠久的历史文化、近代百年的民俗风情以及天府文化的个性魅力。同年,成都市政府、大邑县政府决定加大对安仁的建设投资,计划用5年时间,斥资50亿元人民币,将安仁建设为以文博为核心价值理念的旅游小镇。与之相应,西南地区最具规模的文化旅游产业集团——成都文旅集团在此启动了"世界级博物馆小镇"开发项目,迅速上马"民国风情街"一、二期等重点工程,使小镇初步形成了以刘氏庄园博物馆、建川博物馆、民国风情街区三点一环线为主轴的文博旅游大格局,古镇博物馆文化得到了系统的开发。至2011年年底,安仁已开发、整理、保护、展出了27座老公馆,[①] 18座现代博物馆和16处国家、省、市级重点文物保护单位,拥有大小藏品800余万件(其中包括国家一级文物166件)。被国家相关部委评为全国青少年爱国主义教育基地、中国历史文化名镇、中国文物保护示范小镇,又与峨眉山、九寨沟、中国大熊猫繁育研究基地、泸定海螺沟、自贡恐龙博物馆一起被评为"四川旅游六朵金花",更被海内外专家视为了解近代中国人生活的最佳去处。刘氏庄园博物馆、建川博物

---

① 宋建文主编:《中国民间博物馆年鉴》,中国书店2011年版,第269页。

馆已被评为 AAAA 级旅游景区，在国内外享有极高的知名度、美誉度、认可度。此后，安仁镇进一步打造博物馆主题文化名镇，实现了景区基础设施和旅游服务与国际标准的全面接轨，年接待游客达到 300 万人次以上，文博产业发展愈发蓬勃兴旺。安仁镇博物馆小镇不仅拉动了当地的旅游产业消费，刺激了当地的经济发展，更向来自全国各地以及世界各地的游客展示了大邑珍藏的中国百年历史，展示了此地丰富的文化内涵。

第二节 大邑博物馆举要

一 建川博物馆聚落

建川博物馆聚落，位于大邑县安仁镇，由民营企业家樊建川创立，以"为了和平，收藏战争；为了未来，收藏教训；为了安宁，收藏灾难；为了传承，收藏民俗"为主题，建成了抗战、民俗、红色年代、抗震救灾四大系列主题展馆。之所以称为"聚落"，是因为建川博物馆创造性地突破了传统意义上的单一博物馆概念，将多达 20 多个专题博物馆、展览馆汇集在一起，集中展示。[①]

建川博物馆于 2003 年被成都市列为市人民政府重点项目，于次年开工建设并迅速完成了地质勘测、总平面基础设计、场地平整、场馆建设等项工作。2005 年 8 月 15 日，建川博物馆在抗日战争胜利 60 周年之际首次开放。此后，该博物馆聚落先后被成都市委、市政府评为成都市全民国防教育先进单位，被国家旅游局批准为国家 AAAA 级旅游景区，2018 年 9 月又被评定为国家二级博物馆，可谓荣誉累累。如

---

① 阎星、尹宏等：《传承与创新——文创中心建设之文化产业发展》，四川大学出版社 2018 年版，第 77 页。

今，建川博物馆聚落经过持续建设，已占地500亩，建筑面积近10万平方米，建成开放24座场馆，拥有藏品800余万件（其中国家一级文物425件），是国内民间资本投入最多、建设规模和展览面积最大，收藏内容最丰富的民间博物馆。[①]

现在，建川博物馆聚落已对外开放了抗日战争文物陈列系列之中流砥柱馆、正面战场馆、飞虎奇兵馆、不屈战俘馆、川军抗战馆、抗日战争老兵手印广场、中国抗日壮士群塑广场等；红色年代系列之瓷器陈列馆、生活用品陈列馆、章钟印陈列馆、镜面陈列馆、知青生活馆、邓公祠等；民俗系列之三寸金莲文物陈列馆、老公馆家具陈列馆、中医文物陈列馆等；地震纪念系列之震撼日记5.12—6.12馆、地震美术作品馆、5.12抗震救灾纪念馆以及国防兵器馆、航空三线博物馆等25个博物馆和2个主题广场。四大系列主题展馆中，较有代表性的展馆有：

（一）抗战系列的中流砥柱馆

其规模、地位都是建川博物馆聚落各馆之首。该馆是一个橘红色的方形建筑，展厅面积2400多平方米，以历史照片、资料、实物、文献陈列为主，同时还制作了地道战、地雷战、青纱帐等实景复原场面。中流砥柱馆通过三个主题单元，生动地展现出中国共产党及其领导下的军队、民众八年抗战的场景，突出反映了共产党代表全国人民意志并领导伟大抗日战争、于抗战最前线浴血奋战，成为全民族团结抗战的中流砥柱的光辉历史。川军抗战馆，在外观设计上具有明显的川西建筑风格，展厅面积2000多平方米，共分为"300000川军出川抗战"和"3000000壮丁奔赴前线"两大主题，集中展显了30万川军出川抗

---

① 慈爱民主编：《战争和平与人权·第二届人权文博国际研讨会文集·建川博物馆》，五洲传播出版社2015年版，第242页。

战、300万四川民丁奔赴前线的壮阔史实。该馆在展陈方式上大胆突破了传统的博物馆设计，综合运用复原场景、沙盘模型、雕塑、绘画、浮雕、多媒体放映等多种艺术手段，给人以强烈的视觉冲击。川军抗战馆对这一主题的集中呈现，从四川支持全国抗战的角度给人以爱国主义精神启迪。

（二）红色年代系列的红军长征在四川纪念馆

红军长征是中国革命从挫折走向成功的伟大转折点。四川是红军长征期间走过路程最长、停留时间最久的区域。红军将士在长征中走过了四川60%以上的县，在此地进行了数百次战斗，召开了一系列重要会议……红军长征在四川纪念馆生动地再现了这一过程，唤起了人们的红色记忆。中航工业航空三线博物馆，由建川博物馆与中国航空工业集团合作建设，场馆建筑面积约为2500平方米。整个展览共分为航空缘、航空情、航空志、航空魂四个部分，全景式地展示了三线建设时期中国、四川航空事业的建设成就。红色年代生活用品陈列馆，展出内容分为生活场景、专题陈列、精品陈列三个部分。通过文物、图片、场景，展示了那个特殊年代的社会生活，保存了亲历者对那个时代最真实的记忆。整个展厅由工人家庭、农民家庭、干部家庭、士兵营房等十二个场景组成，有书籍、搪瓷缸、收音机、奖状等二十二个专题以及五十七项精品陈列展柜。所有展柜都以白色为主基调，寓意这一年代人们纯洁而朴素的心灵。通过丰富的馆藏文物和图片史料，形象直观地展现了红色年代普通百姓的生活状况与精神世界。

（三）地震纪念系列的5·12汶川大地震博物馆

由馆长樊建川亲自设计，展厅面积8500余平方米。全馆分为"震撼日记5·12—6·12馆""地震科普知识馆""地震美术作品馆"等三个分馆。2018年5月，汶川大地震发生后，建川博物馆聚落在一个月时间内，高效筹建了地震博物馆，大量保存、展出抗震救灾的实物和文物资料。既希望通过博物馆专门记录大地震，从而起到警示作用，也希望能弘扬灾区人民、人民子弟兵在这次灾难中所表现出的艰苦卓绝、勇于献身的精神。

（四）民俗系列的长江漂流纪念馆

这是一座横跨小龙河的桥馆，由著名建筑设计大师张永和设计，建筑面积1100平方米。展出包括"长漂先驱""长漂壮举""长漂永存"三大主题，其内容充分彰显了四川地方文化与长江的密切联系。老公馆家具陈列馆，与大邑的公馆文化遥相呼应。其中，最精美的一套木质家具本为四川军阀所有，毛泽东参加成都会议时曾经使用，后为周恩来、刘少奇、朱德、邓小平、江泽民等党和国家领导人以及老布什、西哈努克、胡志明等外国首脑到成都时使用，有精美的艺术价值和历史价值，是中国百年巨变的文物见证。三寸金莲文物陈列馆，通过展示大量做工考究、图案精美的绣花鞋，讲述了中国古代女性从缠足到放脚的历史过程，是一部关于中国古代女性生活的百科全书。它见证了长达1000年的女性辛酸血泪史，批判了旧社会扭曲的审美，令人叹为观止。

（五）抗战老兵手印广场

每座手印墙宽约1.2米，高约2.6米，采用腐蚀钢化玻璃将老兵手印表现出来。每个手印的主人都是当年参加过抗战的老兵。他们中，年龄最大的99岁，最小的已有79岁了；有的已经去世，有的至今还健在。碑林使用的材质是钢化玻璃，采用腐蚀的方法将手印印在钢化玻璃上。这种材质坚硬透明，喻意老兵的心同天地阳光一样明亮而充满生机；色彩鲜艳的手印，象征老兵爱国牺牲的精神。每个钢化玻璃碑宽2.4米，高3.7米，基座用花岗石。碑林是老兵的汇集，是英雄和力量的汇集，更是民族精神和气节的汇集！至2016年9月，博物馆已经收集到5700多位抗战老兵的手印。这些老兵都已届古稀之年，当年正是他们的双手挥舞大刀、长矛，投掷手榴弹、埋地雷、炸碉堡，正是这些手当年挡住了来势汹汹的日本侵略军，力挽狂澜，扭转乾坤，将整个中华民族的未来托起。手印广场这些功勋卓著的"手"在历史上长留下来，以表彰卫国勇士、警示后代。

除上述代表性展馆外，建川博物馆群落中的中国壮士群雕广场、正面战场馆、不屈战俘馆、飞虎奇兵馆、红色年代镜面馆、红色年代瓷器陈列馆、知青生活馆、邓公祠、国防兵器馆等亦各有特色。[①] 它们与安仁古镇老街、老公馆群一起构成大邑博物馆旅游的核心观览区，组成安仁的三大旅游版块，共同推动了大邑的博物馆文化开发。

二 刘氏庄园博物馆

刘氏庄园博物馆，位于大邑县安仁镇金桂街15号。原为大邑县地主刘文彩、军阀刘文辉兄弟自建的庄园。1958年10月起，当地政府将原有的刘氏庄园改建为博物馆，最初取名"大邑地主庄园陈列馆"，1997年更名为"大邑刘氏庄园博物馆"并沿用至今。2001年，刘氏庄园博物馆被国家旅游局评为AAAA级旅游景区。2009年，被国家文物局评定为国家三级博物馆。

该博物馆是中国近现代社会发展史的一个断面，其建筑、馆藏、泥塑、遗存是认识和研究近代中国社会、政治、经济、文化以及四川军阀史、民俗史、建筑学史的重要实物。

---

① 建川博物馆群落各展馆及馆藏信息还可参考四川省川联文化产业商会、成都大学联合组稿《四川民营文化产业蓝皮书——2012年四川民营文化产业发展报告》，成都电子科技大学出版社2013年版，第155页；刘加量主编《建筑记忆》，北京出版社2010年版，第166页；吕齐主编《四川省民间收藏纪实1973.3-2007.3》，大众文艺出版社2007年版，第184页等。

刘氏庄园博物馆依托旧庄园而建，空间广阔，展陈内容丰富，目前已形成五组特色主题展区。

其一，庄园老公馆。主要是复原刘文彩及其家人的生活场景，集中陈列庄园中旧时使用的家具和生活用品，同时展出了大型泥塑"收租院"群雕。该群雕主要是根据旧时地主收租时的情景，在现场构思创作而成。共分为交租、验租、风谷、过斗、算账、逼租、反抗等7组场景群像，[1] 以连续的情节展示地主收租、农民交租的全过程。1965—1966年，这组群雕曾在北京复制展出，引起了很大的反响。后来又在阿尔巴尼亚、越南等国家展览。1988年后，又以玻璃钢镀铜材料重新复制，在日本巡回展出。收租院群雕在国际上的展览，也使得大邑刘氏庄园博物馆蜚声海外。

其二，庄园新公馆。主要是利用庄园新公馆旧址，进行川西民俗主题陈列展览。该馆展览的内容分为婚俗厅、生产生活厅、民间工艺和民间文人厅三个部分，使刘氏庄园博物馆超出了一园一地的限制，从总体上再现了川西人民的生产、生活实景及川西地区的民俗风情。[2]

其三，刘文成公馆。刘文成公馆是广义的刘氏庄园中的一部分。博物馆利用其旧址举办了庄园文物珍品馆馆藏精品陈列，在此展出了博物馆拥有的文物。藏品、文物数量较多，内涵丰富，共计20000多件（三级以上文物1849件，其中国家一级文物15件，二级文物21件，三级文物1813件）。包括各式各样的描金嵌玉家具、金银珠宝和古玩字画。其中一套清代太平天国天王府遗物——中式紫檀木螺钿大理石家具，以紫檀木镶大理石构成，8把坐椅通高108厘米、宽99厘米、坐深60厘米，嵌有各色宝珠27颗，四周有螺钿装饰的花草图形，堪称精品。其他如九层镂空雕刻象牙球、十三层镂空雕刻象牙塔亦巧

---

[1] 刘光灿主编：《美术成都》，中国旅游出版社2016年版，第172页。
[2] 《亲历者》编辑部：《中国古镇旅游》，中国铁道出版社2019年版，第358页。

夺天工。此外，还有大量的档案文件也在此展出，如清道光年间到1949年的地契、房契、账簿、佃户名册、田赋执据、税收执据等上千件，四川军阀"防区制"时期的军事作战及行政区划地图上百件，"防区制"时期实行的税收、田赋预征、筹借军饷的执据数百件等，有极高的文献价值。

其四，刘氏祖居。是在刘氏家族老屋原基址上举办的复原陈列展。主要展示了刘氏家族发迹之前的生产、生活实况。

其五，刘文昭公馆。博物馆利用刘文昭公馆旧址，举办了川西民居雕刻和近现代书画陈列。展出的文物包括张大千先生撰书的对联等传世精品。

以上五方面展览相辅相成，再加上庄园建筑群本身，共同构成了一处兼具历史、建筑、艺术、文物、科学技术价值的综合性博物馆。是充分展示大邑博物馆文化的一张亮眼的名片。

三 共品钱币博物馆

成都市共品钱币博物馆。位于大邑县安仁镇安惠里街68号丰泽园内，临近刘氏庄园博物馆，是又一处集中体现大邑博物馆文化的重要场所。

共品钱币博物馆由成都市共品文化交流有限公司与收藏家李可先生共同筹建，2013年立项，次年10月26日开馆。该博物馆是一家民营专题博物馆。其中既有三四千年前充作货币的天然海贝，也有世界上体积最小的货币——南朝小钱，还有王莽时期极富穿越感、造型酷似现代钥匙的异型钱币，还有各种方孔钱。

博物馆的主体场馆是三栋相连的二层楼围合式建筑，建筑面积2000多平方米，藏品共计10000余件，包括四川钱币馆、世界钱币馆、银行卡馆、金融抗战馆、金融强国馆、世界和平与发展纪念馆、一带一路馆等七个分展馆。除展馆外,还专门设置了文化交流厅、文创产品售卖厅、游客体验区和游客休闲区,形成了一个综合性、立体化的博物馆文化展示空间。

四川钱币馆。主要陈列过去在四川地区铸造和生产的珍贵货币。其展品形制精美、字迹优雅、图案多变、符号神秘,流露出浓郁的东方色彩,有极高的艺术成就。集中呈现了古代四川地区博大精深、丰富多彩的独特钱币文化体系,并通过货币从侧面展示出这一地区的政治、经济、哲学、宗教、艺术、民俗要素。

世界钱币馆。广泛搜求、集中展示世界上200多个国家和地区发行的纸币、塑料币、金属货币。以此介绍世界钱币文化,普及钱币知识,介绍世界各个国家和地区的历史、人文背景内涵,展现其区域发展的轨迹和文化影响力,让国人了解世界、认识世界、走向世界。该馆展出的钱币,是各个国家和地区的金融文化名片,是用币(券)图案描绘其文化遗迹、建筑地标、风云人物、珍稀动物、秀丽景色、重大历史事件的微雕艺术品。通过观览这些国家、地区发行的纸币、硬币,游客可以真切感受其艺术、科技成就,享受一场文化、科技盛宴。

银行卡馆。集中展示了21个国家和地区,73家银行发行的332种银行卡。银行卡,与电子货币相应,是继实物货币之后出现的又一种金融符号,是在科学技术推动下产生的电子货币实物载体。它在一定程度上代表了现代经济和社会文明。由于我国早期银行卡都严格执行收回和销毁制度,留下的实物材料不多。因而收藏和研究这一现代金融文物,也就是对历史资料的抢救和考证,具有非常重大的学术意义、历史意义。

金融抗战馆。抗日战争是中华民族发展史上一个非常重要的时期,其胜利不仅是军事战争的胜利,更是持久的经济战争的胜利。抗日战争期间,为扰乱日伪统治下的财政金融,中国政府与美、英钞票公司合作，在重庆歌乐山建立了一座伪造日本钞票的造币厂，专门制造日军发行的各种新纸币。这些钞票与沦陷区流通的钞票一模一样，既可用于购买黄金、棉纱、布匹等战时急需物品，又可以加剧日伪统治区内的通货膨胀，进而破坏日军的金融市场。[①] 金融抗战馆的展示陈列，就是对这一历史情景的再现。

金融强国馆。金融强国馆旨在运用金融博物馆的资源，开展有广度、有深度的研究陈列，以史为镜，积极引导全社会"关注金融"，提升公众金融素养。金融强则国家强，做强金融产业不仅是金融行业生存的需要，也是实现金融强国的先决条件。

世界和平与发展纪念馆。主要陈列第二次世界大战期间，同盟国将士遗留在四川的珍贵抗战遗物。通过这些文物，游客可以直观感受到四川在抗日战争期间作为最重要的后援根据地，不断为前线提供人力、物力与财力的历史贡献。

总之，共品钱币博物馆，以金融货币为主题，让人静观古今天下钱币史以及钱币背后的风云变迁，极大地丰富了大邑博物馆文化的内涵。

四 魏明伦文学馆

魏明伦文学馆，属于文化类单体博物馆。坐落于大邑县安仁镇全新打造的民国风情体验街区二期的中心区域，毗邻刘文彩庄园、刘文辉公馆、刘湘公馆，是一座上下两层的建筑，占地面积2300平方米，展陈面积3000余平方米，包括展览馆与明伦堂两大部分。旨在通过大量而丰富的实物、作品、图片、影像资料，反映魏明伦先生文学创作的生命历程。[②]

[①] 白海军：《红色经济战 1927—1957》，中国青年出版社 2014 年版，第 84 页。
[②] 王志平主编：《四川文化年鉴 2013 年卷》，四川科学技术出版社 2015 年版，第 146 页。

魏明伦先生是当代著名的文学家，精于杂文、辞赋，尤长于戏剧创作。他一生从艺60余年，创作了《易胆大》《巴山秀才》《潘金莲》《中国公主杜兰朵》《变脸》等闻名全国、影响力极大的川剧剧本，为振兴川剧作出了卓越的贡献，多次荣获国家戏剧界各类高级别奖项。魏明伦先生又以杂文《巴山鬼话》为主题，推出多篇杂文精品，在中国当代杂文界独树一帜。因其多方面的文学成就，魏明伦先生也被海内外共誉为"巴蜀鬼才"，是天府文学在当代的杰出代表。

魏明伦文学馆的陈展主要围绕魏明伦的文学创作展开。其中，展览馆占据了一楼、二楼的主要空间，馆名由韩美林题额，重点展示魏明伦从艺60余年的文学作品，包括戏剧、电影、杂文、辞赋、碑铭等。分为"戏剧芳华""杂文锋芒""辞赋春秋""鬼才道路"四个展区，在古色古香的展厅中分门别类地呈现魏明伦的作品和成就。①

馆内的"明伦堂"是一座兼具书房和会客厅功能的独立场所，"明伦堂"牌匾由诺贝尔文学奖得主、当代著名文学家莫言题写。同时，明伦堂内还有黄苗子、李默然等名家题写的多幅书法作品。因此，明伦堂实际上也是一座与展览馆相呼应的书法作品展示馆、文献资料馆。

魏明伦的文学成果十分丰厚，其内涵和形式均引起了文坛和全社会的强烈反响，为弘扬、传承巴蜀文学、天府文化作出了巨大贡献。魏明伦文学馆落户大邑县安仁镇，既是对当代巴蜀文学的推广，为社会各界人士、来自海内外的旅游者提供了了解中国当代文学、了解巴蜀优秀文学创作的窗口；又进一步丰富了大邑的博物馆文化，让人们可以在安仁这一隅之地现场感受中华民族文学的独特魅力。

---

① 张良娟：《魏明伦文学馆落户安仁博物馆小镇》，《四川戏剧》2012年第5期。

五　其他特色博物馆

巴蜀画派会馆。位于大邑县安仁镇安惠里街 13 号，是四川巴蜀画派促进会投资 500 万元建成的艺术创作交流中心，也是巴蜀画派促进会的艺术产业项目。会馆占地面积 4000 多平方米，由两个具有川西建筑风格的四合院组成，包括 3 个天井院坝。其主体建筑是美术展厅，为单檐悬山顶砖木结构房屋，木穿斗结构，斜坡顶、薄封檐，开敞通透，轻巧自如，风格飘逸，朴素淡雅。其中收藏有众多巴蜀名家的书画作品，通过固定陈展和定期组织的文化活动，持续展出巴蜀画派领军人物的先锋作品和当代优秀画家的代表作品，尽显巴蜀文化的悠久历史和文化韵味，向社会大众有效宣传和推广巴蜀文化，在传承和发扬巴蜀画派的文化内核方面作出了巨大贡献。除展馆外，会馆还具备会议、餐饮功能，可同时接待近百名游客参观、品茶、就餐。其装修风格同样彰显了巴蜀画派的绘画风格，古朴典雅，已然与整个博物馆融为一体。

先生博物馆。2017 年 10 月 1 日建成，分为四个展室，分别是"先生客厅""杂志展馆""学童课堂""美育教室"。集中陈列了与民国时期于右任、王云五、鲁迅、司徒雷登、傅斯年、钱穆、林语堂、梁实秋、丰子恺等二十位大家相关的文图书法、著作报纸、老杂志、老课本、纪录片、动画片、环幕影像、互动视频等。其内容包括先生们的生平事迹、代表作品、逸闻趣事等。这座博物馆不仅生动呈现了身为大家的先生们治学为人的气度、风骨，也与安仁这座民国小镇的优雅怀旧气质相得益彰。

新威士忌思想空间。由威士忌博物馆和威士忌酒吧两大功能区有机融合而成。其博物馆是目前中国最完整的单一麦芽威士忌收藏空间。以此为中心，博物馆还延伸了威士忌体验空间，包括威士忌教育艺术拍卖、影音放映、调香实验室等。同时，该博物馆又是一个威士忌消费场所，访客可以在此处尽情体验由威士忌带来的味觉、嗅觉感官刺激，从而感受威士忌之美。从博物馆文化的角度看，新威士忌思想空间实际上已经突破传统的空间分隔，将餐饮消费与文化消费有机地联系起来。

安仁电影博物馆。位于安仁镇树人街44号刘元瑄的公馆内，由成都文旅集团、四川报业集团两家国企以及职业收藏家曹贵民共同打造，是目前国内较大的民间电影专题公益免费博物馆。馆内共有与电影相关的各类藏品22万余件，包括全世界最早的手摇式电影放映机等众多珍品、孤品。2015年，国家电影博物馆曾借调该馆部分藏品，在中国电影博物馆进行专柜展览。上海电影节、北京电影节、海南电影节、两岸三地华语电影节、大学生电影节等重要电影节会也都曾借用该馆藏品。中央电视台先后五次在新闻联播节目中介绍该馆，为其拍摄过四部专题纪录片。

第三节　川西民俗传承地

大邑县安仁镇不仅拥有众多的特色博物馆，更进一步说，这座小镇本身也是一座持久保存、生动再现川西地区民情风俗的"博物馆"。

如前文所述，安仁古镇浓缩了川西近代史百年风云。时至今日，安仁镇及其周边地区仍然保存着川西众多有特色的民俗文化活动，被誉为最后一个"川西民俗古镇"。① 古镇上至今保留着川西地区的传统婚嫁风俗：迎亲的花轿、送亲的鸡公车队、欢快的唢呐、喜庆的媒婆、志得意满的新郎、娇羞的新娘，让一幅传统的婚礼画面徐徐展开。新

---

① 范周主编：《中国文化产业年鉴2010》，中国经济出版社2010年版，第746页。

郎身穿大红马褂，高坐在龙椅之上；新娘身穿传统的中式婚服，装饰光鲜，盖着大红盖头，在伴娘的陪伴下走出花轿，随着手持大红花绸的新郎走进夫家的大门。他们跨过火盆，走过同心桥，然后是踩瓜子、走喜袋、拜高堂、夫妻对拜、揭盖头……一个个礼仪环节，传递出中国人基于家庭伦理的情感寄托。

同时，古镇上还保存着川西地区传统的生产生活方式。在刘氏庄园博物馆刘公瓒酒坊中，复原了传统的酿酒工艺。游客不仅可以在这里品尝美酒，更可以亲眼见证传统酿酒的全过程，领略中国白酒文化的魅力。在古镇的老街上，传统的铁匠铺、榨油坊、油纸伞作坊、电影院、书店仍在营业；百年老店"谭大娘豆腐乳""刘血旺"门庭若市，旧时的生产方式得到了有生机的延续。与此相应，世代居住于安仁的人们，不时于清晨静坐在自家的木板门前，阳光透过树叶洒在宽敞的农家院子里，桌椅上平铺着蜡染的蓝色花布，他们喝茶、观花、品酒、用餐、听戏……其一举一动似乎都在重现古镇过往的时光，复刻着天府文化的优雅时尚之美。

以这些文化元素为依托，大邑县也在加强对安仁民俗文化资源的开发。以树人街、裕民街一带的公馆为依托，连同当年的文彩中学、星廷剧院、袍哥楼、米市等历史遗存，重新规划建起了"老公馆风情街"，呈现出一幅完整的民国川西版"清明上河图"。这几条堪比民俗风情博物馆的主街，与其他旅游开发古镇不同，并不止是贩售旅游纪念品，更在于保留着原住民，保留着小镇自然形成的生活内容，保留着小镇历久弥新而又充满生机活力的旺盛生命。让游客在这里可以体验到川西古镇普通民众千百年来的生活情趣。

在此基础上，安仁又迈开了走向世界级博物馆小镇的步伐。小镇立足于自身的特色资源，重视科学开发和文化匹配，通过招商引资，以中小型博物馆、民俗风情为重点，推出集博物馆、会展、运动、休闲、文化创意、旅游服务为一体的建设项目。不仅重点发展博物馆业，还注重发展文化休闲度假区、生态艺术谷、人文博物馆区、旅游服务核心区、现代博物馆区等衍生功能单元。以博物馆为主导，以丰富的民俗特色文化遗存为依托，以文博旅游和会展服务为支撑——世界级博物馆小镇未来可期。

第九章　家族名人文化

地杰则人灵，家风有继则人才辈出。在大邑历史上出现过许多诗书传家、功在桑梓的文化家族；近代百年以来，大邑更是涌现了一大批各行各业的知名人物。他们或因家风淳厚而受后世景仰，或因本人的卓绝事业而被历史铭记。这些家族名人对大邑当地的文化传承产生了深远的影响，是大邑文化最精彩、最鲜活的体现。

第一节　诗书传家计氏

大邑县有确切文献可考的文化家族传自宋代，计氏一门首当其冲。计用章、计良辅、计有功、计孝聘、计仲谟等祖孙六代诗书相继、名满天下，以文学、功名和事业称誉当时，传声后世，为大邑家族文化开启了灿烂的篇章。

一　计用章

计用章（1002—?），字寿卿，又字虞卿，宋邛州安仁（今大邑安仁镇）人。[1] 计用章自幼好学深思，精于五经之学。宋真宗天禧三年

---

[1] （清）赵霦纂修：《(同治)大邑县志》，清同治六年刻本，卷十六。

（1019），计用章年方十八岁，就登科而成进士。任官勤勉，稍迁至秘书丞。宋仁宗景佑五年（1038），范雍任延州知州，征辟计用章为通判，辅佐州事。计用章勤政爱民，思虑周详，深得民心。当时，延州地处西北边陲，直面西夏，正是守卫关中和内地的门户。计用章经常劝说范雍修筑城垒、筹备器械、训练士卒，以备不虞；又请朝廷加兵遣将，主动出兵西夏，以攻为守，化解关陇面临的军事威胁，但范雍苟且因循，不以为然。其后西夏果然发兵围城，宋军二守将陷阵而死，延州内外骚动，州城岌岌可危。范雍急忙召计用章问策，计用章答称："用章屡献言矣，而公不用。今惟有一死以报国尔。然城中老幼无辜，皆公陷之至此。"于是他批评范雍"上负天子，下负百姓"，范雍大恨。恰逢当夜天降大雪，西夏兵连夜退去，危机才得以解除。事后，范雍仍然对计用章怀恨在心，不仅不认可其协助之功，反而诬陷他守城不力，计氏因此被贬谪到雷州。至宝元三年（1040），经略延州范仲淹以及田况等人深知计用章因忠获罪，实属冤屈，于是上奏朝廷，为其辩白。宋廷即再征计用章任隋州酒税监。至康定元年（1040）时，又追复其原官。此后，计用章历任龙州知州、都官员外郎等职，皆为从五品。除入仕建功之外，计用章也以文学名世，著有文集《希通编》十二卷、《迁遗集》十三卷等，其中《迁遗集》有简州刘光祖、资中张方等蜀中名士为之作序。可惜两书现在均已亡佚不存。《宋代蜀文辑存》收录了他的文章一篇，尚可让后人略窥其学术风采。[①] 此外，计用章还在宋仁宗庆历四年（1044）自行出资、主持刊刻了蜀人李鼎祚的《周易集解》，亲自题写《玩记》一篇。这不仅说明计用章为保存乡邦学术文献贡献了自己的力量，也说明他本人对经典《周易》有深入的研究。该书蜀地计氏刻本现存残卷一部，收藏于德国柏林图书馆。

---

① 《巴蜀历代文化名人辞典》编委会编著：《巴蜀历代文化名人辞典·古代卷》，四川人民出版社2018年版，第103页。

二　计良辅

计良辅，大邑县安仁镇人，计用章之子，计有功之父。计良辅出身名门仕宦之家，自幼受到了良好的家庭教育与熏陶。宋仁宗庆历三年（1043），计良辅高中进士，功名事业与父亲计用章相接。计氏一门祖孙父子三人皆登第为进士，均有著作行世，其家风传承、文化影响持久而深远。其中，计良辅的名望虽然不及其父、其子，却是大邑计氏家族文化史上承上启下的关键人物。

三　计有功

计有功（约1126年前后在世），字敏夫，号灌园居士，计用章之孙、计良辅之子，著名宰相张浚从舅。计有功幼年好学，品行优异。宋徽宗宣和三年（1121）成进士，相继任眉州、简州知州，利州路转运判官，嘉州知州。南宋绍兴年间，赴行在奏对，升任直徽猷阁学士，后又提举浙西常平茶盐公事、提举潼川府路刑狱公事。再入张浚幕府，全力支持张浚出兵抗金，因此遭到以秦桧为首的朝廷主和派嫉恨。张浚罢相后，计有功壮志难酬，于是以伺养老母为名，辞官归乡。计有功不仅为官清廉公正、政绩卓著，在史学、文学上也有颇多建树。著有《史钞》《晋鉴》《唐诗纪事》八十一卷等书。其中，《唐诗纪事》一书价值最高，共收录1150位唐代诗人的作品，按时间先后编次，视野广阔，规模宏大，材料丰富，态度客观，不仅注重对大家名篇的采撷，还网罗散佚，兼及僧人、妇女乃至引车卖浆者流，使许多难于传世的孤篇"独藉此编以见梗概"，[①] 最终得以流存。例如，张为《诗人主客图》一书，此为成就之一。郭绍虞《宋诗话考》云：是书所录，

[①] （清）爱新觉罗·永瑢等：《四库全书总目》卷195，中华书局1965年版，第1785页。

"即脍炙人口者,亦有足资校勘之处"。例如,吴骞《论诗绝句》自注云:"王之涣《凉州词》'黄河远上白云间',《唐诗纪事》作'黄沙直上白云间',吴修龄笃信之,以为的不可易。"此外,摘录前人品评之语,多有参考价值。如李白《乌栖曲》,贺知章赞曰"可以泣鬼神矣";如王士源谓孟浩然"骨貌淑清,风神散朗,救患释纷,以立义表""学不为儒,务掇菁藻;文不按古,匠心独妙"。其他如谓元稹"善纪事",谓陆龟蒙"博雅多文,尤善谈笑""诗篇清丽"。记述李白、杜甫、韩愈、白居易等人仕履诗事,亦较详实。然由于材料辑缀过多,未免有"榛楛勿剪"之失。书中又辑集本事与品评,兼记世系爵里,所以它既是唐代诗歌的总集,又是唐宋有关诗评的汇编,为唐诗研究提供了宝贵的资料,故而流传至今。此书有四川师范大学王仲镛教授笺注本《唐诗纪事校笺》最便于观览。著名国学大师钱钟书对《唐诗纪事》亦极为推崇。计氏家族为大邑望族,计有功之弟计有章亦有文名。

四　计法真

　　计法真(1076—1155),大邑县安仁镇人,计用章孙女,计有功从姐,北宋雍国公张咸之妻,南宋魏国公张浚之母。计法真出身于书香世家,深受传统文化与家庭教育影响,有很高的文化修养。她自幼聪明贤惠,多才多艺,成年后嫁与四川绵州大贤张咸,二十岁时诞下了后来的救时宰相、北伐名臣张浚。计法真二十四岁时,张咸病故。乡邻亲友再三劝其改嫁,计法真严词拒绝,誓不再嫁,从此洗尽铅华,长斋茹素,辛苦抚育二子。当张浚刚能说话时,计法真就教其读诵父亲生前读过的书,引导他要像父亲那样刚正不阿、廉洁奉公,长大后报效国家。在计氏的辛勤抚育下,张浚从小便博学多才,品学兼优,最终高中进士。张浚赴任时,计氏再三叮咛儿子要牢记祖训,并写好几十条关于政务、军事、思想、道德品行、为人处事的对策办法交给儿子,叫他带在身边,早晚诵读,三省其身。绍兴十六年(1146),秦桧踞相位,卖国求荣,欺君误国。计氏再三鼓励儿子冒死进谏。结果引得秦桧大怒,将张浚贬逐到连州。时已七十高龄的计氏送儿子去连州,并没有后悔抱怨,反而高兴儿子没有枉读圣贤之书。高宗绍兴二十五年(1155),计法真病逝,终年七十九岁。后来张浚复职,再次担任宰相,朝廷嘉奖表彰计氏,封其为秦国夫人。张浚、张栻父子扶柩归乡,让一代贤女计法真最终安眠故土。

五 计孝聘、计仲谟

计孝聘,号清溪居士,为计有功之子,曾著有《清溪吟稿》,后不行于世。计仲谟,为计孝聘从孙辈,计用章六世孙,亦以文学有名于当世。

自计用章而下,大邑计氏一门六代俱闻名当时,载于地方志中。其家族学术兼及经学、史学、文学,其立身行事、功名风骨更为人所称道。这固然与其良好的家风、深厚的文化积累密切相关,更是大邑历史文化在家族名人领域的精彩展现。

第二节 科第相望詹氏

詹氏是宋代大邑又一个知名的文化大家族。其名气之大,事迹、著作流传之久虽不足以与同县的计氏一门相颉颃,但在家风陶冶、文化传承、科第功名方面仍有其独到之处。数十年间,詹氏先后出现了詹文举、詹权、詹廷哲、詹廷硕、詹廷彦、詹隶、詹籲等一大批名人。

一　詹文举

生卒年不详，约北宋初年在世。据川中名士费著《氏族谱》记载，詹文举祖籍邛州安仁（今大邑县安仁镇），是宋代大邑詹氏一门的初祖。他终生未入仕途，以教化乡邦子弟为志，因家风谨严、育子有方而开启了宋代大邑詹氏科名累累的辉煌历史。后来以子孙接连登第而被朝廷赠予"正议大夫"名衔。

二　詹权

詹权，生卒年不详，约北宋中期在世，大邑人，詹文举之子。自幼力学，一举荣登宋神宗元丰五年（1082）黄裳榜三甲，钦赐同进士出身。后累官至巴州知州。因在官有为，朝廷特赠其父詹文举为"正议大夫"，又荫其子詹廷彦为"从政郎"。①

三　詹廷哲

詹廷哲，生卒年不详，约北宋中后期在世，大邑人，詹文举之孙、詹权之子。自詹廷哲一辈起，詹氏子孙由大邑迁居郫县。詹廷哲与弟詹廷硕、子詹隶先后成进士，名盛一时，誉满乡里。

四　詹廷硕

詹廷彦，生卒年不详，约北宋中后期在世，大邑人，詹文举之孙、詹权之子。随兄詹廷哲迁居郫县，后又与兄同登进士第，官至右通直郎、知彭州、蒙阳县丞。詹廷硕精擅书法，宋京之妻蒲氏病故，宋衍为其撰写《宋故太令人蒲氏墓志铭》，就是请詹廷硕题写后刻石的（詹廷硕为宋京外甥）。该文现已收入《全宋文》中。

---

① 常明、杨芳灿等纂修：《四川通志》，扬州古籍书店1986年版，第20页。

五　詹廷彦

詹廷彦，生卒年不详，约北宋中后期在世，大邑人，詹文举之孙、詹权之子。随兄詹廷哲、詹廷硕迁居郫县，与两兄同登进士第，后又以父詹权为官劳绩而获荫"从政郎"。

六　詹隶、詹籲

二人皆为詹权之孙，为宋代詹氏的第四代人物，为堂兄弟。詹隶为詹廷哲之子，詹籲为詹廷彦之子，先后登第成进士。

大邑詹氏自詹权而下，祖孙、父子、兄弟三代六人先后登第，一门六进士，在当时的四川地区还是非常少见的。其功名显赫，家风长传足以被后世效法。尽管由于文献不足征，其生平、事迹、成果多湮没不闻，但作为大邑家族文化的代表，詹氏科名之盛仍可见一斑。

第三节　弃武从文甘氏

大邑甘氏家族，祖先为川东邻水县人。以武职起家，明末因公任职而迁居大邑，遂著籍于此。后世子孙遂弃武从文，逐渐成为明清之际大邑县中一个颇有文化影响力的世家大族。

一　甘文臣、甘和

甘文臣，四川省广安市邻水县人，大邑甘氏始迁祖。明末累官至川北总兵官，为一品武将。清顺治年间，奉命屯田大邑王泗营，遂定居于此，改籍大邑。甘文臣生子甘和。甘和弃武习文，为县学生员，后因品学兼优，拔贡入北京国子监肄业，早卒，故功名不显。自甘和以后，大邑甘氏渐以科甲起家，以文学知名，以忠勤孝悌而被世人认可。

二 甘曰懋

甘曰懋，字实夫，甘文臣之孙、甘和之子。父甘和早卒，甘曰懋自幼孤贫，上承祖父笃实家风，力学不倦。其治学兼收并蓄，综贯百家，长于史裁，于诗歌亦有心得，当时学者对其交口称赞。康熙六十年（1721）辛丑科会试，甘曰懋得中，赐同进士出身。虽然仅名列该科倒数第二名（该榜共 163 人），[1] 但在清初川中百废待兴之时，这已是十分难得的好成绩。初授职观政进士，入部历练。至雍正、乾隆年间，官至户部主事，忠于任守，勤勉任事，后卒于京师。甘曰懋于文学亦有专长，善作诗。沈德潜《清诗别裁集》收录其所作《华顶道院见三十六峰老农吴青霞题诗壁见寄赠》一首，气势恢弘，余韵不绝。

三 甘曰广

甘曰广，甘文臣之孙、甘和之子、甘曰懋之弟。少时与兄曰懋孝事父母，名闻乡里。后中康熙辛卯科乡试，为举人。父没，兄曰懋亦官京师而卒。曰广扶兄柩归家，不敢告于老母。只得偷偷寄丧于佃户之家，并向寡嫂徐氏哭诉，求嫂子一起瞒着母亲。徐氏闻讯，也只能每天换上丧服前往曰懋棺前痛哭，哭毕又改换常服回家，继续伺奉婆婆。四、五年后，甘母见儿子曰懋久无音讯，悄悄向邻居乡人打听，才得知凶信。老人暗暗尾随曰广，找到了曰懋的棺木，终因悲伤过度，一病而逝。曰广不久亦亡。后人修县志，高度评价甘曰广为宽慰老母而隐瞒兄长凶信的行为，认为是从权而行孝。甘氏一门孝子、贤妇备受后人赞誉。

---

[1] 朱保炯、谢沛霖：《近代中国史料丛刊续辑·明清进士题名录索引》，台北：文海出版社 1981 年版，第 2689 页。

第四节　军阀世家刘氏

刘家祖籍安徽。明朝末年，先祖刘觉忠任四川雅安同知。明清易代之际，为避兵祸，刘氏后人迁居至大邑。至清朝乾隆年间，刘氏重振门庭，逐渐成为当地望族。清末，刘公敬考中武秀才，大邑刘氏自此开启了以武兴家的历史。民国时期，刘氏家族在二十多年间大放异彩。鼎盛时期，天府豪门大邑刘家割据四川，把持四川军政大权达数十年之久，一门之中出过三个军长、八个师长、十五个旅长、一个省主席、一个战区司令长官。川军大量军官也出自其门，仅团级以上军政官员就有近50人，时有"三军九旅十八团，营长连长数不清"之说。[1] 可以说，大邑刘氏家族已然代表了民国四川军阀的兴亡史。

一　刘文辉

刘文辉（1895—1976），字自乾，法号玉猷。在六兄弟中排行第六，自幼深得祖父喜爱。稍长，入刘家祠堂读书。13岁报考成都陆军小学，开始了军旅生涯。先后就读于西安陆军中学、北京陆军第一中学，保定陆军军官学校。毕业后，投奔川军第八师陈洪范，任上尉参谋。后累升至川军第一混成旅旅长，驻防宜宾，总揽军政大权。

在军阀混战之际，刘文辉转历成都、重庆等地，逐步扩充兵力，实力日渐强大，1928年授南京国民政府委任，出任四川省主席。期间，刘文辉在成都创办了培养刘氏军事集团干部的国政学校，开设甲级参谋、兵工、炮兵、无线电等班，除军事专业课外，还讲政治学、经济学和社会发展史等，为成都、四川近代军事、科技、教育发展作出了

---

[1] 张永久：《民国四川第一家——刘湘家族》，重庆出版社2008年版，第20页。

贡献。其后，刘文辉与堂侄刘湘发生矛盾，互相排挤打压，试图削弱、瓦解、整垮对方势力，以控制全川。最终刘文辉不敌刘湘，退守雅安。

在雅安期间，刘文辉推行"以教辅政，以政翼教"的政策，积极改善同藏族地区的关系，维护地方稳定。① 1937年，抗日战争全面爆发，为表明抗战立场，刘文辉捐款50万元资助前线。1939年，刘文辉出任新设立的西康省主席。1941年，他又在雅安接待了中共中央代表华岗，由此结识了许多进步文化人士。1944年，刘文辉加入中国民主同盟，政治立场更加转向进步。1949年，南京解放。12月，刘文辉以西康省主席兼第二十四军军长名义通电起义，宣布服从中央人民政府和毛主席、朱总司令的领导。解放军因此顺利地进入西康。

新中国成立后，刘文辉本人被中华人民共和国中央人民政府委任为西南军政委员会副主席，后又被任命为四川省政协副主席。第一、二、三届全国人大代表、第四届全国人大常委会委员，第一届全国政协委员，第二、三、四届全国政协常委，民革中央常委，民革四川省委第二届委员会主任委员。1959年调任林业部部长，先后视察江西等地的林业发展情况，为中国林业发展鞠躬尽瘁。1976年6月24日，刘文辉在北京逝世，享年82岁，遗著有《走到人民阵营的历史道路》。

作为一个开明士绅，刘文辉表现了较高的政治觉悟，在民族危亡、人民解放、国家建设的重要历史关头，他都有积极正确的表现；作为执掌四川、西康军政大权的关键人物，他在任期间也对四川地区的稳定、发展贡献了力量，是大邑刘氏子弟的杰出人物。

二 刘湘

刘湘（1888—1938），谱名元勋，字甫澄，法号玉宪，成都市大邑

---

① 宋毅：《风云保定系·民国第一军校的十大将领》，山西人民出版社2015年版，第256页。

县人。幼年时就读乡间私塾。光绪三十年（1904）考入大邑县立高等小学堂。十七岁时赴雅安，考取四川武备学堂陆军弁目队。后入四川陆军讲习所、四川陆军速成学堂。

毕业后，刘湘赴新军三十三混成协（旅）六十五标做见习官，累升排长、少校差官、营长，转驻泸州。辛亥革命后，又累升团长、旅长、师长，得授陆军中将衔。时逢北京政府对四川失去控制，刘湘积功升任川军第二师师长，管辖永川、荣昌、铜梁、大足、璧山、合川、武胜七县。有了立足的地盘后，开始举办军事传习队和军官传习所，加紧培训军中骨干，并在川、黔军阀对峙中进一步积蓄力量，与其他川中势力一起结束了滇、黔军阀控制四川的局面。其后，刘湘就任川军总司令兼四川省长，成为四川军阀"速成系"的首脑人物。

川中军阀混战，刘湘在多次战役中逐渐击败敌对势力，实力一步步增强。1930 年，中原大战爆发，他坐镇四川保持中立，实力持续壮大。以模范队九个营为基干，组建模范师，还致力于发展海军、空军。1932 年，刘湘与时任四川省政府主席的侄儿刘文辉交恶，同出大邑刘氏的两大军阀刀兵相向，四川爆发规模空前的"二刘之战"。最终，刘文辉部败退西康，刘湘则在历次混战中逐渐统一四川，成为名副其实的"四川王"。[①]

1937 年 7 月 7 日，日寇发动卢沟桥事变，抗战全面爆发。刘湘两发通电，主张全国总动员，与日本决一死战。7 月 25 日，他下令直辖各军长、师长，务必于三日内驰返原防，遵令整军。8 月 7 日，刘湘赴南京出席国防会议，慷慨陈词近两小时："抗战，四川可出兵 30 万，供给壮丁 500 万，供给粮食若干万石！" 8 月 26 日，又发表《告川康军民书》，号召四川军民为抗战做巨大牺牲："全国抗战已经发动时期，

---

① 杨颖奇、郭必强主编：《民国军事将领百人传》，南京出版社 2014 年版，第 50 页。

四川人民所应负担之责任，较其他各省尤为重大！"川军各将领纷纷请缨出战。9月1日，刘湘率部奋勇出川。9月2日，刘湘拟定《告川军将士书》，此照录如下：

为抗战救亡，誓矢忠贞。愿五十万川军将士奋然兴起，若暴弃退缩，当执法以绳！

全体川军将士弟兄们：

过去，我们川军打了二十余年内战，现在看来，皆不堪一战。今者，日寇入侵，大敌当前，参加抗战，最值一战；唯参加抗战，才是报效国家之大好机会！此次，我川军出川抗战，当发扬我川民之光荣传统，吃苦耐劳，奋不顾身。与敌作殊死战，同阵地共存亡。不成功，便成仁。在战场上受命不辱，临难不苟，负伤不退，被俘不屈。若有贪生怕死、懦弱退缩者，当执法以绳其后；唯有英勇顽强、不屈不挠，方能置顽敌于死地，为国为民建功立业！

因为我们乃为国为民而抗战，故我川军今后无论开拔到何省何地，咸须实践"四要""四不"：要敬老如父，要爱民如子，要急民所急，要想民所想；不当汉奸，不辱民女，不扰民安，不贪民财。若有犯者，当杀无赦！总之，要对民众秋毫无犯，对日寇敌忾同仇。军民精诚团结，定然天下无敌！

当此，在这场为我民族之生存及维护世界人类公理与正义之抗战中，我川军将士，务必其共兴起；我川军将士，务必其凛哉！

还我领土，还我河山！

不退日寇，誓不还川！

为民族而战，虽死犹荣！[①]

[①] 杨家润：《刘湘传》，四川出版集团、四川人民出版社2009年版，第241页。

此件广泛印刷,被川军随身携带,具有振奋人心、鼓舞士气的积极作用。10月26日,刘湘出任第七战区司令长官。11月22日,刘湘乘船赴南京,部署所部各军、师堵击在浙江金山卫登陆、正向浙江境内侵犯的日军,重点保护广德、泗安方面。11月23日,刘湘胃病突然复发,大口吐血,在昏迷中被护送至芜湖医院,28日送汉口万国医院就医。1938年1月1日,刘湘为重申四川支持抗战的决心,在病中发表了题为《长期抗战中的四川》的文章,节录如下:

> 今天四川的地位,是一天重要一天。四川出产丰富,人口众多,同时敌人万难加以威胁,确是今天最理想的抗战后方。尤其是国府迁到重庆以后,四川日益成为全国政治中心;而随战区之日益扩大,四川也将日益成为全国经济的中心。我相信整个四川是一致拥护领袖、拥护政府抗战到底的,同时四川也一定对于前方的给养补充作源源不绝的供应和牺牲。我诚恳的希望全国各方领袖以及全国同胞,大家来巩固充实这个重要的后方,作我伟大的中华民族抗战求存的根据地,使四川在政府领导之下,做我民族复兴的根据地。我深信有四川做抗战的一个忠实的后方,也是抗战到底和最后胜利的保证之一。[①]

该文充分体现了刘湘"对外抗日,对内建设"的爱国主张。1938年1月20日,刘湘在汉口去世。死前他留有遗嘱,语不及私,全是激勉川军将士的豪言壮语:

> 余此次奉命出师抗日,志在躬赴前敌,为民族争生存,为四川争光荣,以尽军人之天职。不意宿病复发,未竟所愿。今后惟

---

① 杨家润:《刘湘传》,四川出版集团、四川人民出版社2009年版,第280页。

希我国军民，在中央政府及最高领袖蒋委员长领导下，继续抗战到底。尤望我川中袍泽，一本此志，始终不渝。即敌军一日不退出国境，川军则一日誓不还乡，以争取抗战最后之胜利，以求达我中华民族独立自由之目的。此嘱。①

刘湘这一遗嘱，很长一段时间里在前线川军每天升旗时，官兵必同声诵读一遍，以示抗战到底的决心。郭沫若曾撰挽联："治蜀是韦皋以后一人，功高德懋，细谨不蠲，更觉良工心独苦；征倭出夔门而东千里，志决身歼，大星忽坠，长使英雄泪满襟。"② 1月22日，国民政府明令褒恤刘湘，追赠陆军一级上将。2月14日，国民政府明令国葬刘湘，后因修建墓园费时较久，直至1939年9月19日，始在成都举行国葬典礼。

三 刘元瑄

刘元瑄（1911—1996），字俊琳，四川省成都市大邑县人，刘文辉之侄。先后就读于陆军第二十四军军事政治学校、陆军大学将官将习班、陆军大学特别班。毕业后历任少校队长、中校大队长、营长、团长、少将旅长。因为人忠厚而深得刘文辉信任，故被选为四川刘氏军阀的接班人。

抗日战争期间，刘元瑄随二十四军进驻西康，由于西康地处偏远山中，无缘一展身手的刘元瑄只能通过报纸了解前线战况。在阅读时，他特别关注与共产党活动相关的内容，逐渐同情共产党、理解共产党，并且拥护共产党提出的"和平民主建国"政策。受此影响，他还创办

---

① 乔诚、杨续云：《刘湘》，华夏出版社1987年版，第241页。
② 郭沫若撰，曲树程、杨芝明注：《郭沫若楹联辑注》，山东教育出版社1983年版，第63页。

了进步报纸《新康报》，积极宣传反投降、反内战、反独裁的思想。又办了《西方日报》，多请进步人士、共产党员撰稿。

1949年，已升任二十四军代军长的刘元瑄同共产党川康区临时工委开始了频繁联络，并在同年9月被地下党员萧绍成、李安澜介绍加入中国共产党（不过当时因手续不符合组织规定，暂时没有得到承认）。刘元瑄继续利用职务之便，掩护已经暴露的地下党员撤往自己的辖区雅安。同时，他还积极推动叔父刘文辉走向起义道路。1949年12月9日，刘文辉通电起义，刘元瑄也同时带领二十四军宣布起义。

1950年6月，二十四军并入解放军第62军，刘元瑄调任人民解放军第62军副军长。1952年7月，任西康省军区副司令员。1953年转业后出任西康省人民政府民政厅厅长，西康省人民政府委员。1956年3月，当选民革中央委员。1978年2月，当选全国政协委员。1983年4月，当选政协四川省副主席；6月，当选全国政协常务委员。1984年4月，当选民革四川省副主任委员兼秘书长。1996年3月在成都病逝，享年86岁。

第五节　其他近现代名人

除上述家族文化名人外，大邑县还有众多值得一书的现当代名人。他们都来自大邑，从事着不同的事业，活跃于不同的历史时期，共同铸就了大邑县绚丽多彩的名人文化。

一　伍肇龄

伍肇龄（1826—1915），字崧生，四川省邛崃市人。道光二十七年（1847）中张之万榜二甲二十三名进士（与李鸿章同榜），选翰林院庶吉士，授编修。清咸丰十一年（1861），慈禧太后垂帘听政，伍肇龄因与权臣肃顺交好而遭到株连，被罢黜削职为民。遣返故乡大邑后，他先被乡绅聘到邛崃书院任主讲，后又到成都锦江书院、尊经书院等处任山长，前后主持讲学三十年，为四川文化事业培育了众多的人才。因为伍肇龄与李鸿章交谊甚厚，所以李鸿章曾特意为锦江书院亲笔书写一副门联："天下翰林皆后进，蜀中佳士半门生。"这是对伍肇龄教育成就的极高赞誉。

此后，清廷将伍肇龄官复原职，再任翰林院编修。光绪二十九年（1903）升为翰林院侍讲，又升为侍讲学士。后来伍肇龄辞职回乡养老，被批准回到四川定居于成都。寓居成都期间，伍肇龄有一次散步到九眼桥，沿着锦江往下闲游，来到唐代女诗人薛涛遗址吟诗楼旁。他见旧楼已废，遍地断瓦残垣，荒草野竹丛生，满目凄凉，深有感触。回家之后，他急写了一份奏章呈朝廷，要求修复成都名胜古迹——望江楼。1910年，奏章获批准，伍肇龄遂接旨领衔修复望江楼。公园建成后，园中有重要建筑崇丽阁（即望江楼）、濯锦楼、吟诗楼等。尤以望江楼最为壮丽，高30米，共4层，两层为八角形，两层为四角，角尖为鎏金顶。宝顶直刺苍穹，角檐高啄凌空，很有气势。望江楼修复后，伍肇龄对其中的吟诗楼、井前亭、五云馆等均有题咏。

1911年，伍肇龄参加保路同志会，走在去制台衙门请愿队伍的最前列。1915年病逝于成都，终年86岁，被安葬于凤凰山。伍肇龄工书法，善诗文。着有《石堂藏书》《石堂诗抄》等。

二 刘成勋

刘成勋（1885？—1945），字禹九，四川省成都市大邑县人。清末入四川武备学堂，毕业后赴云南，任云南新军学兵营队官、管带等职。1911年参加辛亥革命。1912年回四川，任川军第四师刘存厚部的旅长。1913年癸丑之役中随刘存厚拥护袁世凯，充作进攻讨袁军的主将。

1915年参加对四川的清乡。1916年参加护国战争,任护国川军第四梯团长。1917年任川军第二师第一混成旅旅长,相继参加川军驱逐滇军罗佩金、戴戡和赵又新等部的战争。1918年2月通电护法,脱离刘存厚部,年底被熊克武任命为川军第四师师长。1920年在川滇黔战争中拥护熊克武,升任川军第三军军长。1921年协助熊克武驱逐刘存厚出川。1922年川军一、二军之战后,任川军总司令兼四川省长。1923年春因主持裁军遭其他川军将领反对,引起"北道之战",被邓锡侯、田颂尧等击败,通电下野。6月,被孙中山任命为四川总司令兼省长。在1923—1924年杨森、刘存厚、刘湘等联合倒熊(克武)的川军之战中,暗助刘湘、杨森。1924年击败川边镇守使陈遐龄部,占据上川南及康定一带,被北京政府任命为西康特区电垦使兼管民政事宜。1925年参加进攻杨森的战争。1926年12月,通电易帜,任国民革命军第二十三军军长。1927年6月被刘文辉率部一举击溃,被迫下野。从此脱离军政界,回家乡闲居。1945年病逝于大邑县。

三 陈洪范

陈洪范(1884—?),字福五,四川省成都市大邑县人。1913年为北京陆军大学学生,孔教会北京总会干事。1920年至1924年任川军第八师师长、嘉叙镇守使、将军府谅威将军。

四 冷寅东

冷寅东(1894—1982),原名廷桂,字薰南,四川省成都市大邑县人。早年考入四川陆军小学,辛亥革命时期投入四川保路运动,后入四川陆军军官学校学习。1913年参加讨袁战役,后被捕入狱,护国军攻占成都时被释。再参加护法战争,任川军第二混成旅参谋,历任营长、团长、旅长。1927年收归刘文辉部。次年任川康边防副总指挥兼川康边防司令，兼任川康边防军第一师师长。"二刘之战"后，冷寅东出任四川省第六区行政督察专员公署专员兼保安司令部司令，同时兼任宜宾县县长，任宜宾专员近十年，采取"保境息民"政策，在兴办文化教育、救灾赈济、治匪肃毒、清除积弊、开展抗日救亡运动等方面，多有建树。1943年，冷寅东调任四川省政府委员。1949年4月，出任成都市市长，在任内掩护中共地下党员，并组织保护成都市政设施，迎接成都解放，参加成都起义。解放后，冷寅东历任川西行署委员、四川省人民政府委员兼江津专区副专员、四川省人大代表、四川省政协常委、全国政协委员，1982年病逝。

五 张至益

张至益（1902—1992），又名张信益，四川省成都市大邑县人。幼年父母双亡，依舅父住乐山。16岁患重病，病愈后出家学道。1919年拜王明月道长为师，随师到重庆水月庵出家，两年后随武林高手王明山道长在合川大益山中修炼，1927年于成都二仙庵熊诚斌方丈座下受全真三坛大戒，在青羊宫等处学道经、教仪、武功。后又随传戒大师、武林高手朱永才大师学习内外拳术功法。他在不断学习和实践中，创造了融气功、武术为一体，以静制动、动静结合，具有自己独特风格的武功拳术，是道教界杰出的道家武术家。五年后隐居大邑县鹤鸣山，潜心修持。

20世纪80年代，张至益道长受聘在青城山传授道教武功。1987年，鹤鸣山被批准为道教活动场所，张至益道长被迎回鹤鸣山任住持。1989年全真龙门派在白云观开坛传戒，张至益道长被礼请为律坛八大师之一的演礼大师。1992年冬，张至益道长在大邑县鹤鸣山羽化，享年90岁。四川省市道教协会和大邑县有关人士参加了悼念仪式，后由弟子集资在鹤鸣山慈航殿后山建墓。

六　李成森

李成森（1926—　），笔名山木，四川省成都市大邑县人。大学文化，中学退休教师。1950年因公负伤截肢。曾主持县师训班，主编县教育志。1987年发起成立大邑县诗词楹联协会，任会长。现为中华诗词学会会员，四川省楹联学会、成都市诗词楹联学会理事，大邑县楹联学会名誉会长，县政协第九、十届委员，大邑县老教师教学顾问团成员。诗词联作品在各级报刊发表并多次获奖，对联论文力主遵循格律而不囿于格律。有《山木对联论文选》行世。

七　张道深

张道深（1937—　），四川省成都市大邑县西岭镇人，中共党员。1957年毕业于大邑县安仁中学，教小学半年后（因错划为右派）回老家西岭做苦力达20年。1978年进西岭中学从教，曾毕业于成都教育学院（函授）和鲁迅文学院（函授）高级班。中学高级教师，任西岭中学校长16年。现任大邑县政协委员和大邑县西岭山歌协会会长等职。

八　周丕林

周丕林（1945—　），生于四川省成都市大邑县新场镇，大邑诗歌协会副会长，在《青海湖》《诗潮》等杂志发表诗作二十余首。

九　杨析综

杨析综（1928—2007），四川省成都市大邑县人。四川大学肄业。1952年加入中国共产党。历任广汉县县长、广汉县县委书记、郫县县委书记、温江地委书记、四川省委副书记、四川省省长、河南省省委书记、河南省人大常委会主任、四川省人大常委会主任。是中共第十二、十三届中央委员，第六届全国人大代表。曾任四川省诗书画院院长、四川省诗词学会会长、四川省书法家协会顾问。兼擅诗书。诗词作品在《岷峨诗稿》多有发表。

十　高建强

高建强（1948—　），四川省成都市大邑县人。1988年毕业于四川电大汉语言文学专业。1969年赴大邑县乡村插队务农，后历任大邑县电器厂工人，温江地区《都江文艺》编辑，四川省作家协会文学院专业创作员，成都市群众艺术馆创作员，《锦江》杂志副主编、副研究员，专业作家。四川省作家协会第三、四、五届理事，成都市作家协会主席团委员、副秘书长。1981年开始发表作品。1995年加入中国作家协会。著有长篇小说《招魂》，长篇小说《文人无行》获1997年四川成都市金芙蓉文学奖，中短篇小说集《文君街传奇》获1988年四川文学奖、1989年成都市金芙蓉文学奖，中篇小说《小寡妇火锅店》获1991年四川成都市金芙蓉文学奖。参与改编电影文学剧本《小巷名流》，电视连续剧剧本《文人无行》（20集），创作的知名电视剧剧本还有《川西剿匪记》《大生活》《我在天堂等你》《保卫爱情》《七品李剃头》《王保长新编》《王保长后传》《哈儿将军》等。

十一　杨存辉

杨存辉（1938—2021），笔名"艾茵"，四川省成都市大邑县人。四川省作家协会会员，在省级新闻媒体供职20多年。1965年开始发表作品，创作长篇小说《情迷黑竹沟》和《两个女人》《神秘的黑竹沟》《情猫》《金钱与爱情》《桃花水》《人往高处走》等中短篇小说多篇；

长篇报告文学《消防英雄》和中短篇报告文学《作家温靖邦的将军梦》《蓉城打工妹》《火红的晚霞》《白云深处探咸泉》《唐老板的生命钟》《新城从山岰上崛起》《生命的颤音》等；散文《心底那帧风景》《灵魂的对话》《心底的梦境》《往事如烟》等；文学评论《鸿篇巨制国魂史诗——评作家温靖邦的战争小说》《在道德与金钱的天平上——评栈桥长篇小说》《惟真方能动人——评高甲戏〈金奎星〉的艺术特色》等多篇；20集电视连续剧《情迷黑竹沟》文学剧本、30集电视连续剧《车耀先》文学剧本被成都市委宣传部列入2011年重点作品扶持项目；长篇报告文学《消防英雄》于2010年11月获公安部"恒光杯全国公安文学大奖赛"报告文学奖；小说、散文、文学评论等曾获市、省及全国的几种奖项。

十二　王青峰

王青峰（？—1948?），又名王明月，四川省南充市南部县人。鹤鸣山庙宇主持道长，道行高深，其弟子张至益是响誉川西武林的道学真人。新中国成立后任大邑县武术协会主席，为大邑武术运动作出了很大贡献，他所传授的道教武术功理、功法，至今长盛不衰。

十三　刘石

刘石（1963—　），四川省成都市大邑县人。1980年—1984年，于四川大学中文系攻读汉语言文学专业学士，1984年—1987年，于四川大学中文系攻读中国古代文学专业硕士；1988年—1991年，于北京师范大学中文系攻读中国古典文献学专业博士。1991年—1999年，任中华书局、国家古籍整理出版规划小组编辑、副编审、编审。1999年以后，任清华大学人文学院中文系教授、博士生导师，《清华大学学报》（哲学社会科学版）副主编。兼任韩国西江大学（Sogang

Univ.）中国文化系客座教授、美国北卡罗莱大学教堂山分校（The Univ. of North Carolina at chapel hill）亚洲研究系客座教授、马来西亚马来亚大学（Univ. of Malaya）中文系客座教授等。主要研究方向为唐宋文学、古典文献学。著有《苏轼词研究》《有高楼杂稿》《有高楼续稿》等。

第十章 教育、出版、印刷、文化

第一节 底蕴深厚的文化教育

一 硕学名儒

大邑代育英贤,清《(乾隆)大邑县志》卷二:"人才不择地而生,蜀中山水擅奇,灵炳英彪,所在多有。若临邛之胡安常、安民,蒲江之魏华甫、文翁。与晋原之常勖、费孝先,皆行诣表表,照耀史策。"① 又《(民国)大邑县志》卷十一描述了大邑文脉发展概况:

> 山泽郁蟠,人文蔚起。王嘉绝胆,李尧匡君。节昭千秋,名炳两汉。魏晋而降,美不绝书。常为大姓,冠冕东方。泰恭挺生,文章雅令。道将秀发,著述渊懿。以至唐有樊漪,人伦纲纪。宋有张简,理学楷模。明季土崩,惨罹兵燹。文书煨烬,纪载缺如……爰迄有清,地方宁谧。人争耨史,家俨耕经。市有弦歌之声,野无相翔之子。士崇实学,儒尚纯修。②

---

① 大邑县地方志编纂委员会办公室:《(乾隆)大邑县志校注》,内部发行1998年版,第118页。

② 大邑县地方志编纂委员会办公室:《(民国)大邑县志校注》,巴蜀书社2012年版,第204页。

这段文字赞颂了大邑历代先贤，汉代如王嘉、李弟，魏晋如常氏家族，唐代如樊漪，宋代如张简。明代遭受兵祸，记载不详。至清代，大邑文化氛围得以恢复。可见大邑硕学名儒辈出，为其文化教育的发展与传承提供了极大支撑，方有"市有弦歌之声，野无相翔之子。士崇实学，儒尚纯修"的境界。代表性的学者如常勖、常璩、常骞、常宽、高玩、费孝先、计用章、刘养贞。

常勖（？—280），字修业，晋蜀郡江原（当时大邑境属江原）人。常勖年少时与闵子忌齐名，安贫乐道，志笃坟典。治《毛诗》《尚书》。涉洽群籍，多所通览。州命辟从事。入朝为光禄郎中主事。又为尚书左选郎。郡请迎为功曹。当时州将董军政，置从事，职典刑狱；因勖清亮，复为督军（全称为督军从事）。治讼平当。还察孝廉。除郪令，为政风格简而不烦。魏征西将军邓艾伐蜀时，破诸葛瞻于绵竹，威振西土，诸县长吏或望风降下，或委官奔走。常勖独自率吏民固城拒守。得后主檄令，乃诣艾，故郪谷帛全完。刺史袁邵嘉奖常勖志节，辟为主簿。勖善仪容，翔集进退，动为表观。言论壮烈，州里重之。然而交友惟贤，不交不如己者，泛爱之恩犹不足。从邵征还，道卒。

常璩（约291—约361），字道将，晋蜀郡江原（当时大邑县境属江原）人。其族人大多研究学艺、爱问擅辞。成汉（304—347）时期，常璩担任散骑常侍。此时蜀地清平安宁，常璩得以大量阅读先世遗留下来的书籍，以文学渊博自称，撰有《蜀汉书》。成汉灭亡后，常璩入晋，却受到东晋士族的歧视、轻蔑，故专注于修史，撰成《华阳国志》。《华阳国志》是第一部完整记叙了西南地区的从古到今的历史、地理、人物等内容的方志著作，被誉为我国现存最早的方志之一。

常骞（生卒年不详），字季慎，晋蜀郡江原（当时大邑境属江原）人。常骞治《毛诗》、三《礼》，以清尚知名。州辟部从事，郡请功曹。为郎中令。预讨赵王司马伦有功，封关内侯。迁魏郡太守。以中原丧乱，固辞。拜新都内史，徙湘东太守，以疾未拜。年六十八卒。

常宽（生卒年不详），字泰恭，晋蜀郡江原（当时大邑境属江原）人。父亲常廓，字敬业，以明经著称，早亡。常宽阖门治学，治《毛诗》、三《礼》《春秋》《尚书》，尤喜读《大易》。博涉《史记》《汉书》，强识多闻，而谦虚清素，与俗殊务。精研著述，曾经依孟阳宗、卢师矩，著有《典言》五篇，撰《蜀后志》及《后贤传》，又续陈寿的《耆旧》一书作《梁益篇》，凡所著述诗、赋、论、议二十余篇。后卒于交州。

高玩（生卒年不详），字伯珍，晋蜀郡江原（当时大邑境属江原）人。少时受学于太常杜琼，学术技艺精深巧妙，博闻强识，为人清正高尚，生活简单朴素。少时与犍为李密齐名，官位名望相同。蜀汉时期，益州征辟他为别驾从事，后历任尚书郎，大将军主簿，太子洗马。蜀亡后仕晋，被考察举荐为孝廉，担任曲阳县令。玩单车到县任职，下令让县里的纲纪（即功曹）不要派人迎接。凭借明晓天、地、人三才被征入朝担任太史令，送别的人也依照高玩的要求送别不出县界，朝廷听说了称赞他。而就在朝廷议论要好好重用他的时候，高玩病逝。

费孝先（生卒年不详），北宋邛州安仁（今四川省成都市大邑县）人。通轨革、卦影之术。其术以《周易》占筮，再以图画描绘其结果，所画皆唐衣冠，所占禄位亦唐官。有时也以一字决吉凶。仁宗至和（1054—1055）初游青城董正图学舍，坏其竹林，欲偿其值。正图曰："成败有数，何偿焉。"孝先视其侧，见所书月曰："某年某月日为费孝先所坏。"遂大惊叹，因从学于董正图，受《易》学，后以术名天下。

刘养贞（生卒年不详），字念衡，明邛州大邑（今四川省成都市大邑县）人。崇祯四年（1631）辛未科进士。官湖广汉阳府推官，升兵部武选司主事。崇祯十七年（1644），李自成破北京，崇祯自缢殉国。三月二十日，刘养贞在茶庵痛哭崇祯帝，未被追究。李自成失败逃遁后，刘养贞隐姓埋名，卖卜都门，病逝于北京。著有《选盅遗象义用九用六解》《大易图解》。

二 科名卓越

科举之典，文武并重。大邑山川灵秀，良才辈出，自宋迄清，科名极盛。又大邑民风尚武，武科之隆，亦可谓蜀中之首。大邑重视文教，从宋朝起涌现出多位才华横溢的进士。《（光绪）大邑县志》记载，宋朝大邑县进士有计用章、詹曰权、计良辅、计有功、张□[①]共5人，其中良辅为用章子、有功为良辅子，计氏家族三代进士，其家学渊源之深厚可想而知。明朝有进士张思诚、刘选、刘秉仁、左缙、刘养贞共5人，举人（考中乡试者）有张添奇、但存礼、左隆、张才举、徐兴等共42人，贡生（贡生相当于举人副榜）有王巽、何如仁、度尚德、彭永言等12人，武举有余玢、王来2人，可见明朝大邑科举取士的盛况。至清朝各科人数更多，著名者如康熙六十年（1721）进士及第甘曰懋，官至户部主事；乾隆二十一年（1756）陶成模进士及第；道光二十七年（1847）进士伍肇龄，官至翰林院编修等。《（民国）县志》载邑人（及宦游于此者）的著述，亦可谓琳琅满目、彬彬之盛。大邑风景宜人、物资富饶、书院林立、文化底蕴深厚，为发展教育提供了各方面便利条件，因而人才辈出、生生不息，这正是大邑地方文化创新发展的优势与动力。下面，将见诸史志的大邑历代科考情况进行初步统计，以见济济多士盛况之一斑。

1. 大邑进士（18人）

（1）宋朝进士：计用章、计良辅、计有功、詹曰权、张□。

（2）明朝进士：张思诚、刘秉仁、刘养贞、刘选、左缙。

[①] 张简之父，名字损脱，见《魏鹤山文钞》（据大邑县地方志编纂委员会办公室编《民国大邑县校注》，巴蜀书社2017年版，第171页）。

（3）清朝进士：文科进士甘曰懋（康熙年间）、伍肇龄（道光年间）；武科进士胥安邦（道光年间）、洪发超（咸丰年间）、李成勋（光绪年间）、严大琛（光绪年间）、杨有奎（光绪年间）、李升高（光绪年间）。

2. 大邑举人（205人）①

表 10-1　　　　　　　　大邑县明清举人统计表②

	文　举		武　举	
明朝	洪武二十九年丙子科	八人		
	永乐十五年丁酉科	二人		
	永乐十一年癸卯科	十二人		
	宣德七年壬子科	一人		
	宣德十年乙卯科	一人		
	正统十二年丁卯科	一人		
	景泰七年丙子科	二人		
	成化四年戊子科	一人		
	成化七年辛卯科	五人		
	正德五年庚午科	一人		
	嘉靖元年壬午科	三人	嘉靖间	二人
	万历四十六年戊午科	四人		
	天启七年丁卯科	一人		
	合计明朝举人共四十四人			

---

① 由于举人、贡生较多，为便行文，这里仅列人数。
② 此表人数据（清）宋载纂修《（乾隆）大邑县志》卷二，第121—127页。及大邑县地方志编纂委员会《（民国）大邑县志》卷十一，第171—190页。

续 表

	文 举		武 举	
清朝	康熙年间	六人	康熙年间	二人
	雍正年间	无	雍正年间	一人
	乾隆年间	十人	乾隆年间	八人
	嘉庆年间	三人	嘉庆年间	九人
	道光年间	四人	道光年间	二十四人
	咸丰年间	三人	咸丰年间	二十五人
	同治年间	五人	同治年间	十二人
	光绪年间	九人	光绪年间	四十人
	合计清朝举人共一百六十一人			

据上表，大邑县进士见于记载始于宋代，至清朝人数逐渐攀升，累积产生进士18人，其中清朝以武科进士为主，占清朝大邑县进士总数的75%。大邑县举人在明清两代合计205人，总体亦程增长趋势。明代，永乐十一年（1413）举人数量最多，占明代大邑县举人总数的27%；清代光绪年间（1875—1908）大邑举人数量激增，尤以武科成就突出，武举人数占光绪年间举人总数的81.6%。从清代整个四川地区科举情况看，清代四川考中进士425人[1]，举人7652人[2]，而大邑县共考中进士8名（占1.9%）、举人215名（占2.8%），为蜀地科举成绩作出了一定贡献。

---

[1] 涂文涛主编：《四川教育史》，四川教育出版社2007年版，第161页。
[2] 贾大泉、陈世松主编：《四川通史·卷6·清》，四川人民出版社2010年版，第551页。

三 重教崇学

大邑历代科名卓越,清代更达极盛,如此成就与大邑重教崇学之风密不可分。清乾隆十一年(1746),宋载始任大邑县令,因他治县有方,大邑文化教育从明末清初的凋敝中渐渐兴旺起来。宋载十分推崇在大邑教化民众,从办学兴文教开始,培育人才、实绩颇著,经他捐俸修建、改设的学校就有三所。宋载在其编纂的《(乾隆)大邑县志》卷一中自述了捐建始末:

> 余治邑十年,覃心教养。近日,文明风渐有可观,士习亦颇知自爱。岁科童试,几及千人。每念县城虽建有鹤鸣书院,而南乡离城窎远,俊秀子弟有不尽来学者。适有老保寺,居南乡之中,里人以僧徒败检,游荡逋逃,邻众领之。遂群相戒警,易复招僧。众议将寺田裁归书院,以宏外育,吁请于官,此士民崇儒重道之美举也。因具状关于上宪,即其寺改为文明书院。众庶悦豫,士类欢腾。惟是寺僧尚有老病残废者二人,姑留寺田三分之一,每年酌给谷石,养其余年。嗣后,恪循定议,不复招僧,此田永留为修理公用,令士民经理其事,岁底报销存案,余田悉归鹤鸣、文明两书院。每岁延师修脯及邑城自远来学者,酌给膏火之需。自是,远近孩童执经受业者,济济称盛云。①

以上内容讲述的是,宋载到任十年之间,大邑县崇学之风渐兴。此前修建的鹤鸣书院主要解决了城中子弟读书问题,但南乡因路途遥远,未能满足其地学子。恰逢南乡寺庙出现问题,经众议改设为文明

---

① 大邑县地方志编纂委员会办公室:《(乾隆)大邑县志校注》,内部发行1998年版,第51页。

书院，此项决定当时得到广泛支持。宋载利用捐俸及寺中田产，妥善处理了寺中遗留僧人赡养问题，并为书院聘请教师及外来学生津贴等费用作出了合理规划。正是由于县令宋载的一系列重教措施，清代大邑县呈现出"市有弦歌之声，野无相翔之子，士崇实学，儒尚纯修"[①]的教育盛况。

胡昭曦先生《四川书院史》提到："在四川地区，唐代已有书院的名称，也大多是文人学者个人的读书场所。宋代以后，四川地区的书院有明显发展，不仅数量有所增加，而且具备了社会教育功能，形成了制度并逐渐完善，在全国的书院教育中名列前茅，占有重要地位……四川地区书院数量居于当时全国书院数量的序次为：唐、五代时居第4位，宋代居第6位，元、明两代均在第10位以后，清代居于第2位。"[②] 清代书院发展迅速，特别是当进步人士主张维新变法思想影响全国文教、要求改革教育时，传统教育模式中的书院也在随着发生与时俱进的变化，直到清朝末年废书院，开办新学，一千多年的书院才最终退出历史舞台。四川地区的书院数量从明代全国10位之后，在清代上升到第2位，可以说是数量空前增多。尤其是建立尊经书院后，四川的书院开始受到维新思想的影响进行改革，在四川的教育史上有着十分重要的意义。明清时期，成都拥有众多书院，如著名的锦江书院（旧名文翁石室）、芙蓉书院、墨池书院、少城书院、尊经书院（主事张之洞）等。大邑县在清朝也有多所著名书院，成为培养杰出人才的摇篮，在山清水秀之间、回荡着朗朗诵读之音，历经明清两朝成为四川书院史不可或缺的部分。

---

① 大邑县地方志编纂委员会办公室：《（民国）大邑县志校注》，巴蜀书社2017年版，第204页。

② 胡昭曦：《四川书院史》，四川大学出版社2006年版，第6页。

1. 文庙

文庙在时大邑县城南，最初为明正统年间（1436—1449）县令冯泰修建。明万历（1573—1620）间为洪水所毁，由时任县令刘腾生重建。此后清朝诸任县令均对文庙进行过不同程度的修缮，但"岁久倾颓，终不坚固"[1]，直至乾隆十二年（1747），宋载捐俸为文庙厚筑墙垣，修浚泮池宫墙并规定招收学员的名额，"取进武生各八名，廪膳生员二十名，增广生员二十名，文武生员约计二百余名"[2]。

2. 鹤鸣书院

鹤鸣书院（县学）在时大邑县城驻地正南街，清乾隆十一年（1746）宋载到任县令后，捐俸修建此书院，此后每年亦捐俸修缮，附近生员"负籍而来者咸景从焉"[3]。《（乾隆）大邑县志》载："鹤鸣书院，在县治正南街，乾隆十一年，邑令宋载建。每岁捐俸延师课，生童负笈而来者成景从焉。"宋载是大邑县政绩卓然的县令之一，他亲自走访各处、考察县情，出资修建书院，每年拿出自己的部分俸禄捐给书院，用作延请讲师开展教学的经费。于是，当地及周边志在仕途、心怀抱负的读书人便背着书前来听讲受教，一时好学讲习蔚然成风，便有"影从"之盛况。

3. 文明书院

文明书院在时大邑县南五十余里，旧为老保寺。清乾隆二十年（1755），宋载捐俸将此地改建为文明书院。此外，大邑还有如下书院：

---

[1] 大邑县地方志编纂委员会办公室：《（乾隆）大邑县志校注》，内部发行1998年版，第51页。
[2] 大邑县地方志编纂委员会办公室：《（乾隆）大邑县志校注》，内部发行1998年版，第51页。
[3] 大邑县地方志编纂委员会办公室：《（乾隆）大邑县志校注》，内部发行1998年版，第51页。

丽泽书院。在大邑县南45里观音寺，乾隆年间知县宋载建。

正业书院。在大邑县南45里梵龙寺，乾隆年间知县宋载建。

青霞书院。在县东20里宝珠寺。后析为二，一设西关法相寺，二仍原处。（据《（光绪）大邑县志》记载，道光二十二年，知县张如海析青霞为二，添设青云书院。）

文明书院。在大邑县南50里老宝寺旧址，乾隆二十年（1755）知县宋载建。

文晖书院。在大邑县南20里福田寺，嘉庆二十二年（1817）知县李大经建。

毓琇书院。在大邑县北法海寺，道光六年（1826）知县徐凝建。

启秀书院。在大邑县，道光六年（1826）知县徐凝建。

育才书院。在大邑县，道光六年（1826）知县徐凝建。

育英书院。在大邑县南韩家场皇王寺，道光十八年（1838）知县朱才煌建。

养正书院。在大邑县，道光十八年（1838）知县朱才煌建。

文澜书院。在大邑县南关外观音阁，道光二十二年（1842）知县张如海建。

绿云书院。在大邑县东绿云观，同治四年（1865）知县徐震翱建。

平云书院（县学）。在大邑县治东南隔仓厫菜园，光绪二十三年（1897）建。[①]

以上书院除鹤鸣书院、平云书院为县学外，其余书院为乡学。据1991年版《大邑县志》载，除以上书院教学外，大邑私塾也很兴盛。"清光绪十八年至宣统二年（1892至1910），李劼人在家中办愿学堂，

[①] 以上书院，转引自（清）宋载纂修《（乾隆）大邑县志》卷之一"学校"；（清）赵霨纂修《（光绪）大邑县志》卷九"学校志"；及四川省大邑县志编纂委员会《大邑县志》（第626页，1992年版）、《成都市志·教育志》（第75页，四川人民出版社2000年版）。

教《四书》《五经》和周、程、朱、张之学，韩、柳、欧、苏之文。清末，傅春宣、傅春明弟兄在鹤鸣山老君殿设馆，民国5年停办。17年，在县城西街三皇阁、南街南华宫、东街东岳庙办第一、二、三育英小学，课程设置与公立小学基本相同，是当时的改良私塾。18年，傅春明续办鹤鸣学校，后迁至其家，改为惜阴学校。分青、少年班，青年班教《四书》《五经》，少年班教国文、修身，其后也教算术课。19年，第一、三育英小学停办，第二育英小学改为私立晋原小学，同年，李劼人办的德育学校停办。自29年新县制规定国民教育后，县政府下令对私塾严格管制，取缔不合格的私塾。34年，藉江乡有私塾4所，下令取缔3所。同年，傅春明在家办的鹤鸣学校停办。解放后，1950年上期，全县尚有私塾80多所。1950年下期为29所，1951年全部停办。"[1]

四　著述渊懿

自晋迄清，大邑人著述颇丰，见于著录者计有二十八种。

表10-2　　　　　　　　大邑历代典籍一览表[2]

四部	著述	卷数	时代	撰人
经部	《易义略》	九卷	宋	张简
	《易问难》	二十卷	宋	张简
	《易遗象义》	不详	明	刘养贞
	《易筮考究》	四卷	清	齐奭
	《左传摘要》	不详	清	余熙志

---

[1] 四川省大邑县志编纂委员会：《大邑县志》，四川人民出版社1992年版，第626页。
[2] 此表据大邑县地方志编纂委员会办公室《（民国）大邑县志》（巴蜀书社2017年版）卷六《艺文志》整理，第112—136页。

续　表

四部	著述	卷数	时代	撰人
史部	《蜀后志》(《蜀志》)	不详	晋	常宽
	《后贤传》	不详	晋	常宽
	《梁益篇》	不详	晋	常宽
	《华阳国志》	十二卷	晋	常璩
	《汉之书》	十卷	晋	常璩
	《蜀李书》	九卷	晋	常璩
	《史钞》	不详	宋	计有功
	《晋鉴》	不详	宋	计有功
	《(乾隆)大邑县志》	四卷	清	宋载
	《歼贼日记》	一卷	清	汪㴑
	《重修大邑县志》	十八卷	清	赵霖
子部	《典言》	五篇	晋	常宽
	《百药尔雅》	二卷	唐	梅彪
	《则古录》	不详	清	齐骎
	《明伦考镜录》	不详	清	汪㴑
	《学庸俗话》	十三卷	清	查体仁
集部	《诗赋论议》	二十余篇	晋	常宽
	《迂遗集》	十三卷	宋	计用章
	《唐诗纪事》	八十一卷	宋	计有功
	《清溪吟稿》	不详	宋	计孝聃
	《乘余集》	不详	清	余熙志
	《邑志补遗》	十二卷	清	汪㴑
	《青屏山房诗文全集》	八卷	清	汪㴑

以下对其中部分典籍做简略提要，并摘录历代目录学著作中的相关题解①：

1. 《蜀后志》

《蜀后志》一卷，又作《蜀志》，东晋常宽撰，记述汉末至魏晋时期蜀地的情况及战乱的历史，久佚。清章宗源《隋书经籍志考证》卷六："《蜀志》一卷，东京武平太守常宽撰。常璩《大同志》曰：'族祖武平府君、汉嘉杜府君并作《蜀后志》，书其大同及其丧乱。'《西州后贤志》曰：'武平府君撰简授翰，拾其遗阙，然但言三蜀，巴汉未列，又务在举善，不必珍异。'"② 清姚振宗《隋书经籍志考证》卷二十一："《大同志》序曰：'族祖武平府君作《蜀后志》，书其大同及其丧乱，然逮在李氏，未相条贯，又其始末有不详第。'"③

2. 《华阳国志》

《华阳国志》又作《华阳国记》，晋常璩撰。此书历代著录卷数不一，有十二卷、三卷、十三卷、二十卷等说。"华阳"一名，始见《尚书·禹贡》："华阳黑水为梁州。"即说梁州北至华山之阳，西至黑水之滨，《华阳国志》所记地区为《禹贡》九州之梁州，其地因在华山之阳、汉水之南而得名为"华阳"。是书记载公元4世纪中叶以前，今四川、重庆、云南、贵州三省一市以及甘肃、陕西、湖北部分地区的历史、地理。《华阳国志》全书十二卷，约十一万字，内容大体由三部分组成：一至四卷主要记载巴、蜀、汉中、南中各郡的历史、地理，其中也记载了这一地区的政治史、民族史、军事史等，但以记地理为主，

---

① 大邑县地方志编纂委员会办公室所据《（民国）大邑县志》卷六《艺文志》著录邑人著述今多散佚，这里仅取较著者撰写提要。
② （清）章宗源撰，项永琴、陈锦春、郑民令整理：《二十五史艺文经籍志考补萃编（第十四卷）·隋书经籍志考证》，清华大学出版社2012年版，第125页。
③ （清）姚振宗撰，刘克东、董建国、尹承整理：《二十五史艺文经籍志考补萃编（第十四卷）·隋书经籍志考证》，清华大学出版社2012年版，第927页。

类似"正史"中的地理志;五至九卷则以编年体形式记载了割据巴蜀的公孙述、刘焉刘璋父子、刘备刘禅父子和李氏成汉四个割据政权以及西晋统一时期的历史,这部分类似"正史"中的本纪;十至十二卷记载了梁、益、宁三州从西汉至东晋初年的"贤士列女",相当于"正史"中的列传。

《华阳国志》体制完备,考证翔实,内容丰富,史料可靠,自成书以来,就得到历代学者的高度评价和推崇,也被公认为是最早的地方志。唐代刘知几在《史通·杂述》中说:"郡书者,矜其乡贤,美其邦族。施于本国,颇得流行;至于他方,罕闻爱异。其如常璩之详审……而能传诸不朽,见美来裔者,盖无几焉。"[①] 北宋吕大防在《华阳国志·序》中评价:"蜀记之可观,未有过于此者。"[②] 明代张四维《华阳国志·序》:"璩本翰墨世家,目觌李氏僭乱之祸,故述方志,其于废兴分合之际,得失之源,每每致详焉。"[③] 清代顾广圻《校刊华阳国志序(代廖运使寅)》:"唐以前方志存者甚少,惟《三辅黄图》及晋常璩《华阳国志》最古。"[④] 清代刘光谟《高石斋文钞·县志分篇议》指出:"方志之书,始于吾蜀。《华阳国志》,其鼻祖也。"[⑤] 梁启超《说方志》评价:"现存之《华阳国志》,虽叙政治沿革居十之七八,然亦分郡县记其交通险塞、物产土俗、大姓豪族兼及先贤士女之传记,实后世方志之权舆矣"[⑥]。刘琳在《华阳国志校注》中指出:"《华阳国志》是我国现存的一部最早的、比较完整的地方志。"[⑦] 杜泽

[①] (唐)刘知几:《史通》,上海古籍出版社2008年版,第198页。
[②] (晋)常璩撰,任乃强校注:《华阳国志校补图注》,上海古籍出版社1987年版,第741页。
[③] (明)张四维:《条麓堂集》,明万历刻本,卷二十,第359页。
[④] 杨翼骧、孙香兰主编:《清代史部序跋选》,天津古籍出版社1992年版,第85页。
[⑤] (清)刘光谟:《射洪县修志议》,《高石斋文钞》,光绪十年富顺刻本,第367页。
[⑥] 梁启超:《梁启超全集》第七册,北京出版社1999年版,第4278页。
[⑦] (晋)常璩撰,刘琳校注:《华阳国志校注》,巴蜀书社1984年版,第1页。

逊也认为《华阳国志》是"现存最早的地方志"。① 徐广的《晋记》，范晔的《后汉书》，裴松之的《三国志注》，刘昭的《续汉志注》，李膺的《益州记》，郦道元的《水经注》，贾思勰的《齐民要术》，唐初修的《晋书》以及司马光的《资治通鉴》等著作，都有大量记载取材于《华阳国志》。足见《华阳国志》具有极高的文献价值，是研究古代西南地方史和西南少数民族史以及蜀汉、成汉的一部重要史料。

历代目录题解举隅：

（1）宋晁公武《郡斋读书志》卷二："《华阳国志》十二卷。右晋常璩撰。华阳，梁州地也。记汉以来巴蜀人物。吕微仲跋云：汉至晋初四百载间，士女可书四百人，亦可谓盛矣。复自晋至周显德仅七百岁，而史所纪者无几人，忠魂义骨，与尘埃同没，何可胜数，岂不重可叹哉！"②

（2）宋陈振孙《直斋书录解题》卷五："《华阳国志》二十卷。晋散骑常侍蜀郡常璩道将撰。志巴蜀地理、风俗、人物及公孙述、刘焉、刘璋、先后主以及李特等事迹。末卷为序志，云肇自开辟，终乎永和三年。"③

（3）《四库全书总目提要》卷六十六："《华阳国志》十二卷，《附录》一卷，浙江汪启淑家藏本，晋常璩撰。璩，字道将，江原人，李势时官至散骑常侍。《晋书》载劝势降桓温者，即璩盖亦谯周之流也。《隋书·经籍志》霸史类中，载璩撰《汉之书》十卷、《华阳国志》十二卷。《汉之书》《唐志》尚著录，今已久佚，惟《华阳国志》存，卷

---

① 杜泽逊：《文献学概要》，中华书局2001年版，第336页。
② （宋）晁公武撰，孙猛校证：《郡斋读书志》，上海古籍出版社1990年版，第276页。
③ （宋）陈振孙撰、徐小蛮、顾美华点校：《直斋书录解题》，上海古籍出版社1987年版，第143页。

数与《隋志》《旧唐志》相合，《新唐志》作十三卷，疑传写误也。其书所述，始于开辟，终于永和三年。首为《巴志》，次《汉中志》，次《蜀志》，次《南中志》，次《公孙刘二牧志》，次《刘先主志》，次《刘后主志》，次《大同志》。大同者，纪汉、晋平蜀之后事也。次李特、雄、期、寿、势《志》。次《先贤士女总赞论》，次《后贤志》，次《序志》，次《三州士女目录》。宋元丰中，吕大防尝刻于成都，大防自为之序。又有嘉泰甲子李㙛序，称吕刻刓阙，观者莫晓，所谓尝博访善本以证其误，而莫之或得。因摭《两汉史》、陈寿《蜀书》《益部耆旧传》互相参订，以决所疑。凡一事而前后失序、本末舛迕者，则考正之；一意而词旨重复、句读错杂者，则刊而去之。又第九卷末有㙛附记，称'李势志传写脱漏'，续成以补其阙。则是书又于残阙之余，李㙛为之补缀窜易，非尽璩之旧矣。㙛刻本世亦不传，今所传者惟影写本。又有何镗《汉魏丛书》、吴管《古今逸史》及明何宇度所刊三本。何、吴二家之本，多张佳允所补江原常氏《士女志》一卷，而佚去《蜀中士女》以下至《犍为士女》共二卷。盖㙛本第十卷分上中下，镗等仅刻其下卷也。又惟后贤志中二十人有赞，其余并阙。㙛本则蜀郡、广汉、犍为、汉中、梓潼士女一百九十四人各有赞。宇度本亦同。盖明人刻书，好以意为刊削，新本既行，旧本渐泯，原书遂不可觏。宇度之本从㙛本录出，此二卷偶存，亦天幸也。惟㙛本以《序志》置于末，而宇度本升于简端。考㙛序，称首述巴中南中之风土；次列公孙述、刘二牧、蜀二主之兴废，及晋太康之混一，以迄于特、雄、寿、势之僭窃；以西汉以来先后贤人，梁、益、宁三州士女总讚，序志终焉。则序志本在后，宇度不知古例，始误移之。又《总赞》相续成文，㙛序亦与序志并称，互别为一篇，而㙛本亦割冠各传之首，殊不可解。殆如毛公之移《诗序》、李鼎祚之分《序卦传》乎，今姑从㙛本录之，而附著其改窜之非如右。其张佳允所续常氏士女十九人，亦并从何镗、吴管二本录入，以补璩之遗焉。"①

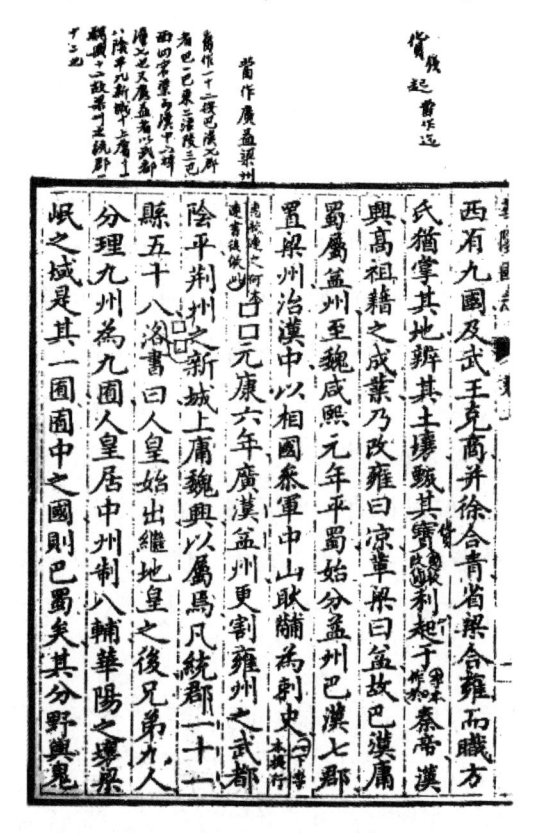

图 10－1　清乾隆四十六年四川李调元刻《函海》本《华阳国志》书影

3.《汉之书》

《汉之书》十卷，又名《蜀李书》，东晋常璩撰，记十六国时期李氏在蜀建立政权（初称成，后改称汉）史事，已佚。今有清汤球辑本，收入《广雅书局丛书》。

历代目录题解举隅：

（1）清章宗源《隋书经籍志考证》卷四："《汉之书》十卷，常璩

---

① （清）爱新觉罗·永瑢等撰：《四库全书总目》，中华书局1965年版，第582页。

撰。《颜氏家训·书证篇》曰：'《蜀李书》一名《汉之书》。'《史通·外篇》曰：'蜀初号曰成，后改称汉。李势散骑常侍常璩撰《汉书》十卷，后入晋秘阁，改为《蜀李书》。'陆氏《经典释文·序录》："蜀才姓范，名长生，一名贤。隐居青城山，自号蜀才。李雄以为丞相。《艺文类聚·鸟部》：'武皇帝雄泰成三年，白鸟亦足来翔，范贤曰："必有远人怀惠。"果关中流民请降。'《太平御览·人事部》：'贾夷，字景叔，梓潼人。少仕晋，中原丧乱，归国。武帝素闻夷名重，皇子雅生，因名贾夷。'又：'武帝雄，字仲隽，相工相之曰："位必过三公不疑。"有刘化者，道术士也。每语乡里，李仲隽有大贵之表，终为人主也。'又：'武帝母方娠，梦双蛇自门升天，一蛇中断。'《珍宝部》：'武帝诸将进金银，或以得官，杨褒谏，帝谢之。'《咎征部》：'哀帝即位，有白气一道带天，望气者言宫中有伏兵。'共七事，皆称《蜀李书》。《新唐志》有《蜀李书》九卷，《旧志》入编年类。又有《汉之书》十卷，重出。"[1]

（2）清姚振宗《隋书经籍志考证》卷："《汉之书》十卷，常璩撰。《晋书·叛逆传》：'桓温伐蜀，李势降温，停蜀三旬，举贤旌善，伪散骑常侍常璩等，皆蜀之良也，并以为参军。'《晋书·载记》：'李特字玄休，巴西宕渠人。其先廪君之苗裔也。'又曰：'始，李特以惠帝太安元年起兵，凡六世。特弟流，特子雄，雄子班，班弟期。又李氏诸子寿，寿子势。四十六年，以穆帝永和三年灭。'《史通·正史篇》：'蜀初号曰成，后改称汉。李势散骑常侍常璩撰《汉书》十卷，后入晋秘阁，改为《蜀李书》。'《颜氏家训·书证篇》曰：'《蜀李书》，一名《汉之书》。'《唐书·经籍志》：'《蜀李书》九卷，常璩撰。'《唐书·艺文志》：'常璩《汉之书》十卷，《蜀李书》九卷。'

---

[1]（清）章宗源撰，项永琴、陈锦春、郑民令整理：《二十五史艺文经籍志考补萃编（第十四卷）·隋书经籍考证》，清华大学出版社2012年版，第82—83页。

《四库提要》载记类曰：'璩字道将，江原人。李势时，官至散骑常侍。《晋书》载劝势降桓温者即璩，盖亦谯周之流也。《隋经籍志》霸史类中，载璩撰《汉之书》十卷。《唐志》尚著录，今已久佚。'章氏《考证》：'陆氏《经典·序录》，《艺文类聚·鸟部》，《御览·人事部》《珍宝部》《咎征部》共引七事，皆称《蜀李书》。《新唐志》，《蜀李书》九卷，又有《汉之书》十卷重出。按《通志·艺文略》作《汉志书》，不详所据，殆臆改也。"①

4. 《百药尔雅》

《百药尔雅》一卷，唐梅彪撰，今佚。梅彪自小习医，读遍医籍。在长期的医疗实践中，发现古代医学著作中的药方，用药均为隐名，且各家著作、各种版别，药物称谓又不相同，故常常弄错，由此发生的医疗事故屡见不鲜。为此，梅彪用毕生的精力，八方求教，详加搜求考证，仿照晋郭璞《尔雅》的体例，撰成《百药尔雅》六编，勒成一卷，于宪宗唐元和元年（806）付梓刊行。《百药尔雅》是我国历史上最早的规范化药物辞典。

5. 《唐诗纪事》

《唐诗纪事》八十一卷，南宋计有功撰。是书共收录自唐初至唐末三百年间一千一百五十位诗人的部分诗作；全书按年代顺序分人编排，凡诗人事迹可考者，多具生平简历；于诗，或录全篇，或摘佳句，或记本事，或采轶闻，内容丰富、详略适当。既是唐代诗歌总集，又是唐宋有关诗评的汇编，为唐诗研究提供了宝贵的资料。明胡震亨评价："计氏此书，虽诗与事迹、评论并载，似乎诗话之流，然所重在录诗，故当是编辑家一巨撰。收采之博，考据之详，有功于唐诗不细。"②

---

① （清）姚振宗撰，刘克东、董建国、尹承整理：《二十五史艺文经籍志考补萃编（第十五卷）·隋书经籍考证》，清华大学出版社 2012 年版，第 649—650 页。

② （明）胡震亨：《唐音癸签》，上海古籍出版社 1981 年版，第 323 页。

《唐诗纪事》存世最早版本为南宋嘉定十七年（1224）王禧刻本，明嘉靖二十四年（1545）洪楩清平山堂又据此翻刻，为《四库全书》底本；1965 年中华书局出版洪楩刻本点校本；1989 年巴蜀书社出版王仲镛《唐诗纪事校笺》。

历代目录题解举隅：

（1）清嵇璜《续文献通考》卷一百九十八："计有功《唐诗纪事》八十一卷。有功，字敏夫，安仁人。绍兴中提举两浙西路常平茶盐公事。臣等谨案，是集于唐一代诗人录至一千一百五十家，详其世系爵里，唐人诗集不传于世者多赖是以存。"[1]

（2）《四库全书总目提要》卷一百九十五："《唐诗纪事》八十一卷（江苏巡抚采进本），宋计有功撰。有功，字敏夫，其始末未详。李心传《建炎以来系年要录》载：'绍兴五年秋七月戊子，右承议郎、新知简州计有功提举两浙西路常平茶盐公事。有功，安仁人，张浚从舅也。'又考郭印《云溪集》，有和计敏夫《留题云溪诗》曰：'知君绝学谢芸编，语默行藏不碍禅。亲到云溪重说偈，天开地辟见纯全。"则敏夫为南渡时人。详印诗意，盖耽味禅悦之士。而是集乃留心风雅，采撷繁富，於唐一代诗人，或录名篇，或纪本事，兼详其世系爵里，凡一千一百五十家。唐人诗集不传於世者，多赖是书以存。其某篇为某集所取者，如《极玄集》《主客图》之类亦一一详注。今姚合之书犹存。张为之书独藉此编以见梗概，犹可考其孰为主，孰为客，孰为及门，孰为升堂，孰为入室，则其辑录之功，亦不可没也。惟其中多委巷之谈。如谓李白微时曾为县吏，并载其牵牛之谑、溺女之篇。俳

---

[1]（清）嵇璜、曹仁虎纂修：《续文献通考》，清浙江书局本，第一百九十八卷，第 3172a 页。

谐猥琐，依托显然，则是榛楛之勿翦耳。"①

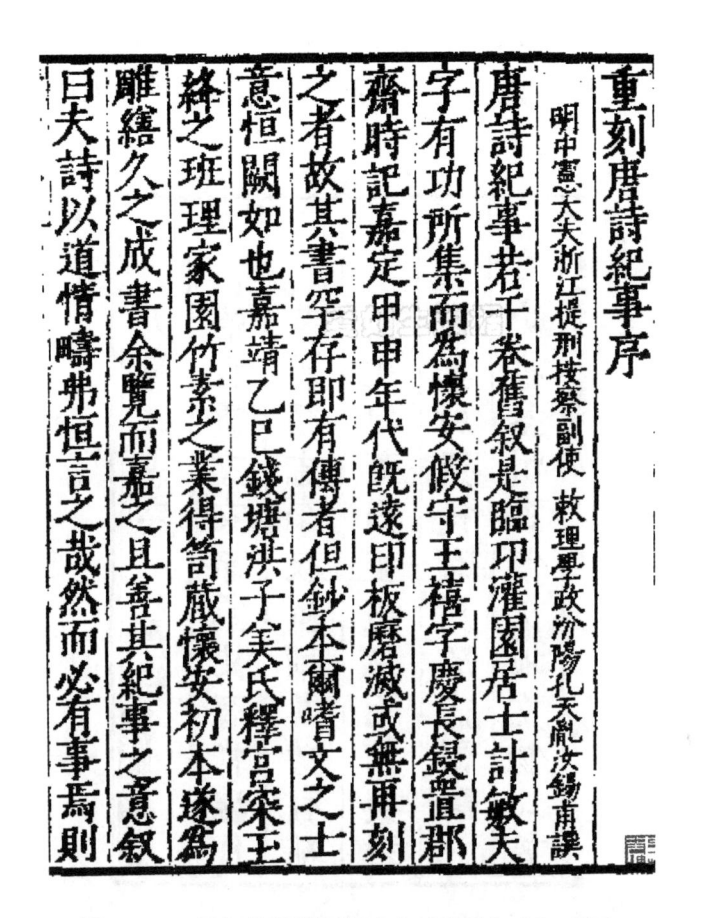

图 10-2　四部丛刊景明嘉靖本《唐诗纪事》书影

6.《(乾隆)大邑县志》

《(乾隆)大邑县志》四卷，清宋载撰。宋载于清乾隆十一年（1746）始任大邑县令，《(乾隆)大邑县志》是宋载在任县令时纂修的方志。全书共分四卷，即星躔志、秩官、古迹和艺文。是书

---

① （清）爱新觉罗·永瑢等：《四库全书总目》卷一九五，中华书局1965年版，第1779页。

最早版本为清乾隆十四年（1749）刻本；2001 年海南出版社又以影印的《故宫珍本丛刊》本为底本、大邑县所藏抄配本为校本，对其进行标点、校勘、注释等工作；2019 年巴蜀书社又据此进行整理、点校。

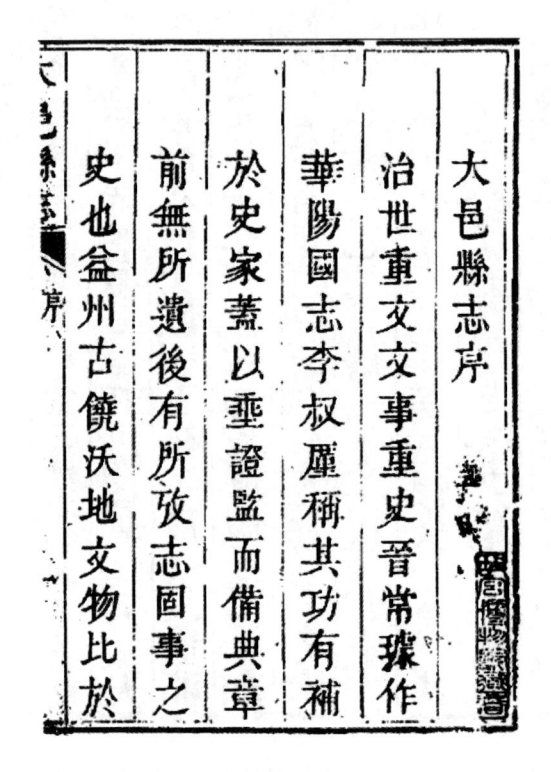

图 10 - 3　清乾隆十四年刻本《大邑县志》书影

7.《重修大邑县志》

《重修大邑县志》二十卷，又作《（同治）大邑县志》，清赵霦纂修。赵霦于清同治年间任大邑县令，期间召集士人编撰方志，并于同治六年（1867）刊行。清光绪二年（1876）、三十四年（1908）又在原刻版基础上增补相关内容重印了两次，是大邑县志中上承《（乾隆）大邑县志》、下启《（民国）大邑县志》的重要著作。该志共二十卷，十六卷和十八卷又分上中下三卷，实为二十四卷，分舆图、纪事沿革表、疆域志、山川志、古迹志、田赋志、风土志、建置志、学校志、祠庙志、寺观志、金石志、职官表、选举表、循吏传、列士传、列女传、艺文志、杂事志、序录，各门类记事较有条理，内容丰富。此县志不仅由官方组织人员进行编修，还吸取了乡绅汪潆这个地方志爱好者私撰志稿的内容，学术价值很高。相较于《(乾隆)大邑县志》而言，不但内容大量增加，而且在金石、艺文、人物传记三个方面，纠正了大量错谬。金石、艺文两部分收录的众多碑文、题诗，对大邑县的道教与佛教文化，对杨慎等历史名人的别集整理与研究，对雾中山、鹤鸣山的旅游文化资源开发，都有重要价值。

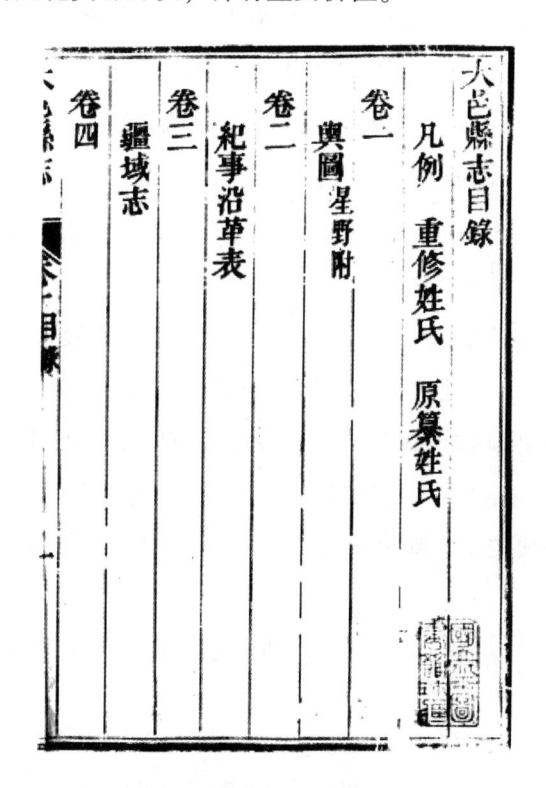

图10-4　清同治六年刻本《重修大邑县志》书影

第二节　盛极一时的唐宋蜀刻

一　唐宋蜀刻发展概况

　　蜀地出版业在历史上颇有盛名，雕印书籍约起于中唐年间。唐代雕版印刷术发明之后，蜀地的印刷业逐渐兴起。当时四川广大市民阶层一开始以雕版印刷作为传播文化的有效工具，将民间日常需要的一些通俗读物如日历、韵书一类进行雕印出版流通。四川最早刻印的历本多未能留存，现在仅见的有晚唐刻印的"乾符四年丁酉历书"一件和中和二年剑南西川成都府樊赏家刻印的"具注历"残页。唐懿宗咸通六年（865），日本入唐僧人宗睿留学中国，最后带回日本的若干杂书中，就有西川印子《唐韵》五卷及《玉篇》三十卷各一部。这里"西川印子"，亦即四川印本的古称。

　　唐末，蜀地的刻版印书随着经济、政治、文化发展日益增多。蜀地"杞梓如林，桑麻如织"，有着丰富的雕版用材资源与质地优良的印刷纸张原料，加之蜀地自古"人多工巧，绫锦雕镂之妙，殆侔于上国"[1]的传统，有力地促进了雕版印刷书籍的兴盛。及至五代，蜀地已经发展为享誉全国的印刷业中心。五代后唐的宰相冯道在建议国子监刻印《九经》时指出："尝见吴、蜀之人鬻印板文字，色类绝多，终不及经典。如经典校定，雕摹流行，深著于文教矣。"[2] 可见当时蜀地刻书风气之盛。

　　两宋时期，蜀刻达到前所未有的高度。北宋《旧五代史》："雕印

---

[1]　（唐）魏征等：《隋书》，中华书局1973年版，第830页。
[2]　（北宋）王钦若等编：《册府元龟》，中华书局2003年版，卷六〇八，明刻初印本，第28715页。

文字，唐以前无之，唐末益州始有墨版。"① 宋王应麟《困学纪闻》卷八引《国史·艺文志》："唐末益州始有墨板，多术数、字学小书。"② 宋人叶梦得《石林燕语》卷八："今天下印书，以杭州为上，蜀本次之，福建最下。"③ 宋代蜀刻可谓盛况空前，"蜀刻甲天下""蜀本宋最称善"的赞誉迄今仍为世人乐道，刻书地域也由成都、眉山、梓州扩大到安仁、临邛、广都、犍为、什邡、遂宁、泸州等地，由点到面向许多州县扩展。从版式特征上看，宋代蜀刻本字体遒劲方正，较易辨识，一般为白口，左右双栏，无书耳。蜀本计有八行、九行、十行、十一行、十二行、十三行、十四行等诸种行格，其中尤以八行、九行的大字本最为著名。一般八行十六字的蜀本字大如钱，版式朗明，世称蜀本"栏豁字大"即特指这类大字本；十一行、十二行的蜀本字体稍小，可称为中字本；十三行、十四行的蜀本则应以小字本名之。蜀本版心下端一般都有刻工姓名，刻工中且多一族同姓之人，如单氏、任氏、文氏等。④

13世纪中叶，元兵南下，首先攻占四川，蜀地经济、文化遭受浩劫，书籍、刻版也大多毁于战火，因此流传至今的蜀刻本远比浙江、福建本少，故而更显得格外珍贵。

二　安仁赵谏议家刻本《南华真经注》

官刻、家刻、坊刻是宋代蜀刻的三种主要形式，时大邑刻书曾以家刻本闻名。家刻本也称私刻本、家塾本、宅刻本或私宅本，指私家

---

① 薛居正：《旧五代史》，中华书局1976年版，第589页。
② （宋）王应麟著，（清）翁元圻等著，栾保群、田青松、吕宗力点校：《困学纪闻》，上海古籍出版社2015年版，第289页。
③ （宋）叶梦得著，（宋）宇文绍奕考异：《石林燕语》，商务书馆1941年版，第74页。
④ 顾廷龙：《唐宋蜀刻本简述》，载《顾廷龙全集》文集卷上，上海辞书出版社2015年版，第271页。

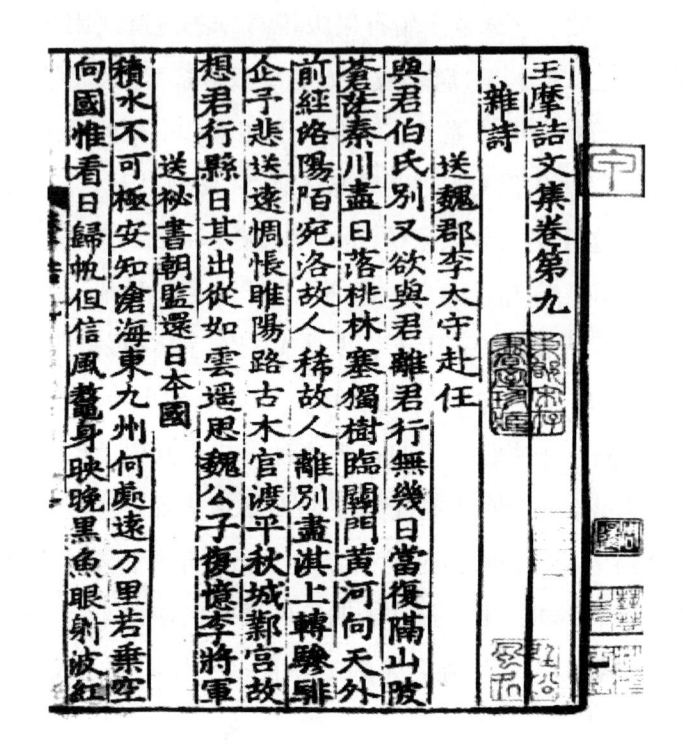

图 10-5　宋代蜀刻《王摩诘文集》书影

刻印的书，以别于官刻本和坊刻本。是不以贩书营利为目的的私人刻书，多为一些学者或文人出资刊印的书。比较著名的家刻本如宋蜀本《南华真经注》，现藏国家图书馆。是书版式特征为半叶九行，每行十五字，注双行三十字，白口，左右双栏，版心鱼尾下记"庄一""庄二"等字。每卷标题后第二行停格标篇名，第三行低七格题"郭象注"。注后附音释，或取陆德明《经典释文》而节略之，注音的各字又别以白文。宋讳玄、弘、殷、让、敬、匡、真、完、构、慎皆为字不成，当为宋孝宗时（1162—1189）所刻。版心刻工姓名多残损，可辨者有册成、张小四、张小八、程小六、李珍、赵顺、李上诸人，又有开、杨、邓、彦、亮等一字。末卷有牌子二行，文曰"安仁赵谏议宅刊行一样□子"，子上一字刓去，孙毓修云当为数目字，如"四子""六字"之类。① 傅增湘曾为此本题诗，作《题宋蜀本南华真经》十首，兹摘录全诗及傅氏按语：

其一

异本巾箱庋内廷，孟端妙赞墨花馨。宸题毕竟归天上，蓺火光腾引六丁。

其二

汴京古茂闽工丽，南北名刊璧合成。妙术留真传古逸，涵芬搜访到蓬瀛。

其三

双南华馆世知名，二美真堪阙尹邢。鄂刻海源推甲观，更留宋乙与筠清。

其四

纂园互注出麻沙，瞿陆双丁未足夸。听雨楼中歌得宝，郘亭经眼正訾查。

其五

赵氏新刊出蜀工，大书雅具柳颜风。流传孤帙无由见，校本先逢室砚翁。

其六

古椠蒙庄世所稀，蜀都新梓更瑰奇。穷搜薄录寻孤证，只有何焯弟子知。

其七

安仁旧属临邛郡，士族常高与李吴。刻梓何关文定事，寻缘或出赵龙图。

---

① （清-民）傅增湘：《藏园群书题记》，上海古籍出版社1989年版，第512—513页。

其八

瞥影惊飞三十年，追寻无迹记丹铅。谁知龙汉邅迴后，宝笈来归证古缘。

其九

其书显晦有前期，付托终归帝所思。桑海栖惶重出世，彼苍著意慰衰迟。

其十

破产收书计太痴，平生痼癖恐难医。河汾苦县同归箧，稽首长恩好护持。

此书半叶九行，每行十五字，注双行三十字，白口，左右双栏，避宋讳至慎字止。卷十后有牌子，文曰'安仁赵谏议宅刊行一样□子'二行。缪艺风前辈以为即《宋史》列传之赵安仁。然以文义审之，殊不合。今考安仁乃邑名，宋时属临邛郡，即今之大邑县。临邛大姓宋代有吴时、李绚、常安民、高稼诸家，而赵禼以边功拜龙图阁学士，此赵谏议者，或其族裔欤？①

据傅增湘按语，此本《南华真经注》为安仁县赵谏议家宅刻本，时安仁、大邑均对应今大邑县区域，属临邛郡，《宋史·地理志》："邛州，上，临邛郡，军事。崇宁户七万九千二百七十九，口一十九万三千三十二。贡丝布。县六：临邛、依政、安仁、大邑、蒲江、火井。"②赵谏议，生平不详，傅氏推测其为赵禼后人。傅增湘曾对《南华真经注》做过校勘，他指出："此本与世德堂本校勘，其异处与涵芬楼北宋本合。又世行本于《天运》篇中混入成玄英《疏》三十五字，从'夫至乐者'至'太和万物'。自宋末坊刻已然，而此本无之，是蜀本源于古本

---

① （清-民）傅增湘：《藏园群书题记》，上海古籍出版社1989年版，第1036页。
② （元）脱脱等：《宋史》，中华书局1985年版，第2212页。

审矣。"① 说明蜀刻本《南华真经注》具有较高的文献校勘及版本价值。

上述十首诗中,第五首写宋蜀本《南华真经》的精美绝伦。诗意说赵谏议刊刻的《南华真经》确实出自技艺高超的蜀刻工之手,且字大如钱,颇得颜柳书法神韵,为世所艳羡的"宋蜀大字本"。赵刻本为海内孤本,一般不易见到。诗人也是先见到了何义门弟子沈宝砚的手校本后,追本溯源,才发现赵谏议刻本的。全诗充满了对新发现的宋蜀本《南华真经》的喜爱、赞叹和作为蜀人的自豪之情。

第七首主要追溯刻本的主人及刊刻之地。据傅氏所考,此宋蜀本出自"安仁赵谏议宅刊本",于是作者就"安仁"与"赵谏议"进行考索,这也是目录版本学家关注的两个核心要素。诗人推论说:安仁(即今大邑县安仁镇)在宋时属临邛郡,"常、高、李、吴"为当地大族著姓,其中并没有赵姓啊(古代刻书花费颇巨,大家富户方能为之,故有此说)。有记载说此书之刊刻与张方平有关,我看未必。仔细推本寻源,赵尚曾因边功拜龙图阁学士,此赵谏议也许是他的同族后代吧?考索人物时地,形诸歌咏韵语,这是典型的学者之诗。此二诗之所以特别,并不在于它有多高的艺术技巧,而是它记载了天府文化的一个重大贡献——历代声名远扬的蜀中刊刻出版艺术。由此可见安仁出版印刷文化之发达。

三　临邛韩醇宅刻本《诂训柳先生集》

刻工是鉴定古籍版本的重要根据。据学者曹之统计,宋元时期,成都、眉山、临邛是蜀地刻工分布的三大主要地区。② 又据《天禄琳琅书目·茶宴诗注》,两宋私家刻书较著者有长沙赵淇,临邛韩醇,临安陈起、岳珂、廖莹中,建安勤有堂余氏,新安汪纲七家,其中韩醇可

---

① (清-民)傅增湘:《藏园群书题记》,上海古籍出版社1989年版,第513页。
② 曹之:《中国印刷术的起源》,武汉大学出版社2015年版,第546页。

谓临邛名噪一时的刻书家。

韩醇，字仲韶，邛州临邛郡（涵盖今大邑县区域）人。平生酷好韩、柳之文。宋孝宗淳熙间，尝撰《韩集全解》，今佚。又撰有《训诂柳先生文集》四十五卷、《外集》二卷、《新编外集》一卷，均收入《四库全书》。其书于韩、柳文详注博释，多有可取。魏仲举编的《五百家注音辨昌黎先生文集》及《五百家注音辨柳先生文集》二书多引其说。韩醇校刻《诂训柳先生集》在宋淳熙年间，且撰《〈河东先生集〉记后》述刊刻始末：

> 世所传昌黎文公文，虽屡经名儒手，余昔校以家集，其舛误尚多有之，用为之训诂。柳柳州文，胥山沈公谓其参考互证，是正漫乙，若无遗者。余紬绎既久，稽之史籍，盖亦有所未尽：《南岳律和尚碑》以广德先乾元，《御史周君碣》以开元为天宝，则时日差矣。窦群除左拾遗而表贺为右拾遗；连山复乳穴而记题为零陵郡，则名称差矣。《代令公举裴冕状》，时柳州盖未生；《贺册尊号表》，时已刺柳，而云礼部作。其他舛误，类是不一。用各疏于篇，视《文公集》益详。诸本所余，复编为一卷，附于《外集》之末，如胥山之识云。淳熙丁酉秋八月中瀚，临邛韩醇记。[1]

这段文字记述了当时韩醇见传世版本舛误较多，他利用相关典籍校勘，发现其中存在时间矛盾、地名讹误等诸多问题，他一一考证，依次附疏于篇中。据此可知，韩醇在刊刻前对《诂训柳先生集》做了全面细致的校勘工作。此外他还校刻过《诂训唐昌黎先生文集》，《天禄琳琅书目》卷三评价："（韩醇）其家在临邛，当即蜀中所刊。宋叶

---

[1] 曾枣庄主编：《宋代序跋全编》（七），齐鲁书社2015年版，第4610页。

梦得以蜀本在建本之上,观此书字精纸洁,刻印俱佳,洵不诬也。"①后乾隆皇帝还曾御题:"字画精好,纸墨细润,《天禄琳琅》所贮《韩集》,当以是本为第一。"② 足见韩醇刻本之精良。

---

① (清)于敏中:《天禄琳琅书目》,上海古籍出版社2007年版,第64页。
② (清)于敏中:《天禄琳琅书目》,上海古籍出版社2007年版,第65页。

第十一章　手工艺文化

第一节　陶瓷手工艺

一　名传天下的大邑瓷碗

唐朝陶瓷业十分发达，当时制陶业和制瓷业已经分化，由于铜的产量不足，铜器的使用日渐减少，加之唐代后期因钱荒的原因禁止民间制造铜器，遂使瓷器逐渐代替铜器而得到广泛的使用。另一方面，饮茶之风盛行，茶器的需要增加，这便促使制瓷业有了更快的发展。制瓷工艺非常繁复，需经过取土、炼泥、镀匣、修模、洗料、做坯、印坯、镀坯、画坯、荡泑、满窑、开窑、彩器、烧炉等数十道工序，专业性极强，每一件产品的制成，都需经几十人之手。东汉末至六朝时期，瓷器生产的技艺已相当普及、成熟，至唐代，瓷器益臻精美。唐代瓷器的产区、产量和品种式样较前代都有了很大的发展，民间瓷窑遍布河北、河南、陕西、安徽、湖南、四川、江西、浙江、福建、广东各省。其中四川邛州大邑所产白瓷，极为精美，可谓当时的名瓷。

唐肃宗上元元年（760），杜甫初抵成都，在城西三里处的浣花溪畔觅得一地，在亲友帮助下修建草堂。在此过程中，他以诗代信，向各处索得生活物品，其《又于韦处乞大邑白瓷碗》云："大邑烧瓷轻且坚，叩如哀玉锦城传。君家白碗胜霜雪，急送茅斋也可怜。"此诗乃草堂落成后，向韦班求取大邑瓷碗时作。仇兆鳌在《杜诗详注》中评道："上二（句）瓷碗，下二（句）乞韦"可分两层意思，首句美其质，次句美其声，三句美其色，四句乞其急送，同样层次分明，章法井然。

第一句写大邑烧瓷的品质。突出了"轻""坚"的特点。轻则便于携带，坚则持久耐用，这也是品评瓷器的两项重要标准。

第二句写大邑瓷器的声。看来，扣而听声，也是鉴别瓷器品质高低的重要方法。听声音也有讲究，并非洪亮、清脆、激越才好，而是要如叩击哀玉时传出的凄清之声。这应当是人们在长期的制瓷品瓷实践中得出的经验。

第三句写大邑瓷器的颜色。既点名了是白瓷，又极言瓷器之白。看来，白的纯度、色度也是鉴别白瓷品相高下的标准。

第四句写急欲得到如此名贵的白瓷碗，而催其急送的急迫心情。为何如此急不可耐呢，那是因为白瓷碗太可爱（可怜）了！诗人的一片真情童心跃然纸上。

清仇兆鳌在《杜诗详注》卷九注此诗时，引吴门金氏说："一瓷碗至微，却用三四层写意：初称其质，次想其声，又羡其色。先说得尊重可爱，因望其急送茅斋。只寻常器皿，经此点染，便成韵事矣。"[①] 这里杜甫用"轻且坚""扣如哀玉""胜霜雪"描摹了大邑瓷碗的特色，即瓷胎极薄，重量轻，质地坚硬，扣之声音清越，有如哀玉，釉色晶莹，白胜霜雪，字里行间都反映出唐代大邑烧瓷工艺在成都颇有盛名。杜甫不仅索要过大邑瓷碗，还访问过大邑瓷窑。清《（乾隆）大

[①]（唐）杜甫撰，（清）仇兆鳌注：《杜诗详注》，中华书局1979年版，第734页。

邑县志》卷二："大邑距崇庆州止一舍，少陵至州治东阁观梅，时过大邑，晤邑令，访瓷窑。有'大邑出瓷轻且坚'句，详见艺文。"① 这里"舍"为古代计算里程的单位，一舍即30里，"邑令"指县令韦班。从杜甫作《又于韦处乞大邑瓷碗》可见他向大邑县令韦班乞瓷碗在先，访大邑瓷窑在后。

大邑瓷碗亦因杜甫此诗而声名远播，清蓝浦《景德镇陶录》卷七"蜀窑"评价："唐时四川邛州之大邑所烧（白瓷），体薄而坚致，色白声清，为当时珍重……'大邑烧瓷轻且坚，叩如哀玉锦城传。君家白碗胜霜雪，急送茅斋也可怜。'首句美其质，次句美其声，三句美其色。蜀窑之佳已可想见。"② 近人邵蛰民、余戟门《增补古今瓷器源流考》也指出："（蜀窑）唐代置，在四川崇州大邑。所造器体体薄坚致，色白声清，亦名'大邑瓷'。"③

二 极具价值的出土陶瓷

（一）窑址的发现

20世纪五六十年代，文物考古专家杨啸谷先生在《华西文物》创刊号上讲到"大邑窑"："最近在大邑东关场土中掘出窑王像，上刻有款曰'大唐天宝三载六月四日唐安郡晋原县德信里永昌窑敬造窑王像'，共二十七字。有原来的白釉挂在上面，始知大邑的瓷窑，唐时有名永昌窑者，在今东关场（今四川省成都市崇州王场镇东关场）。又于怀远镇（今四川省成都市崇州怀远镇）土中掘出乳白色带印花的中盘残片，于灌县蒲村（今四川省成都市江堰蒲阳镇蒲村）

---

① 大邑县地方志编纂委员会办公室：《(乾隆)大邑县志校注》，内部发行1998年版，第334页。
② 傅振伦著，孙彦整理：《〈景德镇陶录〉详注》，书目文献出版社1993年版，第89页。
③ （民）邵蛰民、余戟门：《增补古今瓷器源流考》，1921年排印本，卷上，第32页。

土中掘出粉白色的素陶残片。"① 唐代大邑置县之初名"晋原县"，这说明在"大唐天宝三载"（744）大邑窑就有了用白釉装饰的窑王像。窑王像是古代烧瓷从业者供奉的神像，可见大邑先民烧窑造瓷者信仰窑王由来已久。杨啸谷描述："白釉内加牛骨灰便呈乳白色，白胎骨挂上最白的土，便叫它是'化妆土'。如果再加上白釉，愈显得白到了不得。"②

20世纪80年代后，大邑县县城附近发掘出的隋唐窑址比比皆是。大邑古瓷窑已在晋原镇发现多处。1983年1月，大邑县城大南街发现不少瓷器和瓷片，并拾到一个非常精致的荷口碟。经专家考证为唐宋时期的瓷器遗迹，还有大批具有地方特色的民间瓷器及精美的白瓷残片。这种白瓷残片瓷胎细白坚硬，其薄如纸，釉色莹润，旋削极工，酷似杜甫的描绘。自1985年以来，大邑县文管所先后在斜江乡莲花村、董场（镇）七宝村、三岔乡三柏村发现并清理汉代窑址6座，工作面、窑门、火膛、窑室、烟道、窑盖均保存较好。1992年，大邑县文管所在东壕沟北段，县运输公司修建工地发现隋唐窑址两处，当即配合市考古队将其发掘。出土若干白瓷碗、白瓷盏、白瓷釉下绿瓷平口盂，以及青瓷碗、青瓷高足杯、青瓷注子等完整或残损的瓷器、瓷片。窑址的工作面、火膛、窑室、烟道均基本完好。窑壁烧结较厚，呈青灰色，说明这两座窑址使用时间较长。窑室内出土瓷器49件，瓷片若干。器形有碗、罐、壶、杯、碟、盘、盂等多种。釉色有青、米黄、白黄3种。胎骨有红、灰、灰白、白4种。在晋原镇西街地下水工程施工中，出土明代录有"大明嘉靖年制"款的五代

---

① 杨啸谷：《四川陶瓷概论》，载四川古陶瓷研究编辑组编《四川古陶瓷研究》，四川社会科学院出版社1984年版，第23页。

② 杨啸谷：《四川陶瓷概论》，载四川古陶瓷研究编辑组编《四川古陶瓷研究》，第24页。

瓷碗 11 件，八方形小白瓷碗 8 件，青花彩碗 8 件。不久，又在县城西门外粮食局面粉厂发现隋唐窑址一处。除出土若干青瓷白瓷的完整瓷器外，还出土十多件柱形支烧窑具。1992 年 6 月，农业银行县支行公园坝工地等出土大量隋唐残损陶瓷器。其中瓷碗 90 件、瓷耳杯 7 件、瓷高足杯 4 件、瓷双耳罐 2 件、陶瓷系罐 1 件、陶擂钵 2 件、陶盖 4 件，均已修复。考古专家从出土器物和窑炉的结构鉴定这些窑最早烧造于隋代，唐代继续烧造。于是初步判定，这里是一处隋唐时代的窑群遗址。[①] 发掘的这几座窑址，虽然没有杜甫笔下那样精美的白瓷，但足以说明，隋唐时期大邑确实烧制过瓷器，且窑址就在大邑县城附近。大邑烧瓷目前已见的有碗、盘、炉等，瓷胎之白，几乎与现代白瓷瓷胎无甚区别，瓷质细腻、坚致，硬度强，比重轻；将瓷片彼此敲击，其声清脆悦耳；釉面纯洁，不见杂质，釉色纯白如堆脂，色泽温润光洁。

（二）出土陶瓷举隅

1. 东汉青瓷罐

1973 年 11 月，在四川省大邑县五龙公社盐店大队一座有"建安元年六月造作严字砖"的东汉砖室墓中，出土两件青瓷罐。

第一件为青瓷六系罐。直口，丰肩，肩部有六个对称横系，圆腹向下逐步内收，平底。胎呈灰白色，质地坚硬细腻。火候较高，叩击时声音清亮。器身满饰压印小方格纹"麻布印纹"，肩部饰两道凹弦纹。釉厚薄不匀，呈色浓淡不一，有流釉和剥落现象，腹部以下未施釉。器表的玻璃质大部剥落，一侧青色鲜艳，略呈西瓜皮状。高 30.4 厘米、口径 13.8 厘米、腹径 27.4 厘米、底径 14.3 厘米（见图 11 - 1）。

---

① 四川省大邑县志编纂委员会：《大邑县志续编》，四川大学出版社 1996 年版，第 679 页。

第二件为青瓷罐。侈口，小颈，圆肩，倒腹向下渐内收，平底。胎呈灰白色，质坚硬，火候较高。器身满饰压印小方格纹。施半釉，釉面琉璃质已剥落。高 31.3 厘米、口径 12.3 厘米、腹径 21.4 厘米、底径 14.7 厘米（图 11-2）①。

图 11-1　大邑县出土的青瓷六系罐　　图 11-2　大邑县出土的青瓷罐

2. 唐代墓葬中的瓷器

1975 年 1 月，四川大邑县修建机制糖厂，深挖基足时，发现唐代古墓二座，并出土唐瓷残件若干，举述如次。②

（1）四系釉下彩盘口瓶

出土四系釉下彩盘口瓶共两件，A 件出土于一号墓，通高 22.5 厘米，盘口直径 12 厘米，颈长 4.9 厘米，腹径 14.3 厘米。施青灰色亮釉，开片，片纹大小不一。釉下绘褐绿彩纹，施半截釉。瓷胎厚重，呈灰色。拉胚草率，旋削痕迹清晰可见。但火候较高，质地坚硬。B 件出土于二号墓，通高 28.5 厘米，盘口直径 13.5 厘米，颈长 6 厘米。施青灰色亮釉，开片。釉下绘绿色斑纹及褐绿二色组成的水仙花纹，

---

① 丁祖春：《四川大邑县出土两件东汉青瓷罐》，《文物》1984 年第 11 期。
② 胡亮：《大邑县出土唐代墓葬》，《四川文物》1985 年第 2 期。

施半截釉。瓷胎厚重、粗疏（图11-3）。

图11-3 大邑县出土的四系釉下彩盘口瓶

（2）双耳小瓷罐

通高8.5厘米，口径4.5厘米，腹径8.5厘米，底径4厘米。双耳微张，口微侈，平底，施青灰色亮釉，器身下半截不施釉，瓷胎较薄，火候较高。

（3）瓷朱雀

高7.5厘米，尖喙高冠，形象怪异，以手捏成，通体施青灰色亮釉。

（4）瓷五足炉

高5.9厘米，直径10厘米，深腹，外折沿，腿形足。通体施青灰色亮釉，釉下绘绿彩。

（5）褐釉瓷盏

高22厘米，口径9厘米，平底，圆唇。内壁施褐色亮釉，外壁不施釉。器壁厚重，制作粗糙。

（6）豆青釉瓷碗

高5.9厘米，口径15.3厘米，底径5.2厘米。平底，深腹，壁微斜。瓷胎较薄，制作较精。通体施豆青色呆釉，敷釉较厚，部分地方流聚成团。

3. 宋代窖藏及宋元墓葬中的瓷器

20世纪70—80年代，大邑县先后出土了宋元瓷器一百余件，其中大部分为宋代窖藏，另有少数为宋元墓葬中的陪葬品，举述如下。①

（1）二童吸水影青斜壁碗

口径20厘米，底径6厘米，高6.8厘米。瓷胎细白坚硬，下厚上薄，在日光下呈半透明状，釉色白中泛青，积釉处呈水绿色，釉薄处隐现旋轮痕。浅圈足，底部有一直径4.5厘米的垛烧痕迹，呈火石红色，碗内刻二童戏水图案，纹饰繁复细腻，生动自然，二童嬉戏于碧波荡漾的海水中，但见浪花飞溅，涟漪频生，情景宛然（图11-4）。经化学分析，该器曾镶银边，银边内宽1.4厘米，外宽0.8厘米。

图11-4 大邑县出土的二童吸水影青斜壁碗

---

① 参见胡亮《大邑近年出土的宋元瓷器》，《景德镇陶瓷》1984年第1期；胡亮《四川大邑县安仁镇出土宋代窖藏》，《文物》1984年第7期。

(2) 龟鹤双鱼影青斜壁盘

口径13.5厘米，底径4.5厘米，高2.5厘米。胎骨细白坚硬，底部微微内凹，施青白釉，釉色晶莹可爱。盘壁饰回纹、缠枝莲纹各一圈；盘底饰莲瓣、海水双鱼、龟鹤纹。纹饰为印花，阳纹，印痕较深。鱼尾呈燕尾状，鳞甲如新月形；海水像丝刷；鹤一足独立，一足收于腹下，回首与游出水面之海龟遥遥相望，芒口，镶铜边，残边内宽0.5厘米，外宽0.8厘米（图11-5）。

图11-5　大邑县出土的龟鹤双鱼影青斜壁盘

(3) 影青斜壁鱼莲碟

口径10厘米，底径7.2厘米，高1.7厘米。瓷胎细白坚硬，缩釉处呈现火石红色。施青白釉，釉色莹润如玉。碟底饰缠枝莲和双鱼；斜壁上饰回纹和莲瓣纹各一圈。纹饰为印花，阳纹，印痕较斜壁盘为浅。芒口，口沿镶铜边。残边内宽0.5厘米，外宽1厘米。

(4) 喇叭形削足影青小瓷碗

口径13厘米，高4.2厘米。底部墨书似为"德"字之草书。瓷胎白中闪灰，细密坚硬，略显厚重，不透明。底部有极细的支烧痕迹。釉色于白中略带青灰，镶铜边，残边内宽0.8厘米，外宽0.6厘米。

(5) 影青瓜棱小瓷壶

口径2.9厘米，底径6.4厘米，通高9厘米。小口、鼓腹、假圈足。壶身成瓜棱形，流长4厘米。高出壶口1.5厘米。壶盖为平顶，中央突起一小乳钉；盖壁上有两个小孔，似为穿系用。壶身由两截瓷胎粘合而成；胎骨略显厚重，白中闪黄。底足不施釉，壶身、壶盖施青白釉。釉色不匀，大抵凹处呈水绿色，凸处呈淡青色。壶盖上饰莲叶纹，壶肩上饰水波纹，壶柄上饰四出线纹（图11-6）。

图11-6 大邑县出土的影青瓜棱小瓷壶

(6) 影青瓜棱油盒

口径4.5厘米，底径4.7厘米，高6厘米。鼓腹、直口、假圈足。瓷胎上薄下厚。盒盖和盒身均施青白釉，底足不施釉。釉色不匀，凸处呈淡青色，凹处呈水绿色。盒盖形如小盏，仰置盒口上，既起到盒盖作用，又便于梳妆者挹取油脂。口沿镶铜边，现已脱落。除瓜棱外，通体无纹饰。

(7) 影青瓜棱胭脂盒

口径7厘米，底径3.5厘米，高5.5厘米。穹窿盖，假圈足。瓷胎厚重，器底切削不工。底足不施釉，其余部分施青白釉，釉色泛黄。

盒盖上饰荷叶莲籽纹（图11-7）。印花、阳纹、印痕较深。盒盖和盒身的口沿均镶铜边，已脱落。

图11-7　大邑出土的影青瓜棱胭脂盒盖上的荷叶莲籽纹

（8）冲耳三足影青小瓷炉

高7厘米，口径6厘米。圈底，鼓腹，敛足，口沿外折。胎骨略显厚重。通体施月白色釉，釉色晶莹雅致，炉颈饰回纹；腹部饰弦纹两道，两道弦纹之间饰云雷纹；炉腿上饰饕餮纹。炉底有一直径三厘米的渣饼垫烧痕迹（图11-8）。

图11-8　大邑县出土的冲耳三足影青小瓷炉

(9）喇叭形削足酱釉瓷碗

口径14.5厘米，底径3.5厘米，瓷胎厚重，呈黄红色，质地疏松。釉面似有一层油。接近碗底的地方，不规则的一圈不施釉。口沿镶铜边，内宽0.8厘米，外宽0.4厘米。

（10）玳瑁釉瓷瓶

高15厘米，口径5厘米。鼓腹，高圈足。瓷胎厚重，粗疏，扣之音哑。用酒釉法洒成玳瑁斑。瓶内施满釉，瓶外底足不施釉，该器和出土的宋代铜瓶，高矮、大小和造型均一样（图11-9）。

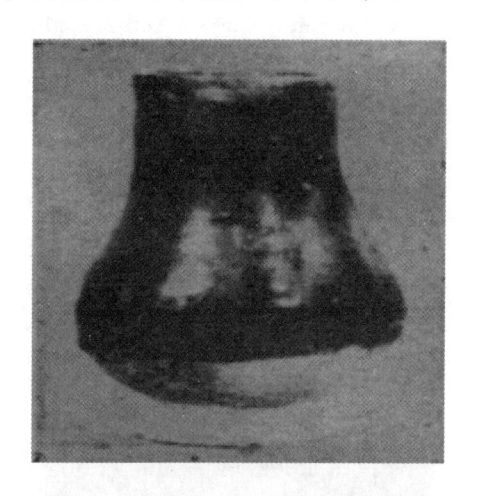

图11-9 大邑县出土的玳瑁釉瓷瓶

（11）乳钉纹米黄色釉瓷炉

高8.5厘米，口径10厘米（图11-10）。圆底、鼓腹、口微侈、圆唇。瓷胎厚重。炉内施酱色釉、炉外施白釉，饰绳纹、弦纹、乳钉纹。炉颈尚残存有铁架痕迹。

（12）绿釉贯耳小瓷瓶

通高12厘米，颈长7厘米。浅圈足，切割整齐。底足不施釉，其余部分施绿灰色呆釉。施釉较薄，多处露出胎骨，胎骨呈灰白色（图11-11）。

图 11-10　大邑县出土的乳钉纹米黄色釉瓷炉

图 11-11　大邑县出土的绿釉贯耳小瓷瓶

（13）莲瓣纹青釉瓷盘

口径 16 厘米，底径 7 厘米，边宽 1.3 厘米。瓷胎呈灰白色，十分厚重，坚硬异常，但叩之音响清脆。圈足浅而大，底部有一直径约 4 厘米的垫烧痕迹。通体施青色亮釉，釉色不匀，部分地方青中泛黄，部分地方泛绿。釉流向足部。开片，盘背饰莲瓣纹，纹为印制，印痕较浅。

（14）月白折腰高足杯

通高 9.2 厘米，口径 7.8 厘米，足长 3.5 厘米。瓷胎略显厚重，但质地坚硬。通体施月白色釉。杯身外壁饰如意云头和缠枝花卉，叶子很尖，与花的大小基本一致。杯内底饰花叶纹，杯内壁上书"太白酒中仙"五字。纹饰有印、有贴。纹饰内有若干较纹饰本身为深的芝麻小点。杯足与杯身结合处有小团瓷泥（图 11 - 12）。

图 11 - 12　大邑县出土的月白折腰高足杯

（15）青釉小瓷碗

口径 13.6 厘米，底径 2.8 厘米，高 4.5 厘米。斜壁，小底，地部有极细的支烧痕迹。施满釉，釉色莹润。口沿镶铜边，外宽 0.6 厘米，内宽 0.8 厘米（图 11 - 13）。

图 11 - 13　大邑县出土的青釉小瓷碗

（16）影青瓜棱小罐

高6.5厘米，口径4.5厘米，底径4.7厘米。鼓腹，平底，带盖。瓷胎上薄下厚，施釉仅至器足（图11-14）。

图11-14　大邑县出土的影青瓜棱小罐

（17）影青粉盒

高6厘米，直径7厘米。盒八角形，矮圈足，内凹底。盖上饰荷花连莲籽纹。盖与盒口沿皆芒口，镶铜边（图11-15）。

图11-15　大邑县出土的影青粉盒

4. 北宋"兽冠陶俑"

2010年7月8日,大邑县文物管理局在沙渠工业点的某公司住宿楼地基挖掘现场发现一座古代墓室。该古墓为一个总长4.15米、宽3.8米的双室墓,其中2个单室墓分别宽1.3米、长4.15米、高2.4米,每个墓共有9个龛,中间为1个大龛,大龛两边分别有4个龛,为对称上下龛。大邑县文物管理局据墓室建造结构和墓砖特点,认定此墓室的时代应为北宋时期。墓中出土了包括青釉碗、双耳罐、文吏俑、生肖俑、男侍俑、女侍俑等多种类型的近40件文物,其中出土完整的文物有3件陶俑。此次墓室里面出土的陶俑,其釉色比以前稍厚,显得比以前要鲜亮,陶俑品种要多一些。其中有一件陶俑,通身施绿釉和黄釉的陶俑,它的帽饰上面装饰了一个动物的头像,应该是祭祀中特有的神兽,考古专家暂名之为"兽冠陶俑"(图11-16)。这些造型独特的人物陶俑在大邑县尚属首次出现,在川西平原亦属罕见,具有较高的考古价值。陶俑作为一种陪葬品,主要盛行于东周至宋朝时期,其中最著名的有秦始皇陵兵马俑,对于研究古代的舆服制度、军阵排布、生活方式乃至中西文化交流皆有重要的意义。

图11-16　大邑县出土的北宋"兽冠陶俑"

第二节 其他手工艺

一 纺织

大邑有着悠久的对外开放历史，是川藏茶马古道和南丝绸之路的一个重要节点。在众多对外贸易商品中，以蜀锦的影响最为深远。考古发掘显示，早在先秦时期（公元前221年之前），蜀锦就开始传播于北方丝绸之路。1982年，湖北省荆州市江陵县马山砖厂一号墓发现大批战国丝织物，其中包括织锦[1]；湖南长沙曾发现过战国织锦[2]，考古学家充分论证，认为这些战国织锦均为蜀地生产。汉代成都蜀锦的生产已具有一定规模，但蜀地丝织业当时在全国地位并不显著，产锦只称"奇锦"，随着中国丝织业重心南移，尤其三国时期蜀汉政权对西南的经营，蜀锦生产方在全国享有盛誉，在成都置锦官，在成都城西南置锦官城，有"锦里"之称。当时蜀锦已成为重要外销品，从考古发掘出土的资料看，当时"蜀锦主要传播于蒙古国以及（中国）新疆等北方丝绸之路和日本等海外丝绸之路"[3]。

唐宋时蜀地亦是中国西南纺织中心，故有锦城之称。唐卢求《成都记序》："（成都）人物繁盛，悉皆土著，江山之秀，罗锦之丽。"因此历史上有"扬一益二"的说法。蜀锦在唐代与"齐纨""楚练"齐名，宋代称"蜀土富饶，丝帛所产，民织作冰纨绮之物，号为天下冠"[4]，

---

[1] 荆州地区博物馆：《湖北江陵马山砖厂一号墓出土大批战国时期丝织品》，《文物》1982年第10期。
[2] 熊传新：《长沙新发现的战国丝织品》，《文物》1975年第2期。
[3] 唐林：《蜀锦与丝绸之路》，《中华文化论坛》2017年第3期。
[4] （宋）袁枢：《通鉴纪事本末》，四部丛刊景宋刻大字本，卷三十三，第1162b页。

又"蜀以锦擅名天下,故城名以锦官,江名以濯锦"①。唐贞观年间(627—649),窦师纶任益州大行台兼任检校工造时,创造性地织出了"天马""道麟""对雉""斗羊"等十几种花样,被誉为"益州新样锦",成为全国纹样设计的模本,蜀锦又进入新的发展高峰。此外,蜀地的织锦工,还能在锦上缕金为花,织成一种绚丽的"碧罗笼裙"。明曹学佺《蜀中广记》卷六十七《方物记·锦》引《唐书》云:"安乐公主出降武延秀,蜀川献单丝碧罗笼裙,缕金为花鸟,细如丝发,鸟子大仅黍米,眼、鼻、嘴、甲俱成,明目者方见之。"②可见当时蜀锦之精美绝伦。历代诗人亦多有题咏,成为"成都诗词"中最有特色的篇什。这种缕金技巧,为明代的织金锦缎开了先河,也是唐代蜀地织锦工艺的一大发展。织锦业的进步和织锦工艺的发展推动蜀锦大量进入丝绸之路。有学者评价:"蜀锦在历史上丝绸之路的广为传播,丰富了南亚、中亚、北亚甚至欧洲文明的内容,从而沟通了中国与世界各个文明区的经济文化交流,这不仅对于中国认识世界和世界认识中国,而且对于西方古典文明的发展,都作出了积极和卓越的贡献。"③

此外,大邑县棉布纺织也格外兴盛。棉花在唐宋时期已从南洋传入中国,元明时期朝廷大力推广种植,蜀地亦响应支持朝廷的农业政策,遍植桑麻和棉花,其中大邑、邛崃、新津、蒲江、彭州、灌县(今都江堰市)等州县均大面积种植,因此纺织业也随之兴盛。《(民国)大邑县志》卷十:"(大邑)以织布匹、面巾为大宗……纺织,各区并重,布为大宗。或销本地,或销松、茂、打箭炉等处,尚称畅旺。"④又据《大邑

---

① (明)杨慎编:《全蜀艺文志》,线装书局2003年版,卷五十六《蜀锦谱》明嘉靖二十四年刻本。
② 曹学佺撰,杨世文校点:《蜀中广记》,上海古籍出版社2020年版,第724页。
③ 唐林:《蜀锦与丝绸之路》,《中华文化论坛》2017年第3期。
④ 大邑县地方志编纂委员会办公室:《(民国)大邑县志校注》,巴蜀书社2017年版,第198页。

县志》记载，民国时期大邑县每人每天可织土白布一匹，每匹长3至3.2丈，宽1.2尺。唐场、韩场、元兴场、蔡场、董场有12家41人从事卡带编织。① 可见直至民国时期，大邑县的纺织业仍是一项主要的家庭副业。

二 竹编

大邑县的山区盛产棕榈、葛藤、竹，《（民国）大邑县志》卷十："惟藤器一类，广藤购自省城，其余用竹，用粗藤及棕绳等项，俱产本地，故价廉而销路渐广。"② 因此大邑县棕藤编织、竹编、织席等编织业闻名于世。其中又以竹编最为突出。

竹编物早在战国时期，就在我国南方地区流行，南方的战国墓中往往有竹编织物出土。汉代这种竹编技术得到继承和发展，在我国南方的汉墓中也常有出土。例如，大邑县一座西汉后期的墓葬中发现一件竹编器物，出土时已经碳化，呈方格网状，编篾的排列痕迹比较清楚。出土的这类竹编器物多为实用器物，同时也是较好的手工艺品，代表了大邑竹编手工业的水平。

竹编生产始终是大邑县民间家庭的副业之一，通常采用县境内本地盛产的慈竹为原料。人们将竹子剖削成粗细匀净的篾丝，经过切细、刮纹、劈细工序，编结成各种精巧的生活用品。较有名的如苏场的万丝斗篷，董场、三岔街的箩筐，灌场口、复兴场的背篓，灯笼场、义兴场的筲箕、米筛，王泗营的晒簟，苏场、高山镇的凉席（图11-17）。

---

① 大邑县地方志编纂委员会：《大邑县志》，四川人民出版社1992年版，第402页。
② 大邑县地方志编纂委员会办公室：《（民国）大邑县志校注》，巴蜀书社2017年版，第198页。

图 11-17　大邑县的民间竹编工艺品

在众多竹编制品中，大邑篾笆扇最为著名。众所周知，四川传统制扇工艺盛名国内，历史悠久，其中就以大邑、中江、三台、安岳、广安、眉山等地产量最大。篾笆扇即竹编扇，始于清代末期。此扇篾片细薄、花纹优美。扇面由较为简单的卍字、菊花、四方花、八角槐、满天星、福禄寿喜、松柏长青等传统图案、文字，现已发展到能编织各种花鸟虫鱼，山水人物，甚至临摹名画（图 11-18）。

图 11-18　大邑县的篾笆扇

三　漆器

漆器，一般指用漆涂在各种器物的表面上制成的日常器具及工艺品、美术品等。生漆是从漆树上割取的天然液汁，主要由漆酚、漆酶、树胶质、水分构成。用它来作涂料，即有耐潮、耐高温、耐腐蚀等特殊功效，又可配制出不同的色漆，光彩照人。中国从新石器时代开始就认识到了漆的性能并用以制器，而巴蜀地区历来是全国产漆与制漆的重镇。《盐铁论》提到："陇、蜀之丹漆旄羽。"[1]《西京杂记》[2]当中也记载了秦初营建上林苑时，就引种栽培蜀中的漆树，说明蜀中的大漆品种优良。巴蜀不仅生产大漆，还有许多善于制漆的先民，比如濮越系和氐羌系，自古就是善制大漆的少数民族。有学者认为，漆氏本来姓姜，是神农（即炎帝）的后裔。在上古的神农氏时期，今天的陕西省宝鸡市扶风县就属于姜氏国部族，姜氏的后裔在西周时期已经懂得大漆制造，迁徙到蜀国的羌人或其后裔也善于髹漆。[3]

考古发现表明，巴蜀漆器可以追溯到三千年前的殷商时代，德阳市广汉三星堆出土的髹漆雕花漆木器是四川地区发现的距今最早的漆器，这表明，当时的巴蜀人已经懂得髹漆技艺；春秋战国时期，巴蜀漆器已开始步入兴盛阶段，成都市成华区羊子山172号战国墓、荥经县曾家沟战国墓等遗址中均出土不少漆器。西汉时期，巴蜀地区的漆器制造业即已名扬天下。当时中央政府直接控制的八处"工官"，就有两处分别设在蜀郡（治所在今成都市）和广汉郡（治所在今梓潼县）。据出土情况，大邑县西汉土坑墓，就有不少漆器残片。[4]

1974年10月，大邑县建筑材料厂粗石河瓦窑的工人，在县城西约4千米的敦义公社十大队的吴墩子取土时，发现铜马等文物，即报告县文化馆。后由县文化馆、四川大学历史系考古教研组、渠县文化馆和

---

[1] 桓宽撰，王利器校注：《盐铁论校注》，天津古籍出版社1983年版，第3页。
[2] 刘歆等撰，王根林校点：《历代笔记小说大观 西京杂记 外五种》，上海古籍出版社2012年版，第115页。
[3] 潘天播：《汉代中央漆器生产独厚巴蜀之分析——兼及汉代蜀漆市场的开放性》，《中国生漆》2017年第4期。
[4] 宋治民、王有鹏：《大邑县西汉土坑墓》，《文物》1981年第12期。

四川省博物馆派员组成小组，就地进行发掘清理。该墓东距斜江约 60 米，北距粗石河约 50 米，是一座西汉竖穴土坑墓。出土遗物有铜、铁、陶、漆、木、竹等器，绝大部分已残碎。

该墓中漆器残片较多，均和泥土粘结一起，大体能看出器形的仅有漆奁三件。其中一件为圆奁，顶部较完好，上饰有流云怪兽纹图案，其他二件残甚；此外尚发现绘着红色弦纹、水波纹、重圈纹的黑漆片。可见大邑县漆器的技艺源远流长。

第十二章　丰富多彩的诗词文化

大邑县山水秀美、人杰地灵，独特的地理环境滋养着大邑浓厚的文化气息。大邑县拥有"七山一水二分田"的天然地势，造就了绿意盎然、生机蓬勃、和谐乐美的生活；自然秀美、生态和谐的大邑，吸引着古往今来无数文人墨客在此流连忘返，留下灿烂的诗歌华章；大邑县文教繁荣、人才济济，培养出代代相传的贤良为我国历史文化发展贡献力量。生动的历史、丰富的文化、蔓延的山势、延续的人情都记载在古今传唱的诗文中，通过这些穿越时空的笔触来展现"其邑广大"的壮美。

第一节　诗词中的山川风景

一　仙源鹤鸣

大邑境内有多座历史名山，翻开历史的书页，只见青山多妩媚，各领风骚千百年。"鹤鸣九皋，声闻于野"（《诗经·鹤鸣》）[1]，是古老

---

[1] 程俊英、蒋见云：《诗经注析》，中华书局1991年版，第528页。

的诗歌总集中对代表着灵气与仙寿的鹤聚集的茂林广泽的生动描绘。鹤鸣山,位于大邑县城西北鹤鸣乡三丰村,山势蔓延铺开宛如一只振翅高飞的仙鹤,整座山树木繁盛茂密,正是仙鹤的躯体,冠子山形如鹤尾,大坪山如鹤背,山上有若干洞穴,洞中有石鹤通灵,啼鸣则仙人出(《广舆记》)。① 鹤鸣千载迎来送往无数历史名流。他们问道溯源、送别友人、踏青怀古,吟唱着鹤鸣山的古今。

诗人唐求作诗饯别,其《送友人归邛州》云:"鹤鸣山下去,满箧荷瑶琨。放马荒田草,看碑古寺门。渐寒沙上雨,欲暝水边村。莫忘分襟处,梅花扑酒樽。"② 瑶琨,指美玉。暝,指黄昏,日落时分。分襟,指离别。唐求是今崇州市街子场人,长期在附近生活。他遥想友人从鹤鸣山去邛州的一路光景,在荒草田里放马,在古寺门前看碑,日落时分暂歇水边村落,烟雨朦胧,气温微寒。最后劝友人不要忘了离别酒,也就是劝友人要记得故人。唐求提到鹤鸣山多美玉,写出了鹤鸣山的秀美与奇特,蕴积天地灵气。五代时,著名道教名师杜光庭避乱入蜀,曾来此问道,写下《题鹤鸣山》:

  五气云龙下太清,三天真客已功成。人间回首山川小,天上凌云剑佩轻。花拥石坛何寂寞,草平辙迹自分明。鹿裘高士如相遇,不待岩前鹤有声。③

太清,指天空。真客,指修真得道的人。鹿裘高士,指隐士。杜光庭来到鹤鸣山寻仙问道,此地云集五行之气、三天真客,山花簇拥

---

① 转引自卫复华《中国道教(五斗米道)发源地鹤鸣山》,《宗教学研究》1989年第1—2期。
② 文中所引古诗均根据(清)赵霦纂修《(光绪)大邑县志》,光绪二年刻本,卷十八第3页。
③ (清)赵霦:《光绪大邑县志》,光绪二年刻本,卷十八第3页。

石坛，从草中留下的车辙来看，杜光庭暗自期许若能遇到真隐士，就不用石鹤通报仙人了。字词之间，充分流露出道教徒对鹤鸣山的向往，对鹤鸣仙人的虔信。

　　鹤鸣山是我国道教发源地。道教创始人张陵在此奉老子为教主，以《道德经》为宝典，创立正一盟威之道（俗称五斗米道，也称天师道），这是道教正式成立的标志。鹤鸣山在道教创立之前，因林木葱郁、溪流潺潺，从而成为隐士的修炼胜地。鹤鸣山上有上清宫、文昌宫、迎仙洞、天谷洞等历史遗迹，其中上清宫就多次出现在文人笔下。唐高宗咸亨二年（671）割晋原县西部置（古）大邑县，隶属于邛州。唐玄宗天宝元年（742），邛州改为临邛郡。（古）大邑建县后，唐、宋两代建置无变化。宋仁宗皇祐年间，盐亭人文同被授命为临邛通判摄大邑令。走马上任，文同前往大邑朝拜鹤鸣山，便在上清宫写下《题鹤鸣化上清宫》：

　　　　秘宇压屏颜，飞梯上屈盘。清流抱山合，乔树夹云寒。地古芝英折，岩秋石乳干。飚轮游底处，空自立层坛。

　　诗中描绘出上清宫位于天柱峰顶、耸入云天的震撼。上清宫前后共两殿，后殿藏经楼有匾额题"鹤鸣化"，道教张天师于此听鹤鸣便仙化而去。在文同的笔下，上清宫周围有高树耸立、清流环绕，生长着名贵的灵芝山草、钟乳名石，都是道教修炼的至宝，尽显道教圣地的不凡。他另一首题咏鹤鸣山的诗云："天气阴阴别作寒，夕阳林下动归鞍。忽闻人报后山雪，更上上清宫上看。"（《大邑鹤鸣观，所谓张天师鹤鸣化也，其东北绝顶有上清宫》）文同对鹤鸣山情有独钟，他的不少诗都写到鹤鸣山，又如《重序九皋集》提到："在摄大邑令期间，乐其少讼而多暇，辄游邑之名山胜迹，每有所得，则吟咏成章，虽一山一水，不或遗也。"

第十二章 丰富多彩的诗词文化

此外,他还写有《题鹤鸣化上清宫》《高堂山兜率寺》等有关大邑史事风物之作,无不清新自然、妙肖生动。由于他画名太著,诗名遂为所掩。

文同不但有很多诗歌吟咏,而且有不少绘墨竹画,可惜保留下来的并不多。

在文同之后,南宋著名诗人陆游在蜀地做官期间,也来到大邑,被这山山水水吸引,作《宿上清宫》:

> 永夜寥寥憩上清,下听万壑度松声。星辰顿觉去人近,风雨何曾蔽月明。早岁文辞妨至道,中年忧患博虚名。一庵倪许西峰住,常就巢仙问养生。①

诗人借宿上清宫,夜间听风送来山谷的松声,顿时感觉星辰离人很近,诗人的内心也得到抚慰,于是说风雨都不曾遮挡明月。陆游生逢南北宋之交,宋高宗时,因受秦桧排斥而仕途不顺,后来又因坚持抗金,屡遭排斥。宋孝宗乾道七年(1171),受四川宣抚使王炎的邀请,他投身军旅,任职于南郑(今陕西省汉中市南郑区)幕府。第二年,幕府解散,陆游便奉诏来到蜀地。因此"风雨何曾蔽月明"带着诗人坚定不移的爱国情感,在鹤鸣山的上清宫被阵阵松风唤醒,而且更加清晰。深感山灵英气,他又写下"一庵倪许西峰住,常就巢仙问养生",表达了愿与山为依,求仙问道而不问世事的意愿。陆游另外一首《夜宿鹄鸣山》也写到鹤鸣山上的夜景:

> 西游万里已关天,采药名山亦宿缘。老柏干霄如许寿,幽花泣露为谁妍?苔黏石磴扪萝上,灯耿云房扫榻眠。安得仙翁索米

---

① (清)赵霈:《光绪大邑县志》,光绪二年刻本,卷八第8页。

· 231 ·

术，一生留此弄寒泉。①

诗中写山中幽静之景，耸入云霄的松柏不知已有多少年，那幽暗处独自开放的山花又有谁欣赏？一路青苔、石阶、藤萝，云中深处静卧古寺，想要向仙人学道，一生留在此处也很惬意。诗人表达出自己对鹤鸣问道的热衷，足以见得此地作为道教发源地的独特。后来这首诗便刻在上清宫经楼阶沿一处石板上，我们从韦行的《鹤鸣山记》中可看到："过送仙桥（即铁索桥），经第一山，右辕门，沿宫墙石级而上，乃太清宫，即古鹤鸣观。（它）始建于东汉，重建于宋代，增建于元明，详细记载见于陈而新撰写的《重建鹤鸣山太清宫碑记》。门前两行翠柏，夹道撑天。门内两排小廊，约七、八间。再上乃太清宫正殿，全系斗拱木架结构，为明代重建，大殿供李老君神像，上有经楼，为道士念经之所，时因年代久远，有无数飞鼠栖息其间……阶沿嵌有条形石板一块，上刻宋代爱国诗人陆游《夜宿鹄鸣山》七律一首。"② 这是近现代文人笔下的上清宫。

鹤鸣山上最古老建筑就是上清宫，也称老君殿。根据记载，是五斗米道创始人张陵建建的。到明永乐年间，道士吴伯理兴建迎仙阁迎请仙师张三丰。张三丰，明英宗时被封为通微显化真人，晚年隐居在鹤鸣山修道，期间常往来于临邛、峨眉、灌县等地。他在《鹤鸣山》（二首）中写道"沽酒临邛入翠微，穿崖客负白云归，逍遥廿四神仙洞，石鹤欣然啸且飞"，"道士来时石鹤鸣，飞神天谷署长生，只今两涧潺湲水，助我龙吟虎啸声"，③ 张三丰在鹤鸣诗中写出从临邛买酒归来，见鹤鸣山隐约于白云深处，24座逍遥神仙洞府也似乎可见，还看

---

① （清）赵霨：《光绪大邑县志》，光绪二年刻本，卷八第6页。
② 韦行：《鹤鸣山记》，《大邑名胜今昔》内部发行1994年版，第62页。
③ （清）赵霨：《光绪大邑县志》，光绪二年刻本，卷八第10页。

到仙鹤翩然起飞。鹤鸣双涧在鹤鸣山东西侧,由雾中金刚山发源分流至此,据传此水通龙泉古井,东、西涧水可随水流自动调节,据说是张三丰的得道之地,为大邑县著名景点之一。张三丰的到来,也增添了鹤鸣山的仙韵,后来很多人慕名于此寻仙,清道光末年诗人李元植作《鹤鸣山思仙歌》,云:

> 神仙个个会骑鹤,此鹤独为张氏得。虚靖初来飞上天,三丰再过响岩壑。不遇高真不肯鸣,一鸣便有香风生。至今五百有余岁,松间眠石静无声。或是主人尚雌伏,蛰藏胎息卧云谷。待他长啸入山来,便照前番应声出。平泉隐者炼丹砂,抱琴携酒踏烟霞。冷涧潺湲暄日夜,深崖窈窕藏仙家。正是幽人栖息处,四围青壁嘘云雾。八卦亭前缓缓行,迎仙阁上层层步。想见先生礼白云,一瓢一衲远尘氛。三征不至傲洪武,十年难求逃建文。变化无方谁识面,昨霄梦里曾相见。羽衣道士翩然来,唤醒仙坛渴睡汉。①

诗人以丰富的想象,从仙师张三丰的座骑——白鹤着笔,以意象丰富而情感饱满的笔触写出石鹤等待仙师的到来。又写下《张三丰八卦亭》:

> 隐仙长放水云坳,八卦亭中万象包。直取先天排气候,独寻僻地玩羲爻。百围大木曾亲种,一孔元关许其敲。欲领阴阳参造化,客来好与鹤同巢。②

道教的各种典籍及学界专家都提到,大邑县的鹤鸣山是张陵创立

---

① (清)赵霨:《光绪大邑县志》,光绪二年刻本,卷十八第10页。
② (清)赵霨:《光绪大邑县志》,光绪二年刻本,卷十八第11页。

道教之处。鹤鸣山作为道教发源地,张陵创教、石鹤鸣仙、明代古柏、鹤鸣双涧等都是后世慕道者崇尚、向往的胜景、胜地。

二 雾中佛境

大邑的无数名山,除鹤鸣山外,受到无数诗人墨客青睐的就要数雾中山了。我国古代从四川通到印度有"南丝绸之路",雾中山就是南丝绸之路上的一座佛教圣地。《(光绪)大邑县志》载:"雾中山,《道志》在县北五十里,与石城山相连,一名雾山。昔如来云:震旦(中国)清凉(山西五台山的别称)大光明山,悉为菩萨都宅,此山大光明山脉。"[1] 雾中山又名大光明山,或名天诚山,或名雾山,在大邑县城北,主峰海拔1638米,因常年云雾笼罩,因此取名雾中山。此山是古佛弥陀的道场,山上的古寺开化寺始建于东汉永平十六年(73),是印度佛教传入中国后最早建寺的地方之一,也是佛祖贝叶经南传首地。雾中山对成都佛教发展而言有非常重要的意义,古往今来吸引了无数文人来到山中,如明代大状元、新都人杨慎就曾来此游览,作《游雾中山》诗云:

> 翠堵灵波隔,兜罗色界分。禅僧唐宝月,仙吏汉朱云。龙象偕新侣,鸳鸾偶旧群。诸天尘梦少,燕坐勒清氛[2]。

兜罗,本为佛教用语,指用兜罗树上柳絮状物织成之棉,常用来喻指洁白细软的雪或云,此处言开化寺云雾缭绕。宝月,为唐代高僧,事迹已不可考。朱云,西汉时人,刚正狂直,多次抨击朝廷重臣,惹怒皇帝,欲斩之,朱云死抱殿槛,以致殿槛被折断,即历史上有名的

---

[1] (清)赵霨:《光绪大邑县志》,光绪二年刻本,卷四第2页。
[2] (清)赵霨:《光绪大邑县志》,光绪二年刻本,卷四十八第11页。

"折槛"。杨慎写雾中山是清修胜地,此地远离世俗喧嚣、红尘滚滚,唯有清风明月。

鹤鸣山与雾中山堪称大邑名山的双璧,杨慎在《雾中开化寺碑记》中,写道:

> 仙佛同源,萃于二山,鹤鸣二十四洞,张道陵之所登真也;雾山一百八盘,僧腾兰之所卓锡也。今鹤鸣为莽苍之墟,而雾山拥庄严之美,则又系于护法演教之有隆替也。[1]

"鹤鸣为莽苍之墟""雾山拥庄严之美",道出了大邑县两座名山的不同特色与仙佛同源的本质。开化寺,是雾中山最古老的寺庙,"相传西汉时此境时有金色布地,玉砌天峦,异相无穷"(《雾中山开化寺碑记》)杨慎在《雾中山开化寺碑记》中写曾偕同邛州太守张纪、大邑县令吴公与乡进士左晋、王葵同游开化寺。与朋友一道游历雾中山在明代比较盛行,古人留下了几十首《游雾中山》,如今摘录部分佳作如下:

游雾中山二首
(明代 范瑟)

西山遥望白云封,忽睹晴光是雪峰。佳气常浮仙竹杖,青天新削玉芙蓉。入川寻胜齐人少,万里题诗郢客逢。浪迹此时新奇绝,奋飞志欲骑虺龙。

孤峰特起入云烟,客到西方镜月悬。池上莲开常觉老,台边柏古不知年。近天夜静闻禅语,讲法筵留听梵弦。明日下山传胜事。人生万劫是空缘。

---

[1] (清)赵霈:《光绪大邑县志》,光绪二年刻本,卷十二第4页。

西山，指雾中山。齐，指今山东省一带。郢，今湖北省荆州市北。这两首诗写出了雾中山云雾环绕、山高林茂的胜景，吸引各地文人前来观瞻，此处可听诵经禅语，使人顿悟、超脱。

游雾中山二首
（明代　高冲）

　　从来西蜀号名封，历抗炎天只一峰。望望流沙横玉柱，青青陆海点红蓉。何年白首天通老，终古晶光世一逢。欲令巨灵大斧劈，与君特此谒飞龙。

　　楼阁参差倚碧空，千龛灯火万山红。虚传世有神仙窟，自是天开佛子宫。树引藤罗星月上，路逢南史绿樽同。与君徙倚看牛斗，银汉遥应接九重。

诗人说西蜀自古就美名在外，而此地清凉避暑的好去处就是雾中山。相传雾中山有神仙洞府，有佛教寺庙。诗人希望在路上遇到知己，愿登上山峰、同看星辰。又猜想，那高耸入云的山巅似乎有到九重天的入口，用这些充满想象的描述，极力写出雾中山的高耸奇特。

游雾中山
（明代　郭斗）

　　小雨遵微径，行行近雾中。渐从翠微入，似与赤宵通。睇远凭春兴，临高却晚风。老僧供芳茗，一盏胜灵童。

翠微，山色青翠缥缈。赤宵，极高的天空。睇，看。茗，茶。在微雨迷蒙之中，诗人乘兴去登雾中山。只见山色青翠，高耸入天。接着诗人打趣说登山本是为了看这春日景象，谁知山太高，爬上山已是傍晚时分。在山上喝老僧给的一盏茶，从此顿悟，那是比灵童还懂佛理了。

游雾中山

（明代　高简）

可惜春光才五日，不眠今夜到天明。通衲悠渠鼾衾枕，壮怀于我走魔精。百仞峰中学禅定，五空蕴里绝心旌。长吟炯炯看绳榻，遮莫寒烟绕殿萦。

衲，衲衣，指僧人穿的衣服。炯炯，光亮。莫，暮。诗人写在雾中山清净小住的时光就如春天一般，极为短暂。诗人在一个不眠夜，听到寺庙中僧人的鼾声，说起在这高山之中学禅定，心中五蕴皆空。他吟诵佛经至天明，只见日出的光亮从榻上升起，佛堂里萦绕着还未散开的烟雾。写出了雾中山的清幽高远，的确是修行参禅的胜地。

游雾中山

（明代 王圻）

此山佳丽甲华封，贝阙嶒峨列上峰。雾起幻成银世界，日衔浮出锦芙蓉。卅年久抱禅关梦，万里何期客眼逢。灵诡岂应供玩眺，法筵常护六飞龙。

此为明代御史王圻所作。华封，指天下。贝阙，指用贝壳装饰的宫殿。嶒峨，指山峰巍峨险峻。禅关，指禅门或比喻彻悟佛教教义必须越过的关口。诡，指变化。眺，指远望。法筵，指讲经说法者的坐席，引申指讲说佛法的集会。诗中写道雾中山是山中之佳丽，山峰高耸入云。云雾蒸腾时，山就成为一个银色世界；日出时，又宛若锦绣芙蓉浮出水面。诗人怀揣着参悟佛理的梦想已三十年，没有想到跋涉万里在此相遇。这样的佛家圣地岂能仅供远眺赏玩，讲经集会时常有六条飞龙保驾护航吧。诗人以猜想的语气突出了雾中山的神圣不可侵犯。

游雾中山
（明代 李向阳）

万壑群山走雾中，梵天高倚碧云东。九关深护青霞岛，双涧时穿绿树丛。开化尚传天竺远，题碑共说圣恩隆。天台欲去重回首，精舍层层瑞彩红。

梵天，是印度婆罗门教的创造神。九关，指九重天门。开化，指雾中山开化寺。天竺，今印度。题碑，指《开化寺碑记》。开化寺为印度高僧摩腾、竺法兰所建，最初叫大光明山普照寺。明宣宗时，更名为开化寺。天台，指仙境。精舍，指出家人修炼的场所。诗人从雾中山的山势环境写到开化寺的历史悠久，最终以雾中山让修炼得道的神仙也流连忘返，突出雾中山不可多得的秀美。

游雾中山
（明代 葛世学）

梵阁嶙峋雨后行，惊涛高下乱雷声。寻芳独爱明池月，醉倚层宵数雁鸣。

梵阁，指佛寺的楼阁。嶙峋，形容山势峻峭重叠。明池，指雾中山明月池，是雾中八景之一。

游雾中山
（明代 陆秉直）

尘心百种等闲移，为入蓬莱路渺迤。雾结山峰连碧汉，月明兔影荡清池。层峦万转茗香馥，野径千条展齿迷。得待高人游赏处，一行对景一称奇。

蓬莱，是神话传说中五座仙山之一。碧汉，指天空。茗，指茶。

诗中写茶香馥郁、山路纵横的雾中美景，是让人洗涤尘心，如同传说中的蓬莱仙山一般。

游雾中山
（明代 亢时霖）

阴阴浓雾拥山溪，驻马令人望欲迷。崖石丛边嫌路隘，峰峦断处觉天低。云从东峡旋西峡，水向南溪转北溪。坐久忽忘浮世虑，扫尘闲诵壁间题。

诗人写登雾中山的所见所感，山高入云，山路狭隘，在水云之间欣赏美景，忽而把人间的烦恼忧虑都遗忘了，可以悠闲自得地吟诵起山壁上前人留下的诗句，真是人生难得的乐趣。

游雾中山
（明代 郭知礼）

尘烦未尽百忧丛，来访招提是雾中。楼阁层层平远木，屏峦叠叠隐苍穹。香闻百卉风吹过，雪映行衣足载空。极乐桃园无限赏，尚余烹茗洗泉红。

招提，指寺院。苍穹，即天空。诗人写在山中寺院见层峦叠嶂、云雾环绕，风送花香、雪映行衣，可以极目远眺，也可以品茗吟诗，整首诗都充盈着安闲自在的满足。很多诗在写雾中山时都会提到山高秀美可以洗去尘世烦恼，其余同题诗还有很多，不再一一罗列，由此可以想象游览雾中山的盛况。以上十首诗，作者多是明代大邑县令或者本乡进士、教谕，他们在雾中山感受大自然的美好，于山色翠绿之间，回顾人生、仕途、人世间的情感，顿觉寺宇澄明，体悟佛教的"放下"。所以，人们对雾中山趋之若鹜的，不只是山色秀美，更有深刻的佛教教义。清代大邑县令陈大文，作《大邑名山歌》云：

雾中之山何嵘嵘，天风浩荡吹尘劫。摩腾法兰初辟山，号大光明传贝叶。耆阇崛岭接天门，阿耨达水通江源。七十二峰森罗列，一百八盘迻攀援。苔藓苍苍迳仄滑，山曲坺坺势块轧。岩石倾倚云倩扶，润草萋迷风籍刷。明月神池贮碧潭，青雾梵天表云庵。始信琉璃作世界，好来弥勒与同龛。迤逦飞下数十里，幽壑喷薄垒嶂起。斗然一峰天柱形，夹住双洞龙津水。雾中佛境观日仙，洞天福地相勾连。鹤背高寒团白露，鹤顶清华凝紫烟。鸾停鹄峙竞岩秀，飞瀑流泉鸣玉漱。天国名山隐佛身，上清琼宇拂仙袖。丹炉犹在道人癯，苾刍谁掘牟尼珠。君不见，雾岭氤氲，鹤观缥缈，扶舆磅礴有如此。还应笃生，魁梧奇伟，通天地人只鸿儒。

云雾缭绕雾中山，流传着贝叶传经的历史；道风千载鹤鸣观，流传着仙源问道的传说；两座名山，荟萃佛道文化，正是"天国名山隐佛身，上清琼宇拂仙袖"。诗云"明月神池贮碧潭"，明月池是雾中山的著名景点之一。明代御史王圻在《游雾中山记》中写道："由（开化）寺后循石梯而无几，忽见飞泉月池流出。上有短桥，葫庐山题为'流月桥'。去桥仅半里，为'明月池'。池，古迹也。源通四海，阿耨达池。正统甲戌（1454），僧会定重甃为八角形，周以石栏，中圆如月，或曰：此中时有金光现。旧谱谓此山为'光明山'，疑以是耳。"明月池位于雾中山半山腰，被群山环绕，终年池水清澈，传说明月池源于西海阿耨达池，也有说明月池是受娑竭龙王卫护之处（僧宗经《雾中山碑记》）。明月池景色迷人也带着浓厚的禅意，明代大邑县人王泰写道："飞筇寒夜雾中游，寻到真源洗杖头。万里扬辉如见性，一泓涵碧自澄秋。月将林影浮图画，风递泉声韵管篌。已解餐芝得丹诀，无劳人海问汤休。"（《明月池》）本地人王续武写道："一放金波映碧渊,婵娟影静漾沦涟。源头活泼浮光素,古殿钟声锁暮烟。"(《明月池》)本地人左绅写道:"混沌谁将斧凿开,冰轮清冷绝纤埃。等闲漫讶池亭物,翠竹缘何紫雾排。"(《明月池》)明月池的一泓碧水,回响着山上古寺的钟声,可在山水清音之间体悟佛门高深的奥义,这独特的天然优势成为僧人、文士在此念经、会友的最佳选择,这也是雾中山对西南佛教发展形成一定影响的原因所在。

除明月池外,雾中山的禅茶也堪称一绝。雾中山云烟渺茫、水气浓郁、林木葱茏,适合种植茶叶。大诗人陆游就有《九日试雾中僧所赠茶》诗,云:

  少逢重九事豪华,南陌雕鞍拥钿车。今日蜀州生白发,瓦炉独试雾中茶。

陆游入蜀后,游览蜀中名山大川,饱尝各地的美味佳肴,尤其盛赞雾中山的茶。蜀州,崇州的古称。陆游曾任蜀州通判。虽人事复杂、国难忧心让人白发频生,不过陆游在雾中茶中得到了安慰。雾中山古时寺庙众多,僧人在念经打坐的间隙多种植茶叶,茶与禅成为相得益彰的组合。在唐宋时期,雾中茶清香醇美被作为贡品,闻名一时。雾中山也成了佛门子弟禅修、无数风流雅士结识高僧大德的首选之一。

第二节 诗词中的文化教育

大邑县坐拥独特秀美的环境,山清水秀涵养出无数杰出的人才,儒、释、道文化和谐圆融创造出无数惊叹的成就,在大邑丰富的诗歌文化中,就留下了大量有关教育文化的作品,记录下本土文教昌盛、人才济济的历史盛况,以及县令、学官甚至各类关心文化教育的人士对大邑文教发展的倾心尽力和特殊贡献。这些作品,或作品内容涉及文教，或作者身份关涉教育，或所写所咏的场所、史事、人物与教育有关，虽表面上看内容比较驳杂，但有一个教育文化的主题贯穿其间，有一种文教繁荣兴盛的自豪自信之情渗透在字里行间。我们可以通过相关诗文中的描绘，遥想当时书院里孜孜以求的学子们问道求学的情景，遥想当时教学相长、师徒相得的弦诵场面，遥想前贤先哲心系教育、念兹在兹的高尚情怀。例如，县令仲庆鹤作《题鹤鸣书院示诸生》（二首），写道：

万里云山一诏来，书林文囿共徘徊。新猷我愧文翁化，旧业人皆司马才。川岳精英随运转，方隅声教逐时开。等闲莫惜垂头坐，中有兰台与柏台。

十载曾携颖管青，诸生为尔说横经。山当绝顶千峰见，江到真源万派灵。利刃不忧盘错器，汲泉须问短长瓶。高秋几日鹏程好，争看抟风入杳冥。

新猷，指新的谋略。文翁，为汉景帝末年的蜀郡太守，创办中国首个地方官学"文翁石室"，从此蜀地学风大变，有"比于齐鲁"的美誉，《汉书》评论"至今巴蜀好文雅，文翁之化也"。旧业，指先前的事业或昔日从事学业、学术。司马，指司马相如，西汉时成都人，杰出的辞赋家。相传司马相如曾在文翁石室学习。川岳，指山川。方隅，指四方。垂头坐暗，指伏案读书。兰台，本指宫廷内收藏书籍的场所，汉代也指御史台（监察官署），唐朝指秘书省。柏台，也指御史台。此诗是县令对广大学子的劝诫与鼓励，希望在鹤鸣书院求学的各位如果能"书山有路勤为径，学海无涯苦作舟"，那么书中就自有黄金屋，也就自有学子期盼的一番仕途前程。正如宋真宗《励学篇》中所说："男儿欲遂平生志，五经勤向窗前读。"

第二首。颖管，指毛笔。横经，意思是横陈经籍，指受业或读书。

"山当""江到"两句,指问学犹如登山、溯源,要找到真正的制高点、源头,才能看清本质、学有所得。另一层意思也是指鹤鸣书院有真学,正如凌绝顶之山、具活源之水。"利刃"句,暗喻书院的教习都是有真才实学的鸿儒,不担忧学生资质不齐。"汲泉"句指因材施教。"高秋几日",指秋闱。古时乡试(也称乡贡、解试),是由各地州、府主持进行,一般为八月,因此称为"秋闱"。"鹏程好"是祝福各位学子都能高中、鹏程万里。抟风,出自《庄子·逍遥游》"抟扶摇而上者九万里",扶摇为旋风,后因称乘风直上为"抟风"。杳冥,指天空,高远之处。最后两句都是表达对受业学子的美好祝福。

从这两首诗可见当时学风,鹤鸣学院作为县学,代表着当时大邑文教的大致情形。县令从官方层面加以劝导、提倡,有了这层官方的支持,加之仕途经济对读书人根深蒂固的影响,自然向学之士会欣然响应,即如"影从"。当年宋载做大邑县令,走马上任就修建鹤鸣书院,亲力亲为一手创办,甚至连学宫中种植桂树也是花费了心思的。宋载有篇题目很长的诗文,题目就相当于序言,即《癸酉冬仲郊行,偶得桂树数株,移栽学宫,今枝叶荣茂,漫成长句志之》,宋载在诗中说到"蜀国多英才,晋原文士薮",晋原是大邑县的前身。自古"巴出将,蜀出相",宋载之意是蜀地文雅、多出英才,而大邑是文士聚集的渊薮。大邑学宫植桂树,丹秋时节花香馥郁,正与秋闱高中的寓意相通,宋载种植桂树也是想借个彩头。这等义举也得到了其他儒士的赞许,如萧惟耀、严文振等。其中,萧惟耀作《大邑学宫植桂走笔寄呈宋大舟》诗,宋大舟即宋载,诗云:

君不见圆灵水镜清虚府,中有菌牡婆娑树。揭来呆者笑吴刚,终日丁丁挥大斧。培也亦何为,戕也亦何苦。人间天上浑难问,传说渺茫徒终古。又不见鹊山之首招摇临海峤,草枭祝余花四照。

阿中桂树长森森，招来八公长发啸。地荒忽，人有无，欲往从之我马瘏。晋原令尹多实政，种借广寒胶庠庆。短短棘心储国才，馨香留待他年证。我忝流官仍土长，辟雍不闻钟鼓响。三年拮据尽绸缪，眼中兀突见高爽。感君諈诿咏木犀，濡毫未落心独痒。无缘分得数根栽，长向北风之来臭肷蠁。

走笔，指运笔疾书。圆灵，指天。清虚府，指月宫。菌牡，是桂树的种类名称。婆娑，形容枝叶繁茂。吴刚，古代神话传说中在月宫里伐桂树的仙人。培，指培土。戕，指砍伐。鹊山，传说中的神山，顶峰叫招摇。海峤，指海道。袅，摇曳的意思。八公，原指淮南王刘安门客，后也指八位神仙。荒忽，同"恍惚"。马瘏，指马病，无法前进。晋原令尹指宋载，夸其从广寒宫借来桂树载在学宫中。胶庠，是古代学校名。棘心，比喻稚嫩的状态。学子们在学宫中学习，此时虽稚嫩，但他们正是国家明日的栋梁之才。忝，谦辞，有愧之意。辟雍，最初是周天子所设大学，校址圆形，用水池相围，前门外有便桥。东汉以后，历代都有辟雍，作为尊儒学、行典礼的固定场所。"不闻钟鼓响"指没有礼乐之声，即学校待兴。拮据，指操劳。绸缪，指事先的准备。高爽，指桂树。諈诿，指嘱托。木犀，指桂花。毫，指毛笔。濡毫，指沾湿毛笔，准备写字。心独痒，指内心有歌咏桂树的强烈愿望。肷蠁，亦作"盼蠁"，指隐约、缥缈。最末两句，说自己无缘分得枝丫来栽种，只能希望北风能将桂花的香味送来，以慰这份情怀。桂花之香也隐喻着培养人才的义举，最末两句乃是赞赏宋载创办学校造福一方的大德。诗人见贤思齐，因此又说虽自己没有贡献屋瓦、建校育人，但期盼能得"桂树芬芳"，即受宋载启发，希望于百年树人做力所能及之事。萧惟耀为湖北省汉阳府孝感县人，乾隆四年（1739）中进士，为邛州知州。萧惟耀在这篇文章中表达出对宋载兴建县学的肯定与褒赞，建校兴学利在千秋，宋载也因各项政绩卓然、德行清明而成为一时名宦。

宋载在大邑任上，先后兴建学校5所，除县学鹤鸣书院外，还有丽泽、正业、青霞、文明4所。其中丽泽书院，与南宋思想家吕祖谦在浙江省金华市所建的书院同名。亚元（科举考试中乡试的第二名）陶成模的《丽泽书院即事》记下了当时书院的掠影，诗云：

滥厕儒师古寺偏，门前桃李自翩跹。挥毫浪托生花梦，展卷闲寻脉望仙。偶对后生谈月窟，时思长剑倚云边。陌头柳色知多少，独喜栖鸦夜夜还。

丽泽书院修在县南观音寺旁。生花梦，这个典故出自唐末五代时期王仁裕的《开元天宝遗事》："李太白少时梦所用之笔头上生花，后天才赡逸，名闻天下。"①指书院学子将来或许能如李太白一样笔下生花。脉望，是古书中的蛀虫，典故出自《仙经》："蠹虫三食神仙字，则化为此物，名为脉望。"②据传，如遇脉望，夜里以此照应天上星辰，星使会降临赐予仙丹，以脉望之水服用，即可飞升成仙。此句指书院学子读书之间或许能如古人遇到脉望仙人。月窟，指月亮归处。长剑倚云边，指心中的抱负。柳色，指柳叶繁茂。全诗是陶成模考中乡试后对书院教育的期许与赞赏。

书院是中国教育史上很独特的教育机构，对于地方文教发展有着尤其重要的影响。从宋载到徐震翱，数任县令都将书院建设作为文教治县的根本。大邑县在清代四川省范围内，书院数量比较靠前，为大

---

① （五代）王仁裕撰，丁如明辑校：《开元天宝遗事》卷上，《开元天宝遗事十种》，上海古籍出版社1985年版，第86页。
② （五代）王仁裕撰，丁如明辑校：《开元天宝遗事》卷上，《开元天宝遗事十种》，上海古籍出版社1985年版，第86页。

邑及省内外培养了众多文臣武将，他们对家乡山川风景的怀念、对风土人情的讴歌、与文人雅士的诗词唱和，极大地丰富了大邑的诗词文化，也展现出大邑文教的繁荣兴盛。

在诗歌中还能看到邑人对前贤、师友的追慕怀念之情。明代举人刘应宸曾作《感遇》三首，其中第二首云：

> 瞿塘水画断，峡天亦甚微。泛舟梦想中，隔代犹依依。鹤鸣声亦近，更生心岂违。谈言未解梦，壮士髀肉肥。谁忘名货想，从容辨支机。

瞿塘即瞿塘峡，也称夔峡。瞿塘峡西端，两岸悬崖耸立、高百丈，宽不及百米，因形状如同门户，因此称夔门。诗中写到，瞿塘水被如画一般的山崖阻断，峡湾中天色也渐暗。在此泛舟迷糊之中进入梦境，仿佛突破了时空的限制。更生，重生、复兴，出自《庄子·达生》："弃世则无累，无累则正平，正平则与彼更生，更生则几矣。"诗人在梦境中听到由远及近的鹤鸣声，更坚定了要重新对待生命的信念。梦中的鹤鸣是回归本真的召唤，鹤鸣山的传说即是"石鹤鸣，仙人去"，这是在潜意识深处由家乡牵引起的自我回归。梦，纷乱。髀，大腿。支机，指支机石，传说天上织女支撑织布机的石头。相传张骞于银河带回一块石头，严君平说是支机石。此处"辨支机"喻指严君平。严君平，本名庄遵，字君平，今四川省邛崃市人。西汉末年思想家、易学家，辞赋家扬雄的师傅。今大邑辖境原属邛州。刘应宸以家乡名人严君平作为人生榜样。最后两句发问，谁又能忘却名利欲望，从容分辨支机石呢？即要向严君平一样隐居市井、终身不仕，追求平生所好，是很难实现的。这份终不能实现的"回归"，实为诗人日有所思、夜有所想的主要内容。

又如明代的王焱，官至知县，作《鹤鸣观》诗云：

重过招提宿，心清洗俗尘。花香风送远，凉气雨添新。西竺山中路，东林社里人。白云千万顷，只与老僧邻。

诗中写自己再次路过鹤鸣观，借宿一晚，顿时心境清宁，一洗俗世的凡尘。此地仙源景象有远风送来花香，雨后山中也平添了更多凉气。全诗境界清新，意象生动，颇有王孟韦柳诗风致。西竺，指天竺，古印度。东林，指东林党。万历三十二年（1604），顾宪成等人修复宋代的东林书院，与高攀龙、钱一本等在此讲学。在东林书院讲学及与之有关系或支持讲学的朝野人士统称为"东林党"。"西竺"两句是指自己本是东林党人，今取道山中，走一走这求佛问道之路，此刻愿同这山间的千万顷白云为伴，隐于虚渺之中，与寺院中的老僧为邻。

另外，不少诗歌也展现了当时学官、文人的日常生活以及人生追求。例如，明代教谕（宋代开始设置，负责教导生员）叶培，也是大邑县人，有《游雾中山》诗：

春树晴云路渺茫，犹夷杖履足徜徉。景空万仞心如定，雨漫层阶夜转凉。胜地登临牵兴远，良朋酬劝引杯长。真如果有飞升诀，摒却闲身入醉乡。

春光和暖、晴空万里的时节，诗人登临雾中山。只见山路渺茫、伸入云端，而诗人意兴不减，拄着杖徜徉在山路间。仞，古时的度量单位，七尺或八尺为一仞。登临高处顿时有一览众山小之感，有从视觉到心境都开阔的感受。古时登高作赋抒怀往往是名士风流，诗人在万仞高处不禁思绪万千、情感百端，与朋友喝酒作诗，心中有不尽的壮志豪情。引杯长，见于杜甫《夜宴左氏庄》"检书烧烛短，看剑引杯长"。诗末说如果真的有让人飞升的诀窍，那么诗人愿抛却闲杂，这误落尘网之身终得在这风景迷人之处得到栖息。

再如，明代大邑人李翘，官至知州。对雾中山魂牵梦萦，也曾做《游雾中山》诗：

> 雾山牵我几陪观，过峡崎岖不觉难。雨带丹梯常自润，时当炎暑有余寒。翠峰倚汉抛云杖，碧水飞崖喷雪湍。自觉俗缘犹未扫，禅房空羡老僧安。

诗人心中向往雾中山由来已久，因此山路崎岖不平也不觉得路途艰难。山高水润，盛夏时节山中依然分外清凉。"翠峰"句是形容山峰高耸入云，如同从云端抛下的绿杖；"碧水"句形容山间清泉从山崖飞泻而下，有疑似银河落九天之状，激起千层浪沫，又如雪花飞舞。前面几联都在向世人介绍雾中山的秀美无双，最末两句说"自觉俗缘犹未扫，禅房空羡老僧安"，是表明自己仍俗务缠身，心中向往这清凉胜境却不可得，只能羡慕这寺院中安静修行的老僧。《诗经》中有"式微，式微！胡不归？微君之故，胡为乎中露！"人生在世往往有太多羁绊，诗人向往归去，却终不可得。王维有诗云"随意春芳歇，王孙自可留"，而"自可留""胡不归"就是我们一生需要去参透的道理，诗人想往的雾中山的清幽，更是与俗缘不同的另一个世界。

实际上，这些文人雅士在诗歌中都表达了一种"回归"——回到家乡的愿望。大邑不仅是家乡，更是培育无数人才的沃土，儒家思想、佛道文化都在秀美山水间、在学子鹏程万里的梦想中得到更圆融的发展，因此，无数诗歌对家乡的眷恋、怀念，亦是对初心、对梦想的追忆。

大邑诗歌文化的繁荣，除表现在诗人众多、佳作频出之外，另一方面就表现在产生了系统、全面的纪事诗，用诗歌记录了大邑的人事风光、历史变迁。与之相生相成的，就是诗歌创作与诗学理论的相辅相成、共同发展，计有功的《唐诗纪事》就是显著的例子。计有功出生在大邑的进士世家,也是南宋进士,其潜心辑录出如此丰富的唐诗资料,也从侧面反映出大邑本土文人诗歌创作的繁荣及在诗学理论上的主动追求。在明代,大邑的各类考试考中者达60多人,而有历史记载的书院是从清乾隆年间宋载任县令时才始建,可见,大邑的文教发展在明代已经颇有成绩,从诗文创作来看也显示出这一迹象。

大邑拥有仙佛同源的独特优势,此地钟灵毓秀,学子文人在此受教,多有儒家建功立业的宏愿,也会有返璞归真、功成身退的本心,因此,无论身在何处、担任何职,想起故乡总是一派"归去来兮"的语调,故乡保存着初心、真我,回到故乡就是回溯初心、真我。正如邑人余彭年在诗中说:"休言夜夜梦长安,欲唱骊歌泪已弹。万里途遥归不易,一时情重别尤难。秋风几度吹鸿远,暮雨何年对酒看。料得相逢非故里,帝城门外盼征鞍。"(《计别前辈刘亭岐山长四首》之四)

鹤鸣山是道家发源地,道教仙师张三丰曾在山中修炼,留下数首作品,如上文提到的《鹤鸣山(二首)》,再如《天谷洞》诗云:"天谷本天生,长歌石窍鸣。栖神须此地,坐炼大丹成。"天谷洞,位于鹤鸣山后山山顶,也称天师洞。相传是道教创始人张道陵创教、修炼的场所。天谷洞洞口高约2米,宽约3米,是在峭壁上天然形成的岩洞,洞中岩壁、岩顶凝结各式各样的钟乳石,洞中也有部分形态各异的钟乳石。洞中曾有汉代古碑,碑上刻有"盟威之道""正一""张辅汉"等隶书,学者认为此碑极有可能就是张道陵所立,这也是道教发源于鹤鸣山的有力佐证。明代道教仙师张三丰也称此地是石鹤所鸣之处,正是仙人养神、修炼丹药的最佳场所。张三丰在鹤鸣仙源熏染下,作《题临邛玄天观》诗[①]:

[①] 四川省大邑县地方志编纂委员会办公室:《清乾隆〈大邑县志〉校注》,内部资料1998年版,第342页。

等闲钓罢海中鳌，一笑归来祖晋陶。花吐碧桃春正好，笋抽翠竹叶还高。心怀凤阙龙鳞会，身寓龟城马足劳。何必终南论捷径，宦情于我似鸿毛。

钓海中鳌的典故出自《列子·汤问》篇："龙伯之国有大人，举足不盈数步而暨五山之所，一钓而连六鳌，合负而趣归其国，灼其骨以数焉。"① 后世以屠龙、钓鳌表示具有特殊才能，喻才华出众、取得成就。祖晋陶，指效仿东晋陶渊明。以上两句指在仕途上取得的成绩都如过眼云烟，愿放怀一笑效仿陶渊明回归田园。凤阙，指朝廷。龟城，指成都城。终南捷径，指求名利的最近门路，典出《新唐书·卢藏用传》。最末两句大师祖露心迹，何必去走求得功名的捷径，做官于我已如鸿毛一般轻，表明了自己一心向道的决心。山水清音的确是修炼之人趋之若鹜的去处，道教、佛教也因此有各自传教悟道的名山道场。雾中山正因风景如画、环境清幽，从而成为佛教的传教胜地。其中，钵盂峰尤其受到各位修仙道友的热爱。

钵盂峰在雾中山（接王亭对面的钵盂山顶）。明代范汝梓在《游雾中山记》写道：青霞嶂"左为钵盂、大鹿诸山"。明代王圻作《游雾中山记》也说："入钵盂夹山之中，大溪之侧，五僧诣而前曰，此青霞嶂也。"可知，著名景点青霞嶂就在钵盂峰。僧人们在此感受宜人风景，也留下无数诗文，如明代雾中山开化寺高僧惠坚写《钵盂峰》诗：

派出昆仑太易先，流行坎止古今然。诚知一勺深湖海，勿谓如拳倍日年。俯首坐观潭底影，仰嘘气拂岭头烟。鸢鱼飞跃谁能荐，明镜无尘上下天。②

---

① 黄建国译注：《列子译注》，商务印书馆2015年版，第143页。
② （清）赵霦：《光绪大邑县志》，光绪二年刻本，卷十八第26页。

第十二章 丰富多彩的诗词文化

昆仑,是中国神话传说中的仙山,地处新疆西藏之间。传说道教元始天尊的道场玉虚宫就在昆仑山上。《山海经》记载:"西海之南,流沙之滨,赤水之后,黑水之前,有大山,名曰昆仑之丘。有神,人面虎身,有文有尾,皆白,处之。其下有弱水之渊环之,其外有炎火之山,投物辄然。有人戴胜,虎齿,有豹尾,穴处,名曰西王母。此山万物尽有。"[①] 道教女仙之首西王母也穴处昆仑山,足见昆仑在中国道教的传说中有非常重要的地位。昆仑山为西部山系的主干,被称为中华民族文化史上的"万山之祖",因此诗人说钵盂峰延续昆仑山脉,接续仙源。太易,指原始混沌的状态,先于混沌而存在,说明钵盂峰历史很久远。坎为《周易》六十四卦之一,上下卦都是坎(水),险义。流行坎止,指乘流而行、遇险而止。勺,古代容量单位,一勺为少量。拳,指如拳头般大小,喻极小。倍日年,即一日为两日,一年为两年。荐,凭借。明镜,典故出自佛教故事,五祖弘忍欲传法,大弟子神秀说:"心是菩提树,身是明镜台。时时常拂拭,莫使染尘埃。"[②] 最末两句写高僧惠坚在清水见底、仙雾缭绕的钵盂峰体悟奥义,表达对顺应自然、无所凭借、心如明镜的向往。

钵盂本是装饭菜的食器,佛教中僧人用来化斋,也用于诵经时敲击。高僧在圆寂时,会将袈裟和钵盂传给得到真传的弟子,叫作"衣钵相传"。可见,钵盂对于佛教僧人而言意味着奥义真传。钵盂峰形式钵盂,有此缘分的僧人在此修行更多了些大彻大悟。明代僧人净谈作《钵盂峰》诗:

> 秋风扶我上层峦,悟入萝轩境界宽。抚大夫松赤宵际,饱罗汉果白云边。三生石话诚奇遇,四色花飞直美观。不觉苔阶吟未

[①] 金钟注:《山海经全新注释》,广州出版社2017年版,第339页。
[②] 洪丕漠:《佛经三百首》,安徽文艺出版社2015年版,第73页。

已，碧阑干涌月团团。

大夫松，指松树。罗汉果，也称神仙果。三生源于佛教因果轮回说，三生石的三生分别代表前生、今生、来生。钵盂峰幽美的环境加持了僧人的修行，空灵清奇之间更能实现大圆觉（佛教用语，指广大圆满的觉悟，佛的大智慧）。明僧人清远也作《钵盂峰》诗："活泼源泉地最灵，高人晦迹洗尘心。鸟鸣试问君知否，月在长天水在瓶。"最末句借用唐代李翱《赠药山高僧惟俨二首》（之一），诗云："练得身形似鹤形，千株松下两函经。我来问道无余说，云在青天水在瓶。"两首诗末两句有异曲同工之妙。《宋高僧传》记载了李翱向高僧惟俨问道的经过，惟俨先是不理，之后便指天、指净瓶，说："云在青天水在瓶。"李翱便于其中领会了道理。僧人清远借用此典故，在钵盂峰听到鸟鸣，在自然的声音中也同样领悟了这番道理，即尘归尘、土归土，个人修行要自我圆满。

大邑佛道文化如此浓厚，是集天时、地利、人和的结果。很多知名的高僧大德、道教仙师云游在鹤鸣山、雾中山深处，除上文提到的张陵、张三丰，僧人惠坚、清远等人外，还有多位大师也常出现在社会名流的诗文中，贤士、僧道彼此唱和，留下无数雅趣盎然的佳话。例如，文同在中秋月夜寄诗给凤凰山的道人，云：

有客千岩万壑中，绿毛丹脸紫方瞳。不知今夜西楼月，几处飞仙下碧空。（《中秋对月怀寄凤凰山邓道人》）

文同曾自作诗"谢公携妓入东山，我爱烧丹道士闲"，表明他喜结交道人。宋英宗治平二年（1065）的中秋夜，文同不禁想起老友大邑县凤凰山的邓道人，便提笔写到"绿毛丹脸紫方瞳"，这是非常不凡的相貌，他遥想今夜道友应是邀请飞仙共饮的胜景，心中充满羡慕。文同与僧人交往也很深,出现在他诗文中的就有成都大慈寺觉济大师、楞严院僧惟中、富乐山海师、无演禅师等。他曾戏作诗文调侃凤凰山长老:"七十头陀会语言,舌根流利口阑珊。罗浮居士最难奈,稳把无弦琴与弹。"(《戏呈凤凰长老用师》)此诗作给长老用师,即淳用禅师,本为邛州白鹤山高僧,宋仁宗嘉佑中为大邑县凤凰山主持。头陀,指行脚乞食的僧人,这里指凤凰山长老。罗浮即广东省境内的罗浮山,为佛教圣地。文同自称罗浮居士,可见他对佛教之钦慕。无弦琴即没有琴弦的古琴,典出南朝梁萧统《陶靖节传》:"渊明不解音律,而蓄无弦琴一张,每酒适,辄抚弄以寄其意。"陶渊明虽不识音律,但以无弦之琴寄意,也是风雅非常。诗人的言下之意是,长老满口佛经奥义,我虽非佛门弟子,终也算心向往之,即使不能大彻大悟,也可淡定自若地交谈。在这轻松诙谐之间,凸显出二人的关系非同一般。

文人墨客与僧道之间的诗文往来,为我们描绘出大邑诗词文化兴盛的生动侧面。大诗人陆游在成都做官前后约6年余,这期间他遍览蜀中山水,广交文雅之士,其中也有不少高僧仙道。关系较好的是在青城山、雾中山修行的数位道友,如上管道人等。陆游在访青城时,曾拜见道人于丈人观,问养生之术。作诗:"九万天衢浩浩风,此身真是一枯蓬。盘蔬采掇多灵药,阁道攀跻出半空。累尽神仙端可致,心虚造化欲无功。金丹定解幽人意,散作山椒百炬红。"(《上官道人巢居山中》)枯蓬,秋后干枯的莲蓬。金丹,道教仙丹。幽人,指隐居山中的道人。最末句"散作山椒百炬红"指夜晚山谷火光明亮,此乃仙人留下的仙丹所致,俗称圣灯。以此形容上官道人道法高深,积天地灵气。陆游本是带着仕途失意的心情来到蜀地,但蜀地山川秀丽、人民热情、物产丰饶的景象,很快就抚慰了这位身怀壮志的诗人,以致萌生愿在蜀地度过余生的念头,后来在陆游的诗文中常将蜀地称为第二故乡,对蜀中的人物和风景充满怀念,即如他怀念交好的道友:"雪谷孤松自郁然，纷纷朝菌但堪怜。坐更拂石芥城劫，时说开皇龙汉年。淡煮藜羹天送供，闲拖藤杖地行仙。共看王室中兴后，更约长安一醉眠。"（《有怀青城雾中道友》）朝菌，出自《庄子》"朝菌不知晦朔，蟪蛄不知春秋"，比喻生命极短之物。芥城劫，出自《大智度论》"有方百由旬之城，中满芥子，有长寿人，百岁一来，持一芥子去，芥子尽，劫未尽"。佛教中指渡劫。开皇龙汉，出自《元始天尊度人经》注："东方得九气以分天境，劫号龙汉；南方得三分气以分天境，劫号赤明；中央得十二气以分天境，劫号上皇；西方得七气以分天境，劫号延康；北方得五气以分天境，劫号开皇。"[①]此处指宇宙开辟的学说。藜羹，指用藜菜做的羹，泛指粗劣的食物。藤杖，用藤条做的拐杖。地行仙，喻闲散享乐无所事事的人。最末句"共看王室中兴后，更约长安一醉眠"，道出了陆游对宋朝中兴、抗金取胜的满怀期待。陆游一生坚持抗金、反对求和，在人生弥留之际作《示儿》诗还说"王师北定中原日，家祭无忘告乃翁"，这个夙愿贯穿他的一生，无论身在何处、与谁交谈都不免将此倾诉出来。我们可以从这些带着满怀情绪的诗句中，感受那个时代的悲欢离合、惆怅失意，陆游对道友们表明自己愿做雪谷之中的郁郁苍松，经历劫难也要"守得云开见月明"，同时也说明寓居在山中的僧道们与诗人们交流不只是经典奥义，也涉及世道人心、际遇命途等，高僧道友于山中修行，与身处宦海的诗人们畅谈，言语之间将那些参透的奥义传达给诗人们，成为诗人们于繁杂人世外的一处精神桃花源，这份魅力与山水清音相辉映，这正是为什么清幽胜景往往更能成为僧道修行圣地、引来无数诗人驻足流连的原因吧。

宋代，在大邑县境内雾中山、凤凰山修行的法师还有圆泽老宿（宋孝宗淳熙时期）、可尚法师（广汉人，因善作诗闻名于蜀）、淳用

---

① 转引自钱钟联校注：《剑南诗稿校注》，上海古籍出版社1985年版，第618页。

禅师（邛州白鹤山高僧，宋嘉佑中为大邑县凤凰山主持）等。至明代，雾中山佛教发展至鼎盛，当时拥有"四十八庵，一百八十寺，僧众达数千人"。明正德年间，武宗朱厚照敕封高僧圆曦为都纲[①]史官。除圆曦法师外，还有僧人腾兰（杨慎《开化寺碑记》）、僧人宗经、法海（《雾中山碑记》）、释海空、正江（《雾中山普照寺平治道路碑记》），此外还有著名的"云寮上人"。

在明代，数位著名诗人笔下都提到云寮禅师，状元、新都人杨慎作《云寮篇送释真著归雾中山》诗："诗里无僧句不清，云僧况是有诗名。僧庐元在雾中住，云收雾散归山去。山房请我题云寮，碧云诗和白云谣。云邪雾邪远莫辨，禅诵山中昏复朝。"诗中提到云寮上人善作诗。和，指诗歌唱和。"白云谣"最初见于《穆天子传》，诗云："白云在天，丘陵自出。道里悠远，山川间之。将子无死，尚复能来。"这是周穆王西游至昆仑山，见西王母，临别时西王母作此歌，为之祝福。杨慎用此典，表明送云寮上人归雾中山的惜别之情，这是二人之间的唱和之作。雾中山常年云雾缭绕，云寮上人深居山中，潜心佛典，日夜精研，诗才、修行都被世人尊敬。进士任吾作《赠云寮上人》诗："青雾峰头好学禅，本来真印自金天。藤床隐坐观心处，静夜遥看水月圆。"真印指佛教真传，金天指佛国。雾中山又名大光明山，杨廷和（杨慎父亲）写道："佛在拘尸，临灭，指嘱戒子婆伽曰：'吾灭去七百年，尔往震旦，有山曰雾中大光明山，实系古佛弥陀化道之场，累有国王兴建之所，寓彼，保护密严，迟后圣者来居。'自后，东汉明帝永平年间，果应金人梦，遣臣蔡愔，向西迎请，有摩腾、法兰二尊者，皆佛嘱也，厥后尊者开住斯山，特表申朝，敕建额曰雾中普照禅寺。"雾中山是古佛弥陀的道场，也是释迦牟尼佛在圆寂时嘱托让弟子寓居

[①] 都纲：为梵语"大经堂"的音译，官制始于魏晋。明初中央政府在边远地区设都纲司，由"都纲"主管佛教一切事宜。

之处，之后经历东汉迎请西方真佛，都应验了佛祖箴言。在此之后的高僧大德便常驻此山，朝廷敕建"普照禅室"。云寮上人是大德之一，任吾描绘上人于静夜打坐参禅的场景，水月是一语双关，既是云寮上人实际看到的水中之月，又是佛教偈语，形容人生的无常、修行过程或者结果、佛性洁净。云寮上人于静谧之夜在藤床上静坐观心，悟到自我修行的大圆觉。在有真佛传教的雾中山，更有助于僧人了悟道之真谛。又如成都员外邱承祖赠诗云寮上人，写道："雾中山有云寮子，杨枝几滴西江水。为读顶轮一字经，看破元机六千纸。相逢落落兴腾腾，其后蹴踏谁能禁。会有人间习凿齿，应识僧中支道林。"①（《赠云寮师》）杨枝，指十一面六臂观音杨枝菩萨，菩萨两手左手持净瓶，右手持杨枝。西江水，出自宋代释道原的《景德传灯录·居士庞蕴》："后（庞蕴）之江西，参问马祖云：'不与万法为侣者是什么人？'祖云：'待汝一口吸尽西江水，即向汝道。'"② 吸尽西江水，指顿舍贪、嗔、痴，心中烦恼度尽，则众生度尽，可于西方净土自由往来。比喻经修行而进入西方净土世界。此句指云寮上人得杨枝菩萨点化，参透真正佛法、入西方净土。顶轮，佛教语，指第七个脉轮，意为空。元机，即玄机。蹴踏，指踩踏。习凿齿，字彦威，今湖北省襄阳市人，东晋著名史学家、文学家。他精通玄学、佛学、史学，与东晋著名道安法师（佛教传入中国初期影响最大的本无宗的代表）关系甚好。支道林，也叫支遁，字道林，世称支公或林公，本姓关，今河南省开封县人或说林州市人。东晋时期著名的高僧、佛学家、文学家。他最初隐居余杭山，25 岁出家，曾居支硎山，后于剡县沃洲（今浙江省绍兴市新昌县）小岭立寺行道，提出"即色本空"的思想，成为当时般若学"六家七宗"中即色宗的代表人物。晋哀帝时，他应诏进京，暂居

---

① （清）赵霦：《光绪大邑县志》，光绪二年刻本，卷十八第 23 页。
② （宋）道元辑，朱俊仁点校：《景德传灯录》，海南出版社 2011 年版，第 213 页。

东安寺讲道，三年后回剡而卒。与王羲之关系较好。最末两句以习凿齿与支道林的典故喻凡尘中精通佛法之人与佛教中兼通佛法、诗理的高僧必然会成为至友。以支道林喻云寮上人，可见这位高僧在佛法研习、诗文创作上都有卓越的建树。

从唐朝中期以来，江苏、浙江一带多通晓佛理与诗文的僧人，被称为诗僧，如皎然、贯休等。及至宋，诗僧作为诗歌创作的生力军之一，出现了著名的道潜禅师（字参寥，今浙江省杭州市临安区人，有《参寥子集》）、惠洪（字觉范，今江西省宜春市宜半县人，活动于宋徽宗朝，著有《石门文字禅》）、雪窦重显（今四川省遂宁市船山区人，著有《祖英集》《明觉禅师语录》）、祖可（今江苏省丹阳市人，入江西诗社，著有《东溪集》）等，明代著名诗僧数量更多，钱谦益的《列朝诗集小传》中专门罗列"高僧、道士"一类，其中高僧共有113人，明代诗僧活跃之状况可见一斑。佛教文化浓厚的大邑有很多高僧名师传世，比如上文寄居在佛教名山雾中的云寮上人、开化寺住持惠坚、凤凰山的淳用禅师等。在僧道的诗文中，往往多山水清音、参悟佛法的内容，又喜用精辟语道深刻义（即诗偈类），也喜于平白浅切中见真理，如清远法师说"鸟鸣试问君知否，月在长天水在瓶"等。僧人道士在与文人的诗文唱和中，不仅是诗歌美学在儒释道三教文化背景下的碰撞与切磋，也有社会历史的局部冲突与远隔纷扰的澄明修行之间的互补与观照。这些构成了文人与僧道诗歌唱和的主要内容，也形成了诗歌文化发展过程中最特别的部分。大邑拥有儒释道文化共荣发展的独特优势，大量高僧大德、道士仙师在此地修行问道、盛赞此地山川秀美、独具仙源，也吸引不少著名文人儒士来此地旅居、游赏。他们彼此的唱和、相互寄赠的诗歌，是大邑诗歌文化中韵味无穷、含蓄深远的篇章。

第三节　诗词中的社会生活

大邑建县始于唐代咸亨二年（671），不过大邑历史与古蜀历史一样悠久。历经时代变化、沧海桑田，生活在这片土地上的人民繁衍生息、敬畏自然，逐渐形成当地特有的风俗人情。《(光绪)大邑县志》载："邑为邛属，附近省垣。农守耕耘，妇勤蚕织，吉、凶、宾、嘉，礼从俭约。自明末叠遭兵火，土著无几，率多秦楚、豫章之人。或以屯耕而卜居，或因贸迁而占籍，五方错处，好尚不同，大抵西北山多田少，富者有余于赀，贫者以耕种负贩为业；东南原隰平衍、地颇富饶，四民咸安居乐业，间有外来游手，计诱无业莠民，聚散靡常，全赖有司随时整饬，移风易俗、除暴安良，一转移闲，而气象丕变焉。"[1]大邑经历明末战乱后，当地人所剩无几，主要依靠移民来充实人口，迁入大邑县的大都来自陕西、湖北、江西一带。大邑县西北部以山多田少为主，东南则是平原沃土，他们在此择地而居、入籍成户，或从事农耕，或贩运买卖，成为"新"的大邑人。天南海北的人杂居于此，即使口音各异、习性不同，却能与大邑本土的风俗习惯融合，世世代代安居乐业，足以证明大邑文化精神的创新与包容，这与天府文化中"乐观包容"的精神内涵一脉相承。

一　劝农祈雨

大邑的风土民情诗是大邑诗歌文化的组成部分，明清两朝来此宦游的文人儒士的作品中，就有不少涉及当地民风民情的内容，著名的如县令宋载。宋载是乾隆十一年（1746）到任，亲自走访各地、探查

---

[1]　(清)赵霦：《光绪大邑县志》，光绪二年刻本，卷七第2页。

民情,写下《晋原八景》生动地描绘大邑各处风光,又创办多所书院,培育英才、利在千秋,这些都是宋载精于吏治、造福大邑的体现。此外,宋载留下的诗文也记录着他对民情的关注,如《劝农》。农事是百姓赖以生存的基础,务农耕桑是大邑人民主要的经济来源,春耕、夏种、秋收、冬藏,是祖先留给后世的智慧,在每个阶段都要以不失时令、不违农时为要务。除遵从历史经验外,还需邑令亲自督促,正如《诗经》当中的名篇《七月》,就是一首记录上古农耕稼穑的史诗,首章写道:"七月流火,九月授衣。一之日觱发,二之日栗烈。无衣无褐,何以卒岁。三之日于耜,四之日举趾。同我妇子,馌彼南亩,田畯至喜。"① 田畯,是古代农官,又称为田大夫。古时专门设立官职监管督促农耕,明清时期朝廷也设有"治农官"("劝农官""督农官")管理农田、水利等。《(光绪)大邑县志》载:"四月,麦秋节至,民勤农事,官举麦,祭于东郊先农坛。"② 四月春耕播种(麦秋节)来到之时,农民勤勉,农事官在县城东郊先农坛进行祝祷仪式,举麦祭祀神灵。县令作为父母官,督农劝农、祈祷播种顺利也应是分内职责之一。

《(光绪)大邑县志》载:"邑西北多山田,种宜菽粟。居民刀耕火耨,不稍懈惰。其御麦指利,亦与稻粱相等。东南近水之区,种宜稻粱,资灌溉于堰塘,以时壅泄,故岁多丰稔。大抵生齿日繁,自食其力者多。富者虽盖藏有余,贫者仍饔飧仅给七分以上。丰收年岁,土产五谷尚足自供,若遇歉收犹须仰资邻籴。"③ 也就是说,大邑因西北片区多山,适宜种菽粟,东南片区多水,适宜种植稻粱,若遇丰年则富有余粮、贫有供给,但若遇旱涝须从邻县买进粮食。大邑虽坐拥

---

① 程俊英、蒋见元:《诗经注析》,中华书局1991年版,第406页。
② (清)赵霦:《光绪大邑县志》,光绪二年刻本,卷七第5页。
③ (清)赵霦:《光绪大邑县志》,光绪二年刻本,卷七第2页。

无数名山、植被丰富，但受独特地形的影响，农事成为县令需要多加关注的部分。宋载诗云：

> 星言夙驾税桑田，慰劳亲行共勉旃。望切杏蒲临夏日，饷随藜黍带村烟。桔槔未释沾涂苦，蓑笠谁从雨露悬。莫道老农徒作苦，由来八政食为先。（《劝农》）①

"星言夙驾，说于桑田"出自《诗经·定之方中》，全诗描写卫文公重新建国，占卜吉日、修建宫室的过程，此句指晴日清早驾车出行，在桑田休息，喻指卫文公在国家草创之初亲自督劝农桑。宋载引此典故，在于以文公事迹自勉。杏、蒲，典出南朝徐陵《徐州刺史侯安都德政碑》："望杏敦耕，瞻蒲劝穑。"指杏花开放、菖蒲始绿，按时令劝勉耕种。宋载此处也是指在临近初夏时节，正是敦促农耕之时。"饷随"句化用王维《积雨辋川作》诗："积雨空林烟火迟，蒸藜炊黍饷东菑。"② 此句意为：连日雨后，透过树林看到村落里冉冉升起炊烟，是人们烧好粗茶淡饭去送给村外忙着耕耘的人。《七月》也有"同我妇子，馌彼南亩"③ 的传统，宋载化用这个典故是用馈饷劝农的风俗督促耕种。桔槔，俗称"吊杆"，是原始的汲水工具。它运用杠杆原理，末端悬挂重物，前段悬挂水桶。一起一落，汲水可以省力。蓑笠，指用草或麻编织成的斗篷或帽子，樵夫及渔民用来遮风挡雨。此两句形容农民稼穑艰难、栉风沐雨，灌溉艰辛、多靠汲水。最末两句又回到劝勉，告诉自己"莫道老农徒作苦，由来八政食为先"，这句写明自己内心想法：不要只顾着体谅老农们耕作艰苦（督促农耕还是要抓紧），自古以来国家八类政事就是以食为首。言下之意，宋载虽体谅耕种之不

---

① （清）赵霈：《光绪大邑县志》，光绪二年刻本，卷八第30页。
② 马茂元、赵昌平选注：《唐诗三百首新编》，商务印书馆2020年版，第128页。
③ 程俊英、蒋见元：《诗经注析》，中华书局1991年版，第406页。

易，但为保一方平安富庶，也须按时督促农事。八政，出自《尚书·洪范》"八政：一曰食，二曰货，三曰祀，四曰司空，五曰司徒，六曰寇，七曰宾，八曰师"。东晋陶渊明的《劝农》诗也写道："远若周典，八政始食。"按照时令敦促耕种，是国家政事之首要。因此，宋载这首诗也是延续农耕文化的传统，劝农民及时耕种。

雨水，是春耕时节的幸事，故与劝农相关的就是祈雨。若雨水充沛，则可"稻花香里说丰年"。宋载《祈雨》诗：

  西畴悬耜待春耕，愁见川江日日晴。欲倩薰风歌解愠，祷将霖雨霈山城。岸云连鬓何时湿，烟月攒眉几度明。莅政数年还自责，惭余司牧对苍生。

畴，指已经耕过并整治好的田地，引申指田界。耜，是中国古代曲柄起土的农器，即手犁。川江，古称江水，唐代以来或称蜀江，或称汉江，或称"几"江。长江上游在四川省、重庆市以及湖北省宜昌市境内，因大部分河段位于原四川境内，故通常把上游段叫作"川江"。首二句指正是即将迎来春耕之际，却见每日晴好、川江水流量骤减。倩，借、借助。解愠，消除怨怒。古时一般认为灾从天来（诸如地震、干旱、蝗灾、洪水等）都是民间有积怨，天神降怒，需要掌权者（主事者）斋戒祈福，诚心祝祷才能化解。我国自古即有"雩祀"，《周礼·司巫》载"若国大旱，则帅巫而舞雩"，《论语》中也有"风乎舞雩"的记载，是古代求雨祭天，设坛命巫为舞的一种祭祀活动。宋载担忧干旱，也想学先民"风乎舞雩"，祈求降雨。《（光绪）大邑县志》载："（六月）二十四日祭川主，如遇岁旱，各共迎川主，祈雨。应则签点会首，演剧酬神，谓之雨戏。雨久则禀官于太阳宫，祈晴。"① 这便是当时祈雨的大致过程，作为风俗记载了下来。岸云、烟月，出自唐代童翰卿（一说为司马复）《昆明池织女石》诗："岸云连鬓湿，沙月对眉生。"昆明池风景秀丽、水量充沛，地处西安城区，是西汉至隋唐长安的重要名胜区，历代诗人多有题咏。诗中用拟人手法，云如鬓角被水打湿、月亮映射水中如同弯眉，写清澈丰盈的池水风光。宋载期盼自己祈雨能有成效，能让川江充沛如昆明池，所以发问岸云连鬓何时才能浸湿？烟月如眉什么时候才能明澈？最后反躬自省：为官多年还是须自我反省，我既作县令，若因天罪我而无雨，那我就愧对黎民百姓。从《劝农》到《祈雨》，宋载对农民的耕种分外用心，从这些诗歌中可见大邑农耕文化的侧面，县令需按时令敦促耕种，也要体谅民情，若遇干旱水涝，即当以身作则，除延续风俗祈雨之外，自当以实政惠民。

在宋载前，康熙五十三年（1714）任大邑县令的祁琮也作过一首祈雨劝农诗：

拂面薰风能解愠，及时霖雨沛田中。省耕凤驾临郊舍，志喜修文归太空。白雪缫成秧遍插，青畴水满洫流通。雨旸时若升平世，定有嘉禾验岁丰。(《麦秋喜雨劝农》)②

"麦秋"，收割麦子时一般是在夏季，《(光绪)大邑县志》载有"四月麦秋节"，③是春耕时节。诗的首二句与宋载诗结构一致，从时间关系来说，宋载或是借鉴祁琮此诗。祁琮也祈雨，不过确实天降甘霖，于是下文"志喜"句讲记录祈雨得雨之喜作诗文以昭告、感谢上天。"白雪"句，化用了明代王世贞的《两山竹枝歌（其二）》，诗云：

---

① （清）赵霈：《光绪大邑县志》，光绪二年刻本，卷七第6页。
② （清）赵霈：《光绪大邑县志》，光绪二年刻本，卷八第30页。
③ （清）赵霈：《光绪大邑县志》，光绪二年刻本，卷七第5页。

"白雪缫成茧子绵,黄云剪就稻花天。千家村里无开市,二尺溪头有系船。"而王世贞诗又是从王安石《木末》诗"缫成白雪桑重绿,割尽黄云稻正青"两句化出,可见名句承传,渊源有自。白雪是形容蚕茧丰茸成熟之态,如白雪一般。缫,指把蚕茧浸在热水里抽丝。这句是点明时间,即蚕茧抽丝之时就是遍插秧苗之时。恰逢"好雨知时节",才使得这个时候沟洫通畅、水流丰沛,保证了田中可以注满水。诗末喜悦之情愈发溢于言表,说雨水充沛之时即象征着天下太平,来年定会有茁壮的稻苗预示大丰收。祁琮是"喜",而宋载是"愁",两相对照,更可见劝农、灌溉等事是民之大事,也是父母官的心头病。

以上是县令出于督促、劝勉,对大邑农事的直观记述,耕种涉及的主体是广大的农民,宋载也提到"莫道老农徒作苦",老话"面朝黄土背朝天"是对辛勤劳作的农民最形象的刻画。唐代李绅作《悯农》诗:"春种一粒粟,秋收万颗子。四海无闲田,农夫犹饿死。"被选入小学教材作为教育学生爱惜粮食、一粥一饭来之不易的范本,而实际耕作,或许远比我们从诗歌了解的要艰难。大邑本土人汪溅作《悯农》篇,写道:

> 一夫偶失所,即有人向隅。一介怀利济,岂在周寰区。一邑民瘼存,目击私嗟吁。我民亦劳止,悯念重踟蹰。顷闻父老言,疾苦得陈无。方今患人满,在在民饥驱。铤则鹿走险,拙则兔守株。十室九空匮,艰窘形容癯。富家日骄奢,田宅规膏腴。贫儿荡失业,狙击趋萑苻。乱兆先寇盗,下邑连通都。嚣然志不靖,剽掠行载途。军兴旁午驰,督筹饷兴刍。拯危如拯溺,千金市一壶。费岂千金惜,事济民乐输。一以缮城郭,一以佐军需。宰官民父母,忍创民肌肤。条教惩不率,示辱鞭有蒲。刑乱用重典,宛转矜无辜。

这是从《悯农》中截取的片段。诗人通过自己所见场景及听父老所言，描绘农民实际生活的状况。"十室九空匮，艰窘形容癯"，写出当时农村人家很多都是家徒四壁，生活困窘、身体羸弱，而富家大族圈占良田越发骄奢，穷人走投无路便沦为无业游民。萑苻，泽名。《左传·昭公二十年》："郑国多盗，取人于萑苻之泽。"杜预注："萑苻，泽名，一说为'芦苇'，于泽中劫人。"旁午，四面八方。刍，喂牲畜的草。此指战斗号角一响，筹备军需的物资就如草般聚拢来。壶，通瓠，指葫芦。以千金买一葫芦，喻物虽轻贱，关键时用得其所。"拯危"两句指出百姓的朴实热忱，当国家陷入危乱，若有所需，（虽已贫寒）即使用千金买一葫芦也愿意。"费岂"至"佐军需"，指修缮城墙、供给军需，凡是与守卫国土、求四方安宁有关的举措，百姓都是乐于支持的。因此，县令作为百姓父母官，怎忍伤害百姓？其实，我们从宋载、祁琮的诗来看，县令也在努力为百姓耕种尽职尽责，但当时或因战事影响或因土地制度的限制，百姓就如王瀁诗中所写生活困窘、一无所有。《（光绪）大邑县志》载，大邑本地以种植稻谷、小麦为主，饮食也以稻谷为主。西北多山，山民多吃麦、芋、粟等，也有终年吃不上白米的，"知物力之艰，生计良不易"，但百姓再艰难，也会以地方安宁为重。[①] 此地百姓性情淳朴，识大体、顾大局，是构成大邑地方文化的特色之一。

从劝农耕种到祈雨祝祷，再到怜悯百姓，用诗歌构成了一整幅情节生动、声情并茂的农耕稼穑的历史画卷，从而保存了大邑在敦促农事、发展农业方面的历史资料。

二 风俗民情

"观风俗、知得失"，风俗与政治文化紧密相关，是为政者掌握民

---

① （清）赵霨：《光绪大邑县志》，光绪二年刻本，卷七第2页。

情、处理政务、制定制度的依据。中国最古老的诗歌总集《诗经》，就有"经夫妇、成孝敬、厚人伦、美教化、移风俗"①的效应。风俗是一地长期沿袭、积久而成的好尚与习俗，与当地的历史变迁、社会发展、文化水平等多方面都有关系，因此，风俗人情是地方文化中极具"味道""活力""个性"的组成部分。通过对风俗的考察，可以让后世更准确地了解大邑。

《(光绪)大邑县志》载："俗尚俭率，以布为常服。虽素封之家不竞华侈。妇女亦以荆钗裙布为常，不事浓妆艳饰，惟城市绅富间，有冬裘夏葛，余皆安于朴质，有古处风。"② 大邑民风淳朴，好节俭。百姓多以布衣为常服，只有富豪绅士会穿冬裘（冬季毛皮衣服）夏葛（夏季用葛布做的轻薄衣衫）。在诗人的笔下，大邑的民风世情呈现出淡雅清幽的特质。宋代蜀国公范镇（成都市双流区人）作《寓大邑游山寺》诗，最末写的是"登眺见田舍，衡茅半不完"，③ 衡茅是指衡门茅屋，出自《诗经》"衡门之下，可以栖迟"，指隐士的居处，此指简陋的房屋。范镇登高，望见远处的田舍村庄，却多是简陋的或并未修葺完成的茅屋。范镇一方面写出了农村生活的艰辛，暗含着与宋载、汪濊悯农一致的情感；另一方面也透露出，由于生活条件有限，这应是促使大邑形成节俭民风的原因之一。

宋代大诗人陆游在借宿大邑黄秀才家时，也不禁写下："道边何人居，花竹颇闲淡。门庭静如拭，窗几光可鉴。堂上满架书，朱黄方点勘。"④（《憩黄秀才书堂》）雅趣盎然的黄秀才家打动了陆游的心。大邑产竹，邛竹、斑竹皆有之。读书人好竹，竹是君子的化身，喻指多

---

① 程俊英、蒋见元：《诗经注析》，中华书局1991年版，第367页。
② （清）赵霦：《光绪大邑县志》，光绪二年刻本，卷七第2页。
③ （清）赵霦：《光绪大邑县志》，光绪二年刻本，卷十八第5页。
④ （清）赵霦：《光绪大邑县志》，光绪二年刻本，卷十八第5页。

种高尚品德：正直、谦虚、奋进、质朴等。黄秀才代表着大邑本土的文士，种花载竹凸显出闲适淡远的趣味，且居处窗明几净，堂上书籍满架，且有黄秀才翻阅、校点的札记（朱黄指朱黄两色笔墨，古人校点书籍时用之以示区别）。黄秀才能在乡间过着怡然自得、与竹与书为伴的闲适生活，这应该是在宦海浮沉中的陆游最向往的吧。大邑山川秀丽，道教在此发源，高僧大德在此修行，无疑也为这方土地注入了道家"自然无为"的哲学思想。这种顺应自然、追求清雅的风尚，是让大邑民风朴质的深层因素。

大邑民风俭率，生活与农耕紧密相关，注重世代传下来的生活经验，这使得人们对岁时节庆分外看重，除了充满了对神灵、对先祖、对自然的敬畏外，也展示出当时活跃的社会生活实况。《（光绪）大邑县志》载（原文较长，仅截取元旦至中秋的岁时节庆活动以见大概）：

> 每岁元旦合家夙兴，陈设香楮，礼拜家神，放花炮，开门向吉方出行，进香各祠庙。初二日，亲友往来庆贺曰拜年。间日，诣祖坟拜扫曰上新年坟。初七日，百货交易曰开市。初九日，城东岱宗出巡西关外里许法相寺，演剧三日。十二日，回跸，复演剧四日，名曰东岳胜会。十五日，为天官赐福辰，预于初八、九日，城乡各竖二丈余灯杆，悬点树灯三十三盏，亦有五七盏者，点于田间曰五谷灯，或独竖一灯于家，则曰天灯。拜献惟谨，复紫龙灯狮子，扮演杂剧，逐户盘绕，钲鼓喧阗，过元宵始止。以米粉团糖为圆，互相馈遗曰送元宵，是日，祀先蚕饲蚕者，即以是月浴蚕种。
>
> 二月三日为文昌帝君圣诞，士庶演剧庆祝。
>
> 三月清明日，簪柳扫墓，士民咸谒赵顺平侯祠墓祭扫，演剧

侑神。三月初十日，为城隍会，先于初七日奉神如南郊观音阁，驻节至初十日，回驾，两处演剧迎送，远近辐辏，浃旬乃止。二十八日，为东岳会。进香祈祷。

四月，麦秋节至，民勤农事，官举麦，祭于东郊先农坛。

五月五日，咸以角黍果品相馈送，绣香囊紫艾虎、饮雄黄酒，余涂洒墙壁间，被除毒虫。城市居民多出，拜亲友曰拜节。

六月六日，曝书画、晾衣服，城西十余里高堂山祝釜华老祖神诞，远近进香者接踵于道。二十三日，祀火神马祖。二十四日祭川主，如遇岁旱，各共迎川主，祈雨。应则签点会首，演剧酬神，谓之雨戏。雨久则禀官于太阳宫，祈晴。三伏日，各造麦酱、豆油、米醋。

七月七日，以鸡、酒祀中霤之神，是夕闺中陈瓜果，乞巧。十五日，焚楮帛荐先曰烧月，半亦有延浮屠作盂兰会者。

八月十五日，城市拜节亦如端午，具糕饼、酒馔，赏月，火神降诞。

当时的岁时节庆活动与今日相差无几，甚至很多仪式、活动、吃的食物、用的器物在今日都还保留着当时的旧传统。顺应物候，每个节庆都会向相应的神灵祈祷，都是与人们耕种稼穑相关。节庆活动也是传承民俗的有效方式，通过仪式化的步骤、定期举行的记忆，这些例行的庆祝一是提醒人们物候，二是教人们有所敬畏、克勤克俭，这或许也是大邑县的民风俭朴的又一原因。

陆游曾在中秋前夕来到大邑，写下《八月十四夜三叉市对月》：

去年看月筹边楼，云罅微光如玉钩。主人不乐客叹息，清歌空送黄金舟。今年看月三叉市，纤云不作良宵祟。素娥命驾洗客愁，我亦倾杯邀共醉。风露万里方渺然，冰轮无辙行碧天。盈盈耿耿意无尽，月不忍落人忘眠。一言欲报广寒殿，茅檐华屋均相见。明年万事不足论，但愿月满人常健。

文宗时唐朝与吐蕃战事频繁，为加强边防，当时的剑南西川节度使李德裕筹建了筹边楼。宋孝宗乾道七年（1171）陆游应王炎邀请，前往南郑幕府投身军旅。乾道八年（1172），陆游任职成都府。中秋前夕他来到大邑县三叉市，诗中回忆去年在筹边楼看月，月亮只从云缝间露出微光，宛如玉钩一般。当时正值抗击金人之际，战事不利，即使佳节也是"主人不乐客叹息"。而今年天朗夜明，"素娥"指月宫仙女，"命驾"指盼咐人驾车。"素娥"两句指仙女乘车而来共聚良宵，可消除客人愁怨，陆游也想邀请仙女共饮。"冰轮"即月亮。陆游接着回顾入蜀经历，风餐露宿万余里，而今顿觉渺然，见明月如轮映照上空，满天清辉、明亮皎洁，使人不忍入睡，于是诗人便向月神许下"明年万事不足论，但愿月满人常健"的美好心愿。其实，陆游心怀驱逐金人、收复中原的宏愿，而天不假人，吾生有涯，只好于所见所即之事奋力而已。在另一首诗《丰桥旅舍作》中，陆游写道："三叉市人醉争席，丰桥逆旅留馈食。小妇梳髻高一尺，梭声札札当户织。"[1] 逆旅，旅店。馈食，熟食。户，门户。三叉市是当时大邑热闹的集市，酒家客舍林立，瓦肆勾栏鳞次栉比。《（光绪）大邑县志》载："酒之家酿者，有常酒、烧酒、哑酒、薏苡、膏粱等。酒沽于市者，有苦酒、香酒、白酒、黄酒、泥酒诸种，集场之期，相聚酗酒，亦相习成风云。"[2] 陆游在三叉市看到喝得烂醉的酒客争抢座位，不拘礼节。妇人梳着一尺高的发髻，一尺在宋代为31.68厘米。宋代女子发式延续了晚唐五代的风气，以高发髻为时尚。高髻多是贵妇所梳，但陆游看到

---

[1]（清）赵霈：《光绪大邑县志》，光绪二年刻本，卷十八第9页。
[2]（清）赵霈：《光绪大邑县志》，光绪二年刻本，卷七第4页。

的这个小妇还当户织布,不是大富人家,梳高髻可能就是当时的时尚潮流。

从宋代大邑流行的发髻样式以及范镇、陆游等多位名臣到此游览,可以反映出大邑与外界文化交流的情形。不过大邑本土原有的文化特色,特有的民风,一直保留完好。《(光绪)大邑县志》载:"邑境无通津大镇,贸易往来,皆日用饮食之需。器用只有铜、锡、磁、陶、竹、木等物,尚无奇技淫巧、雕文刻镂之习,若西北山居之民,尤以负炭易食为恒业,余则通工易事而已。"[1] 大邑民风朴质体现在社会生活的多方面,贸易以日用为主,大多是为满足饮食需求;所用的器物古朴,不要求工艺精美、精雕细琢;对原生态的民俗保护得很好,已到清代,住在西北山区的人们还保留着以炭交换食物的古老方式。

大邑县处于成都平原向川西北高原的过渡带,西北高、东南低,依次出现山区、丘陵、平原三种地形,山区地形占到总地形的一半以上(达60.5%)。特产有茶、邛竹、菜花石、捣药鸟、炭、酒等,特殊的地形让大邑人民很早就体会到了生活的艰难与大自然的厚德,他们敬天畏神,尊奉农时,依循既有规律与自然和谐相处,这是大邑人民世代相传的生存智慧,更是儒家"天人合一"的哲学思想与道家"自然而然"的理念圆融共生的体现。因此,淳朴的民风,反映着大邑渊源有自的历史文化、儒释道交融的思想背景、山地平原共存的独特地形。了解大邑历来的风俗民情,是走进群体记忆、准确理解大邑历史的有效途径,更是研究大邑地方文化不可忽视的重要内容。

---

[1] (清)赵霨:《光绪大邑县志》,光绪二年刻本,卷七第4页。

第十三章　争奇斗艳的文艺创作

除优雅的诗词文化之外，大邑文化繁荣的另一方面是各类艺术形式百花齐放。大邑拥有传承久远的戏剧、丰富多元的剧目、极具特色的山歌、深刻有力的小说散文等，这些艺术形式直接取材于现实生活，反映社会百态，是百姓内心情感的直接表达。它们与大邑地方文化等其他元素完美结合，成为大邑在尊重保护传统的前提下，寻求文化创造性发展的努力方向。目前，各类艺术形式在省内外及国内外的广泛传播，表明大邑在文旅、文博、文创等方面都已取得瞩目的成就，为多类艺术形式突破局限、就地取材、贴近生活、服务大众提供了成功的范本。

第一节　戏剧曲艺

明清时期，大邑每逢节庆就会有相应的庆祝活动，除逛庙会、举行祝祷仪式这些各地都大同小异的活动外，大邑还有很鲜明的地方特色，即节庆活动多配有演剧酬神。《（光绪）大邑县志》记载岁时节庆，仅取元旦（正月初一，春节）至城隍会（三月初十），有节庆、神灵诞辰共5个，演剧则高达7次①，每次演的剧目今已无从得知。据1991年《大邑县志》记载，这种每逢佳节演剧的习俗一直在延续，规模不断增大、形式不断完备，形成了各种大小不同规模的戏剧表演团体，有固定的表演场所，也有专业的、热衷的粉丝团。"清末及民国时期，县城及各场镇，每年庙会、年节广设川剧围鼓（俗称玩友）。县城有集贤社、翊汉社、文明社、紫东社4处围鼓。围鼓兴起的同时，县城、灌口场、安仁镇还办起了新民科社、鹤鸣科社等戏班。每年的东岳会、城隍会、川王会等，各地都要请戏班开展酬神演戏活动。县城农历三月城隍会会期10天，天天演。"②集贤社，相传为陈华斋创办。陈华斋，名映堂，清末武生，为陈家大院的老太爷。宣统三年（1911），为反对帝国主义侵夺中国铁路主权、反对清廷卖路卖国，成都成立四川保路同志会，发动保路爱国运动，陈华斋就是灌口地区的运动首领。民国元年（1912），大邑县设团练局，陈华斋任局长。仅从集贤社创办者陈华斋的身份与社会影响力，就可猜想当时大邑川剧围鼓在岁时节庆、演剧旺季热闹非凡的场景。到清末民国初，演戏酬神发展为各地都要请戏班去唱，而且唱的时间还很长，城隍会长达10天，天天都会演戏。在《（光绪）大邑县志》中也有同样记载。延续唱剧演戏、酬答神灵的传统，带来大邑戏剧与时俱进的发展。除戏剧包涵、涉及的专业元素（如唱念做打的基本功、多样的声腔艺术、不同行当的功法程序、戏剧表现手法及表演技法、戏剧剧本等）会因时代发展、各地戏剧交流

---

① 具体内容梳理如下："初九，城东岱宗出巡西关外里许法相寺，演剧三日。十二日，回跸，复演剧四日，曰东岳胜会"；又"十五日，为天官赐福辰……拜献惟谨，复紫龙灯狮子，扮演杂剧，逐户盘绕，钲鼓喧阗，过元宵始止"；"二月三日，为文昌帝君圣诞，士庶演剧庆祝"，"三月清明日，簪柳扫墓，士民咸谒赵顺平侯祠墓祭扫，演剧侑神"；"三月初十日，为城隍会，先于初七日奉神如南郊观音阁，驻至初十日，回驾，两处演剧迎送，远近辐辏，浃旬乃止"。

② 四川省大邑县县志编纂委员会：《大邑县志》，四川人民出版社1991年版，第678页。

而有其自身必然的发展规律，大邑广阔的戏剧表演市场、民众对演戏酬神的固定需求，都是促进大邑戏剧蓬勃发展和创新的动力与外部条件。

民国时期，大邑各大唱戏演剧的科班如雨后春笋般接连出现。"民国2年（1913），县里首建川剧新民科社。10年（1921），三岔街组建合生班。14年（1925），英华科社成立（后改名鹤鸣科社）。19年（1930），龙凤场龙凤文生班问世。此后，屏篱科社、崇大剧部、上全剧部、协进剧部相继开台演戏。这些川剧科社戏班，均系士绅私人自办，通过袍哥组织联系，流动演出。"（1991年版《大邑县志》）这些科班都是由乡绅出资创办，由袍哥（民间帮会组织的头目）牵线联系，到各地接单演出。这是带有一定商业模式的戏剧发展阶段。这期间的剧目选择、表演技法以迎合各地"买主"及表演场合为主要考虑。1953年，大邑县人民剧团成立，属民办公助。1959年，剧团改为地方国营大邑县川剧团。直到大邑川剧团建立，才将戏剧表演纳为政府统一监管的范围。之后，随着戏剧发展受时代潮流的影响，川剧观众减少，至1985年演出停止。

从1950到1957年，在清匪反霸、土地改革、互助合作的社会背景下，应当时社会运动的需要，大邑县的业余文艺组织在党政领导支持下，创作了不少川剧、话剧的剧目，如话剧《卖余粮》、话剧《老山林的喜事》、歌剧《入社》、话剧《好男要参军》、谐剧《评工分》（文化馆曹民立执笔）等。1959年，县川剧团成立后，先后演出了《丁佑君》《百丑图》等剧，并创作了反映大邑地区地下革命斗争的《晋原风暴》以及由县川剧团发掘整理并演出《文成公主》《花田错》等14个剧目。1977年后，大邑炼焦坪煤矿李子均创作歌剧《战浊浪》、川剧《雄鸡高唱》《喜迎亲》，大邑电器厂工人高建祥创作话剧《请你原谅》、独幕讽刺喜剧《谁说我不通？》，元兴公社陈俊创作川剧《借车》等。① 这个时期的创作与社会政治紧密联系，较强调内容的指向性，也就相对弱化了戏剧艺术。戏剧表演从清及清末用于酬神助兴，到 20 世纪六七十年代成为社会政治的宣传渠道，戏剧表演的内容大变，与之相对应的表演技法、语言风格、声腔技巧都随之改变。戏剧就如时代的一面镜子，映照世间百态，在嬉笑怒骂间唱着世道人情，记录着那些个最特别的岁月。这是戏剧的时代性，是其来源于生活、服务于生活又高于生活的本质。

今日，戏剧已成为大邑一张闪亮的文化名片。2018 年 8 月 3 日晚，大邑县安仁古镇的一场表演引起国内外轰动。中国首部大型公馆实境体验剧《今时今日安仁》首演。故事主要分思梅、聚义、婚殇、缘启四幕，它讲述了在 20 世纪三十年代的安仁镇，天福会掌旗大爷刘雨知举全会之力抗日，期间却遭到兄弟因私利而背叛，刘知雨的挚爱为救他自刎而死的爱情故事。该剧以古镇杨孟高、刘元琥、刘元瑄、陈月生的四座百年公馆为表演场所，实境构建剧中的时代背景。以故事发展为走线构造一幕一景，加以巨幕投影、空间成像、激光矩阵、全息境像、音乐烘托，再融合多元的表演形式，如现代舞蹈、格斗武打、传统戏曲等，与观众零距离互动，用高端的艺术表现形式营造出令人惊叹的沉浸式观赏体验。首演活动现场中特别策划了复古理发店、黑胶唱片馆、民国照相馆、洋帽艺术展等玻璃橱窗式微型博物馆，为观众走入故事情节又多了几分心思，执行制作人及舞蹈美术总设计赵敏谈道："在创作过程中，我们首先尊重空间，尊重建筑本身，尊重公馆文化，尊重安仁的人文。"执行总导演黄辉说道："制作团队第一次尝试制作类似'博物馆奇妙夜'的实境剧，它像一个博物馆的活化演出。"《今时今日安仁》以炫酷的艺术表现、紧凑的

---

① 大邑县政协文史资料委员会编：《大邑文化今昔——文史资料专集之三》，内部发行 1999 年版，第 86—87 页。

情节发展、深厚的公馆文化，让人"穿越"回民国，一同经历家国动乱之际的爱恨情仇，是观众体验公馆文化、了解民国风情的视听盛宴，本剧荣获 2019 中国文旅产业"金峰将"最佳文旅融合夜游创意奖项。

大邑戏剧的发展形式多样，创新性成果频出。2020 年，受新冠肺炎疫情的影响，全国多项工作曾不同程度停摆，为控制疫情、保护民众安全，全国提倡戴口罩、勤洗手、用公筷等文明行为。在此背景下，5 月，大邑本土拍摄的川剧版微电影《老板，再拿双筷子来!》正式上线。这部微电影以川剧的形式特别呈现，通过讲述群众发生在餐桌上的趣闻故事，倡导"文明用餐 公筷行动"，弘扬天府文化、传承川剧艺术。这部川剧电影短片用新颖活泼的形式给人们带来全新体验，具备更有效的宣传力度，各年龄阶层的受众都喜闻乐见、容易接受。这也是传统戏剧样式受时代发展、社会生活、受众需求等影响，进而融合多种元素、成功创新的范例。《今时今日安仁》《老板，再拿双筷子来!》等代表性的戏剧作品都是传统戏剧模式在新的审美观念、科技条件、文化交流中应运而生的新形式，既是传统的又是创新的，是大邑在文化创造方面领先的体现。

大邑在曲艺方面也有不少作品和作家，从 1950 到 1980 年三十年间，涌现出的作品有:《警告你，干涉者!》（金钱板）、《过五关》（相声）、《报喜》（相声）、《英雄蒋金柱》（金钱板）、《荣华山上红旗飘》（金钱板）、《送子归案》（金钱板）等，作家如曹民立、付舒全、谢思道、吴鹍鹏等，以上作品多出自这几位之手。曲艺本是说唱艺术的统称，是民间口头文学与歌唱艺术长期演变发展形成的艺术形式，曲艺来自民间，与大众生活紧密，因此，具有语言形式活泼、内容时效性强、故事幽默风趣、美刺褒贬鲜明等特点。

第二节　音乐创作

　　成都自古为音乐之都，杜甫《赠花卿》诗"锦城丝管日纷纷，半入江风半入云，此曲只应天上有，人间能得几回闻"就是明证。再加上唐代雷琴的伟大成就享誉世界，青城山道士张孔山弹奏的《流水》被录入"太空唱片"带到太空中，是唱片中播放时间最长的曲子等，都说明成都在音乐上的深厚底蕴。大邑在古代音乐方面的成就与发展因材料缺乏，无法详细论述。不过从大邑在明清时期每逢节庆演戏酬神的记录来看，唱戏的流行或多或少从侧面透露出当时大邑在乐器演奏、音乐节奏方面的普遍发展。进入近现代，曹民立于1951年创作的歌词《茅草房子笆笆门》，是大邑在省级刊物公开发表的第一首歌词；1957年，曹民立为《张大姐》谱曲，是大邑在省级刊物发表的第一首歌曲。1958年，大邑文化馆修改推荐《站在高山望一望》，是大邑在国家级刊物发表的第一首歌曲。"大邑音乐词曲作者虽不少，但由于指导思想上始终把配合中心工作，为政治服务摆在首位，作品虽多，质量不高，流传不广，运动一过，也就成了过时产品，无人传唱了。"[①]谢良先生对当时整体的音乐创作有此论断，虽音乐创作受条件限制较多，发展并不理想，但大邑西岭山歌、道教音乐、过山号的影响很大、流传也较广。

一　西岭山歌

　　西岭山歌是大邑西岭地区的传统民歌。2014年，被列入第四批国家级非物质文化遗产名录。山歌产生于西岭山区人民生产生活的过程

[①] 大邑县政协文史资料委员会编：《大邑文化今昔——文史资料专集之三》，内部发行1999年版，第91—92页。

中，因山区是汉、藏、羌三个民族杂居，藏、羌能歌善舞的特色，加之，山区人民多以体力活动为主，山区地理条件又相对封闭、阻隔，因此导致西岭山歌形成地域色彩鲜明、音调高亢、唱法灵活、旋律流畅等特征，与其他民歌一样，根植于民间的音乐形式往往体现出古朴淳美的韵律美感。

西岭山歌的分类，按用途及内容大致分为酒歌、情歌、劳动歌、风俗歌、劝教歌等。酒歌多用于节庆祝酒、婚丧嫁娶等场合，歌唱内容多以祝酒、劝酒、表达祝福感谢为主，酒席上即兴而歌，将气氛烘托至高潮，举杯同庆更能表现出仪式的欢快。情歌是西岭山歌中数量较多的，以歌唱男女爱情、美好生活为主，有独唱、对唱两种形式。情歌词句多诙谐幽默、大胆直接，如《梧桐花》："（女）门前梧桐开花花，妹想哥来心慌慌；（男）梧桐花朵粉嘟嘟，哥见妹子心酥酥……"歌词或表达爱慕，或反抗封建约束，或私下偷情等，调子悠扬婉转，如《送郎》《望郎歌》等。劳动歌是山区人民劳动是用于协调劳动或缓解疲劳而创作，如各种劳动号子，节奏密切配合劳动，多粗犷豪迈、坚实有力，也有部分号子节奏轻快优美。风俗歌用于婚丧、祭山等仪式，西岭原每年五月初五举行祭山，祭山时要唱仪式歌，祭山后走村串寨唱风俗歌。这类山歌的歌词内容相对固定，节奏也相对雅正。劝教歌是山区人们对子孙的告诫或对邻里亲朋的劝慰："这类山歌通常以事物和自然现象来作对比、比喻，以此说明、启发和劝教为人处事的道理，充满人生的哲理性和启迪性。比如一首非常流行的在夫妻打架时的《劝架歌》是这样唱的：'天上落雨瓦沟流，两口（子）打架不记仇。白天同吃一锅饭，晚上同睡一枕头。'"[①] 西岭山歌的内容与其他民族、地区的民歌相近似，但不同的是融入四川方言、羌藏文化以

[①] 映月河：《西岭山歌：一张靓丽的文化名片》，《文化月刊》2014年第31期。

及大邑本土文化元素，很多山歌成为某些仪式场合固定演唱的曲子，代代相传。西岭山歌的代表作品有《唱起山歌有精神》《西岭山上沟坎多》《高山顶上一座塘》《山歌越唱越好听，铜锣越打越光生》《西岭背二哥》等。

西岭山歌是旋律优美、声音高亢的川西山歌，是西岭雪山汉、藏、羌民族融合的智慧结晶，是国家4A级景区西岭雪山的一道文化风景线。内容丰富、情感真挚、敢于大胆表达的山歌反映出山区居民的生活现状，传达了居民对美好生活的向往及对生命自由的追求、对天地神灵的敬畏。西岭山歌在近几十年的传承发展中并不太理想，随着老一辈传唱者相继离世及年轻人搬离山区，大量优秀的山歌曲牌以及独特的演唱方式和方法都濒临失传。目前，在县委、县政府的大力支持下，县文联等相关单位正在大力保护、传承西岭山歌，通过作品征集、网上平台发行等形式，让更多人了解并关注这项非物质文化遗产。

二 道教音乐

道教音乐是中国宗教音乐之一。道教音乐是道教仪式中不可缺少的内容，它具有烘托、渲染宗教气氛，增强信仰者对神仙世界的向往和对神仙的崇敬。道教音乐吸取了中国古代宫廷音乐和传统民间音乐的精华，渗入道教信仰的特色，形成道教音乐的独特艺术风格，也是中国传统音乐的重要组成部分。

鹤鸣山是中国道教发源地，鹤鸣山是太上老君降临、张道陵天师授道之圣地。鹤鸣山道教属于全真龙门丹台碧洞宗传承，乐种主要以广成韵为主，曲牌数60余首。其音乐形式多与道家文化有密切渊源，多为举办道场时演奏之用，其中，阴事多用于祭奠，阳事多用于祈福，主要为道长和道友掌握和使用。

道家音乐来源于我国古时的巫教音乐改进而来。自张道陵在大邑鹤鸣山创"五斗米"教（中国道教前身）以后逐渐发展成"正一盟威道"，称"正一道"至今。金元时期，王重阳提倡练内功，招徒弟邱处机等七子创道家一派称"全真道"，道士出家专修。这样道士不出家，有法事便结伴行法事，无法事便各家农耕炊烟结婚生子，称为"火居道"。出家住道观修道者称"静居道"。现在道教音乐主要有这两种流派。"静居道"音乐主要称为十方韵和广成韵。火居道音乐有广成韵、先天韵（也称灵宝韵）、香花坛韵，以广成韵为主，其曲牌经整理后有的成为川戏曲牌。

静居道的道教音乐的合奏乐器（道观称为法器）主要有以下10种：分别是铰子、铛、鼓（有功能不同的鼓和钟）、木鱼、二芯、磬、笛子、二胡、扬琴、箫等；火居道吹管以唢呐开场，弦乐以京胡和二胡为主。演奏道乐多则30余人，中型9—10人，最小4人。广成韵融南北道教经韵之精华，以古广成坛，分为龙班和虎班，高功唱诵者通常以细腻柔雅的唱功而著称，使得法音流传在民间已一千六百余年。由于时代久远，各派各地科仪朝书不一而错误尚有，清人陈仲远精心校定纠错查漏而成定本。目前，鹤鸣山道教音乐传承和保留有60余首曲牌名，如跑马韵、祝香咒、四景赞、八卦赞、吊挂、开坛符、小赞等曲牌名。

三　过山号

过山号是流传于大邑县的一种民间器乐，是一种竹制的长号，由大小不一（大到饭碗粗、小到指头细）的竹筒镶接而成。人们把一根竹子裁成若干节，将竹筒一节一节地做好后，然后再造成多节，上小下大，形如喇叭状，能吹奏各种音调，声音悦耳动听，回声悠扬，音调独特，声音传得远，极富地方特色，具有民间活动的趣味与特色。

在当地一般适用于红白喜事或节庆活动。比如每逢过年过节，传承人饶有兴致地用自制过山号吹奏,表达欢天喜地的心情,寄托人寿年丰、六畜兴旺的美好祝愿。过山号一般由个人吹奏,如果与舞狮子和牛儿灯一起配合,则更富有表演效果。

过山号的特点是音调独特,有穿透力,声音传得很远,这山吹来那山听,方圆一二里地都能听到,在当地也有组织活动开场和宣传号召之意。过山号由于是由竹节镶接而成,因此乐器的长度可根据吹奏者在制作过程中发挥个人技艺,过山号有时制作长度超过 1 米,短的也有几十厘米。随着社会的发展,过山号逐渐被新的乐器代替,但是这种乐器在民间依然可以看到它的身影。

第三节　小说散文及现代诗歌

大邑在小说、散文、现代诗歌等近现代文学作品的创作上,要以新中国成立后作为正式的开端。小说篇幅较长、有完整的故事情节,人物形象的刻画细致生动,有充分的社会历史背景,因此,小说往往取材于现实并以反映社会生活为主。散文多用于抒发情感、形式灵活。大邑的小说散文、现代诗歌创作最初受到时代的特殊限制,成果很少,较早的小说作品有马支沉的《掉队的小雁》。1979 年,"中国文学艺术工作者第四次代表大会"召开,鼓励文艺工作者、文学爱好者积极地进行文艺创作,才使得小说等文学体裁大量出现。

大邑顺应文学创作的"春风",这时期出现不少优秀作品及多产作家,作家群体中以教师居多。例如:姚思源,在成都市师范专科学校任教,创作了《捉黄鳝》《国粹》《晚风残月》《刘姥姥旅行记》等中长篇小说。郑守铭,中学教师,发表小说、散文多篇,收入《伟人·名人·凡人》中。胡永昌,也是中学教师,创作了歌词《海棠花树下》《放鸭小姑娘》《春耕曲》《牧童山歌》《哨兵之歌》,有个人诗集出版。

陈树文，原小学教师，擅长写新诗、散文，担任《川西诗报》主编，著有《陈树文抒情长诗选》。高建祥，省作协作家，创作诗歌《星之歌》，小说《文君街传奇》《凌晨有地震》《第三十七号公桩》《文人五行》等。肖国林，创作《山鹰记》、长篇小说《川西风云》（40万字）等。还有谢良、周丕林、杨秀春、王宗强、龚克玉等[①]。

现当代文学创作经历20世纪七八十年代的沉淀发展，如今以更蓬勃的姿态在大邑绽放。在大邑文联的网站主页上，点击"文学天地"可进入"小说世界""诗歌园地""散文百花"三大版块阅读欣赏，众多近几年大邑作家们创作的优秀小说、散文、诗歌都可以在网页上看到。对于文学的热爱和创作的热情，一直在大邑这片土地上延续。2017年10月，本土作家龚良红长篇小说《归途》出版，讲述主人公赵秀云5岁被拐卖，经历各种磨难，仍不放弃希望，最终踏上归途的故事。小说叙述平实、取材深刻，以最后的"归途"隐喻不灭希望终会实现的坚定力量。一经出版，立即形成广泛的影响。

大邑各类艺术形式都有各自发展的历史及特征，除以上提到的戏剧、音乐、小说散文外，还有书法、绘画、摄影、雕刻等。据谢良先生介绍，在1950至1954年四年间，县文化馆主持编撰19套连环画。1952年举办十月革命图片展，1953年全年制作画片200多张，办展次数达65次，创作了一套与当时社会运动、社会改革相关的连环画。1954年，绘制连环画125张。当时应宣传需要，绘画内容较狭窄，绘制画片（海报）、连环画量较大，又无专业从事的美工，多是由宣传部、文化馆及各中小学美术教师合力完成。20世纪60年代，大邑知名画家有田蕴可、陈思举、蔡见痴等。之后一段时间绘画发展主要以绘制连环画、编印画册、策划举办图片专栏、举办书画展、培训活动等

---

① 大邑县政协文史资料委员会编：《大邑文化今昔——文史资料专集之三》，内部发行1999年版，第91页。

形式出现。经过培训，涌现出不少专业素质良好的新一代美术工作者，他们活跃在20世纪80年代前后，创作了很多高水平的美术作品，如义云高、李建文、陈正兴、杨进忠等，这时期的作品不再以政治宣传为服务目的，绘画美术保持相对独立的创作姿态，作品以画家各自的表达需要而定，他们用纯熟的表现技法表达作品的思想情感，这个时期大邑籍画家的多幅作品在省内各地刊物发布、展览。例如：刘国华的《同学》《葡萄》，李建文的《独生女》《革命故事会》《婚女》，雷济民的《山水》《野鸭》，义高云的《狮》《梅花图》等；雕塑有邓肯的《爱因斯坦》；书法作品有雷济民的《毛主席诗词》、田蕴可的《董必武诗词》、刘德的《陈毅诗词》《行书一幅》等①。以上数位老师勤于创作、成果丰硕，李建文老师的国画作品《杜甫吟月》于1993年荣获菲律宾国际大赛银奖，1994年又发表在《世界日报》的显著位置，得到了国际社会的认可。李建文老师的多幅作品还被政府相关部门作为国礼赠送外国友人。刘国华老师1963年考入西南师范学院美术系，师从名家。1967年分配到大邑电影院、文化馆任美术干部。1994年、1995年，举办两场个人画展。1999年，成为专业画家。2002年出版《中华著名艺术家丛书——刘国华画集》。刘国华老师目前也是四川师范大学视觉艺术学院客座教授，除给青年学子讲课外，也常受邀给社会上的美术爱好者讲课，对大邑及四川绘画发展作出了重要贡献。

大邑摄影工作始于20世纪60年代。主要为拍摄新闻照片，由文化馆出资购买了一台捷克手持相机。1964年，新闻照片展出10套，自制6套。自制照片内容有庆祝九大、农村生活写实等。1967年，文化馆购置摄制幻灯片的相机与放映机一部，幻灯摄制工作开始。到70年代末，业余摄影爱好者开始增多。1978年，办新闻橱窗32期，展出照

---

① 大邑县政协文史资料委员会编：《大邑文化今昔——文史资料专集之三》，内部发行1999年版，第96页。

片752张，办《大邑摄影》期刊，发行共6期，之后逐年递增。拍摄内容与当时社会生活紧密联系，记录下了珍贵的时代影像。如今随着摄影技术的进步、拍摄设备的不断更新、后期制作的强大，让更多专业团队和业余爱好者拍摄出无数唯美的作品。他们用镜头定格瞬间的景象，捕捉一刹那的奇迹，呈现给观众的则是一整段故事与情感。在大邑文联的官网上，有"影像邑城"与"人文摄影"两个版块，展览出多幅拍摄大邑景观人文的精彩作品。从这些作品中，可见静谧于暮色中的"新场九洞桥"、山雾轻绕的"桃源花水湾"、错落有致的"白岩寺银杏"，白雪覆盖的"童话西岭"；可见古镇的安静、农忙的欢快、巡游的气势。从摄影作品中还可欣赏大邑的各处风光，感受大邑的人情温暖。读着古今以来描写大邑的诗歌美文，翻阅记录在书页上的人文历史，才能更清晰、更形象、更准确地了解大邑，走进大邑。

第十四章　红色文化

第一节　永垂不朽的革命烈士

大邑县不但拥有名山大川、雪山瀑布等雄奇壮丽的自然景观和深沉厚重的历史文化底蕴，而且是一块孕育革命理想、产生革命英烈的红色土地，始终传承着一种不屈不挠、勇往向前的精神，因而具有红色文化基因。在革命、战争与和平建设的年代，都产生过许多仁人志士和模范英雄，为建立新中国、发展新中国谱写了可歌可泣的篇章，在大邑厚重的历史文化中抹上了红色的笔触。下面，我们对他们之中的代表车耀先等做简略论述。

一　车耀先

车耀先（1894—1946），四川省大邑县人。出生于大邑县灌口场（今悦来镇）的小商人家庭，1908年在崇庆县（今崇州市）"益盛荣"商号做学徒；1911年四川保路风潮波及崇庆，参与保路同志会活动。1912年弃商从戎，至川军二师八团参军；1918年升任连长；1925至1927年被任命为改编后的国民革命军二十一军四师十团国民党代表。

1928年东渡日本游学考察，回国后于1929年加入中国共产党，任川康特委军委委员。抗日战争爆发之后，留在成都从事抗日救亡运动。1940年3月在国民党制造的"抢米事件"中被捕，先后分别关押于贵州息烽集中营和重庆渣滓洞监狱。1946年8月18日，牺牲于重庆市境内的松林坡戴笠停车场。

(一) 创办红色餐馆——努力餐

车耀先加入中国共产党之后，根据党组织的指示，为了不暴露身份，先后以老板的身份在成都市的牌坊巷开了"新的面店"，又在人民公园大门的左侧开了"庶几饭店"。1929年，又在三桥南街开了"努力餐"。为了满足低收入的劳动者的需求，"努力餐"专门设了低价套菜、合菜以及价廉物美的大包、大饺等。车耀先以"努力餐"命名餐馆，意为"为解决劳苦大众吃饭问题而努力不懈"。车耀先曾在餐馆楼上雅座的壁上写过一幅意义深长的题词："要解决吃饭问题，努力努力！"该餐馆的主要特色饭菜为"大肉蒸饺""大众蒸饭碗""国合什锦""白汁鱼"等，每日一开店，黄包车夫、学生、报童、贫民等争相来吃。车耀先把它们称为"革命饭"，并书写条幅"要吃革命饭，就到'努力餐'"贴在墙上进行广泛宣传。除了为广大贫苦劳动者提供饮食外，"努力餐"更为一些吃饭有困难的革命者提供了方便，凡来人说出"来一菜一汤"的暗号，餐馆即可免费供应餐食。车耀先在饭店的经营管理方面有自己独到的管理经验及独特的作风。他招收贫穷人家的青年子弟到店学徒，白天忙完饭店的活计，晚上关闭店门，车耀先给这些穷人家的孩子上文化课，教他们念书写字，讲革命故事、斗争史等，饭店成了传授革命道理的红色学堂。

车耀先以经营"努力餐"饭店为掩护，参加中共川西特委军委直属特别小组，从事兵运工作。"努力餐"不但为革命活动筹集了资金，而且成为中国共产党的地下秘密联络站和上层进步人士聚会的场所，南来北往的秘密工作者常出入其间。当时在四川的中共领导人吴玉章、邓颖超等，曾到餐厅楼上开会，车耀先并宴请沙千里、史良等。车耀先与当时任中共四川省委书记的罗世文等同志常在楼上隐蔽的小屋内聚会，分析研究革命的形势、商讨斗争的策略，领导着全川的革命运动。饭店的员工也在车耀先革命思想的教育及环境的影响和熏陶下，成长为革命交通员。

（二）传播抗日救国思想——"注音符号促进会"

"九·一八事变"后，车耀先在基督教会、"世界语学会"和"注音符号促进会"等社会团体中积极活动，团结了一大批知识分子。1934年以后，车耀先在省立成都师范学校和省立女师校任"国音"（注音符号）教员，还主办了几期以小学教师为主要对象的"注音符号传习班"，通过讲课和课后谈话，给学生灌输抗日救国的思想，启发了不少有志青年走上革命道路，其中的许多人成了四川抗日救亡运动的骨干，有的后来还成了党的优秀干部。

1936年10月18日，车耀先以"注音符号促进会"的名义，联合了成都40多个社会团体，发起组织"成都各界救亡联合会"，在成都春熙路基督教青年会召开了300多人参加的发起人大会。临开会时，警备司令部派人来制止，车耀先与警备司令部参谋长直接交涉，获准开会半小时。车耀先代表发起人向大会作报告，痛陈民族危机，声泪俱下。会场上群情激愤，一致决议在一周内正式成立"救亡联合会"。不久国民党省党部下令封锁消息，取缔"救亡联合会"。

车耀先在担任"注音符号促进会"常务理事时，出版了《语言》杂志，从1936年4月至1937年1月，《语言》共出版三卷十四期。自第六期起，《语言》成为"四川注音符号促进会"机关刊物。车耀先始终是该刊主要供稿人及实际主持人，他先后发表《注音字母在现阶段上的成见》《人类享受的两种语言》《汉字的存废问题》《成都注音符号之质疑与解答》等十余篇宣传汉字改革专论。此外，他还设计了一套成都话拼音方案，并使用注音符号教"努力餐"餐馆的工友们识字读书。

（三）创办抗日刊物——从《大声》到《大生》《图存》

为了扩大抗日救亡的宣传，车耀先遵照党组织的指示，在1937年1月创办了《大声》周刊，用以宣传抗日民主进步的思想和主张。《大声》周刊社址在成都三桥南街"努力餐"餐馆楼上。车耀先任《大声》周刊社长兼编辑，薛特恩任发行人。次年初，编务由胡景祥负责。该刊物发表大量文章，宣传对内和平，对外抗战，揭露亲日派阴谋，深受广大人民群众的欢迎和拥护。"西安事变"爆发后，反对张学良、杨虎城的成都报刊主张"讨逆"。《大声》周刊则以大量篇幅报道事变真相，揭示张、杨的爱国抗日主张和蒋介石的诺言。还以20多篇《社声》批判讨伐派的错误观点，揭穿亲日派助敌实现"以华灭华"的阴谋。

该刊为适应不同读者群体的特点，还分别编排了"青年园地""妇女界"专栏，也坚持编排了男女老少咸宜的"读者之声"栏目。经过艰苦卓绝的奋斗，车耀先将《大声》周刊办成了各界群众都喜爱的良师益友，发行量迅速由初期的1500份迅速上升到5000多份，成为当时四川进步人民群众公认的最好的抗日救亡刊物。该刊还团结群众组成"大声抗日救亡宣传社"，在成都、泸县、绵阳等地发展社员近千人。"大声社"以抗日救亡为内容组织多次"《大声》读者座谈会"，开展慰问抗日军属活动，并募捐为八路军购买防毒面具。因此，该刊不断遭到国民党当局的迫害。1937年4月15日，以"消息言论多不正确"而被查封，遂改名《大生》继续出刊，发行人改为余路由，社址则迁往长顺上街益民书店。6月5日，《大生》又被查封。7月9日，又改名为《图存》周刊，发行人改为庄又严，社址又迁中新街45号。7月24日，《图存》被查封。11月5日，国民党迫于形势，"姑准"《大声》复刊，但迫害并未停止，不仅抄车耀先的家，还派特务打入"大声社"，暗中监视破坏。车耀先与胡景祥甚至还接到附有子弹的恐吓信。1938年8月，《大声》在国民党成都市人民团体指导委员会的不断"警告"和内部经济困难的双重压力下被迫停刊。在《大声》停刊号上，车耀先还发表了精彩的总结词，原文摘录如下：

> 本刊自去年一月十五日创始以来，即本"对内和平，对外抗战"大声疾呼；中间虽几经挫折而对原来主张仍一贯不变。及至去年十一月五日奉到四川省政府"姑准复刊"指令，正式复刊以还，又本"巩固团结，抗战到底"唤起民众。对于抗日战争，虽然无多大贡献；而于救亡运动亦不无小补；究竟何负于国家何碍于当道？
>
> 本刊前后共出六十一期，约一百数十万言。自信：无一字出乎三民主义范围，无一字离开民族国家利益，即每期呈阅之党政机关，亦从无一字之指摘，不知何故，屡受处分。而破坏民族统一战线与专事挑拨谩骂不谈抗战建国之刊物，皆核准发行，对于热心爱国努力救亡之本刊反几次查禁。不□我党政诸公是否悉将各刊披阅比较？是否根据三民主义原则与抗战建国纲领为可否发行之批准标准？若只以无稽之谭〔谈〕门户之见作为取舍，则何以临事？何以服人？
>
> 本刊之创始与复刊，省政府均有指令；中途发生查禁，党部递有呈文。呈文至今未批，指令当然有效。今忽勒令停刊，使人

莫名其妙，言论自由？言论自由！①

（四）大邑"车耀先烈士塑像广场"

1940年3月18日，国民党特务制造"抢米事件"，后栽赃造谣说共产党策划饥民抢米，借此逮捕了车耀先、罗世文等大批共产党人，国民党反动派将车耀先和罗世文等人关押在贵州息烽监狱长达六年。在狱中，国民党对车耀先实施酷刑，后又许以高官厚禄为利诱，但车耀先始终不屈服。他将监狱作为一个特殊战场，同其他难友一起，建立了狱中党支部，组织领导监狱中的党员与敌人进行坚决的斗争。1945年，国共谈判期间，毛泽东、周恩来曾要求蒋介石释放罗世文、车耀先等共产党员，蒋介石等国民党反动派拒不释放，并将他们转移到重庆渣滓洞监狱。1946年8月18日，国民党反动派将车耀先与罗世文一并杀害，且毁尸灭迹。车耀先以宝贵的生命实现了自己入党时的誓言。

1950年2月，重庆市人民政府向车耀先烈士的亲属颁发了革命烈士优待证书。1983年，民政部向车耀先烈士亲属颁发了革命烈士证书。1955年，经人民群众举报，杀害罗世文、车耀先烈士的刽子手之一的杨进兴被捉拿归案，根据杨进兴的口供找到了罗世文、车耀先的遗骨。人民政府将两位烈士合葬在重庆歌乐山下松林坡，周恩来总理亲笔题写了墓碑。为纪念车耀先烈士，1986年10月，中共大邑县委、大邑县人民政府，在大邑县静惠山公园修建了车耀先烈士塑像。1995年8月，车耀先烈士塑像被命名为大邑县爱国主义教育基地。2003年9月，重塑车耀先烈士雕像，扩建为车耀先烈士塑像广场（图14-1）。

---

① 丁成明、胡金玉主编：《抗战时期的四川档案史料汇编》（上），重庆大学出版社2014年版，第478页。

图14-1　大邑县车耀先烈士塑像广场照

附：车耀先烈士遗书：

先说几句（遗书节录）①

民国二十九年三月，余因政治嫌拟（疑）被拘重庆，消息不通，与世隔绝。禁中无聊，寝食外辄以曾文正公家书自遣。遂引起写作与教子观念。因念余出世劳碌，磨折极多；奋斗四十年，始有今日。儿女辈不可不知也。故特将一生之经过写出，以为儿辈将来不时之参考。使知余：出身贫苦，不可骄傲；创业艰难，不可奢华；努力不懈，不可安逸。能以"谦""俭""劳"三字为立身之本，而补余之不足；以"骄""奢""逸"字为终身之戒，而为一个健全之国民。则余愿已足矣。夫复何恨哉！②

二　解德五

解德五（1898—1949），四川省大邑县三岔街乡下白衣庵人，

---

① 这是车耀先烈士为教育子女所写遗书的开头语。
② 中国青年出版社编：《革命烈士书信》汇编本，中国青年出版社2015年版，第148页。

家贫，性刚直，不畏强暴，好打抱不平。1949年，中共地下党组织在三岔地区活动，解德五是党领导的农民互助会成员。同年秋收后，党组织领导农民开展"二五减租"斗争，解德五带领群众向地主说理，坚决实行减租。10月25日，元兴乡响起了枪声，他立即率领农民武装二三十人前往探视。接着，党组织通知他们撤离。解德五在撤离中被三岔乡乡长魏俊三的人马紧追，他辗转于农民家中隐蔽脱险。27日，他又率领农民武装三人回本地解救被反动派包围的群众，不幸被捕。

后被敌人用机枪扫射，解德五壮烈牺牲，时年51岁。

三　张继良

张继良（1914—1935），又名永廉，四川省大邑县新场人。1931年，他团结部分青年成立青年学友互助社，以互助互学为名，开展抗日宣传和反对苛捐杂税及地方恶势力的斗争。1932年加入中国共产党。同年，党组织在王泗、新场、灌口等地秘密组织农民协会、穷人齐心会进行革命活动，张继良为新场地区负责人。1933年5月，中共王泗支部书记、组织委员被调去邛崃参加上川南抗捐军工作，大邑党的工作就由朱叔盈与张继良负责。同年，新场党支部成立，张继良任书记。1934年，上川南抗捐军改编为川康边中国工农红军游击大队，张继良任游击大队第七中队中队长，并动员农协会会员邓德三、姜庆云等十人入队。斗争受挫后，张继良又转回新场继续秘密进行党的工作。1935年9月24日，因叛徒出卖，张继良被捕入狱。在狱中他写下了不少革命标语，表明自己坚定的革命信念。10月4日，张继良被杀害于大邑城外西河坝，时年仅21岁。

四　张纯武

张纯武，川北人，1933年至大邑从事中国共产党的秘密工作。他初来时在今雾山乡的汪沟、刘山、杨家山一带活动；随后又至灌口地区工作，将戴家沟、李家营、漩滩子一带的贫苦农民、手工业工人团结起来，进行抗捐斗争，灌口场上的周姓面食店是其活动据点。此后张纯武又到新场地区，与中共新场支部书记张继良一同工作。

1934年7月，崇庆县分州地区国民革命军第二十八军二路五团做兵运工作的孟鹤松调走后，张纯武被派去接替孟的工作。他为了充实骨干力量，到灌口地区动员原联系的十余人，打入五团各连当兵。10月30日晚，"分州兵变"爆发，约二百人的起义士兵奔赴大邑县雾中山开化寺。由于敌人追击，给养不足，起义失败。当时上川南抗捐军已奉命改编为川康边中国工农红军游击大队，张纯武与张继良一起组织新场地区的邓德三等数十人参加了游击大队。

1935年9月24日，因叛徒黄润堂出卖，张纯武在新场张玉堂家被捕。10月4日被杀害于县城外西河坝，他在赴刑场途中仍高呼"共产党万岁"。

五　李文裕

李文裕（1915—1941），四川省大邑县灌口场对岸李家碥人，曾就读于大邑县立初中、上海浦东中学、上海法学院。

1937年"七七事变"后，李文裕辍学，随兄李剑华（中共党员）离开上海。1938年入李公朴主办的民族革命大学学习。之后不久又转至山西省内的五台山，在八路军聂荣臻部工作，并加入中国共产党。期间他参与编辑《救亡日报》，并撰写文章号召广大群众积极参与抗日斗争。

1940年秋，八路军在华北发动百团大战，在广大群众的配合下取得了毙伤日伪军25800余人的伟大胜利，李文裕参加了战斗。1941年11月11日，李文裕因染上瘟疫病逝，遗体安葬于河北省阜平县李家口村。

1952年，华东军政委员会民政部追认李文裕为烈士，并转请大邑县人民政府对其家属抚恤。

六 吕英

吕英（1918—1949），又名永孝，化名刘丹、李友人、刘世杰，今四川省雅安市汉源县清溪镇人。幼年随教书的父亲读书，后在杂货店当过两年学徒，1939年在西昌师范学校读书时加入中国共产党。

吕英入党后，在校内积极从事学生运动，曾四次被学校开除。他离开师范学校后，在党组织的安排下以教书作掩护，在昭觉、冕宁一带秘密从事革命活动。

1947年夏，吕英被川康特委派去仁寿县籍田地区开展"吃大户"的农民运动和秋收武装暴动。同年冬又被派去灌县向峨地区开展工作，在那里发展党员，建立党支部。11月，中共川康特委派陈俊卿和吕英到大邑开展武装斗争。他们来到大邑后，住三河场萧汝霖家，随后把萧汝霖、周鼎文、李安澜发展为中共党员。1948年2月，在唐场建立了党支部。此后，川西南人民武装工作委员会成立，萧汝霖任主任，吕英任副主任。唐场党支部改为武工委支部，由吕英任书记。接着，陈俊卿和吕英等在唐场王树云家召开中共雅（安）乐（山）工委第一次会议（川康特委于1947年12月决定成立雅乐工委），陈是书记，吕为副书记。会议宣布由雅乐工委领导川西南武工委的工作。此后，党组织在大邑的唐场、安仁、三岔等地发展党员20余人，并在群众中培养了一批骨干，发动成千上万的群众起来向反动势力作斗争。

1948年11月，吕英在唐场向李蜀华等传达中共川康特委指示：川西南武工委要在大邑周围地区扩展工作，使武装斗争有回旋余地，灌县（今都江堰市）和邛崃的地下党工作关系交武工委内的党组织负责领导。1949 年 1 月，吕英去成都向中共川康特委汇报工作，因叛徒出卖而被捕。在狱中还机智地捎信给外面的同志，要大家做好隐蔽和撤退工作。11 月 27 日重庆解放前，被国民党反动派屠杀在重庆渣滓洞监狱。

七　刘家言

刘家言（1919—1949），又名笃君，生于四川省大邑县王泗营。稍长，随父刘国孝（二十三军师长，后在成都赋闲）在成都读书。1937 年底，刘家言和姐夫王泽丰（中共党员王干青之子）进入延安抗日军政大学学习，1938 年 8 月 7 日被吸收为中共党员，8 月下旬被派回四川工作。刘家言回川后，中共川康特委派他去掩护中共成都市西北区委书记张黎群开展工作，组织关系亦由张直接管理。

1939 年，刘家言在新津县张场小学（中共地下工作据点）当义务教师，校中的教师萧汝霖、陈士英、李秋平等在刘的培养教育下，走上革命道路。是年底，张场小学据点暴露，革命教师离开此校。

1940 年初，刘家言指导萧汝霖组成大邑青年学会。随后又指导萧汝霖在其成都槐树街家里建立青年学会成都分会，后又将学会中核心骨干组成青年救国社。1943 年 10 月，经陈士英介绍，刘家言、萧汝霖、赵家琮、李秋平等与西康省《新康报》总编辑许成章相识，刘家言和萧汝霖等利用宴请之机和许搞"掉把"，并推许成章当大哥。经许成章认可，大邑、成都、简阳等地的二三十个进步青年到了西昌。他们被安插在军、政、文教、新闻机构及袍哥组织中，开展反独裁、争民主活动。

刘家言在成都和崇庆县城各有一处寓所，他不仅把两处寓所供中共党组织做联络点，还为同志们解决衣食住行等问题，甚至为有困难的同志抚养孩子。当时，进步青年称他为"小孟尝"，党内同志称他为好后勤。

1946年春，刘家言和党中央派来成都地区筹集经费的胡春浦取得联系。胡在成都开群生公司，刘家言在友人中为公司募股，还卖田200亩，将钱投入公司。1947年，公司改为大有字号，他又将其槐树街的寓所变卖，把钱全部献出来。他卖了自己的豪华寓所，另租简陋的房屋居住。时刘家言常穿粗布衣衫，革命者赞其精神高尚，世俗之辈却指责他为"败家子"。

抗日战争胜利后，国民党统治区出现了民主高潮。时刘家言将大邑唐场和王泗地区的两支革命力量结合在一起，主要由萧汝霖和周鼎文等出面开展工作。

1946年，蒋介石发动了全面内战，刘家言向萧汝霖、周鼎文传达党的指示：在国统区组织武装斗争，牵制敌人。在刘的领导下，同年冬，萧汝霖、周鼎文组建了第一支50多人的地下武装，曾到大邑地区以及懋功、宝兴一带活动，计划在川康边区建立游击根据地。

1947年7月，刘家言授令萧汝霖再组织一支武装，开赴山区与周鼎文一道活动，时四川大学学生李安澜、地下革命组织"民协"成员陈万堂等通过李惠明关系到大邑参加了这支武装。刘家言随队入山经大邑县双河乡境内时，遭土匪阻挠，他担心因此贻误为党筹集经费的时间，便转回成都去西昌、冕宁等地筹集经费。1948年2月18日，刘家言返回途中在雅安停留时被特务逮捕。敌人连续审讯，妄图诱其变节，他毫无所动。此后他被押解到重庆，囚禁于"中美合作所"渣滓洞看守所。1949年11月27日重庆解放前，国民党反动派对狱中的革命志士进行了大屠杀，刘家言惨遭杀害。

八　徐达人

徐达人（1919—1948），四川省大邑县王泗乡下罗院寺人。家贫，自幼寄养于伯父家，先后就读于王泗小学、大邑县立初级中学、成都济川中学、四川大学。

徐达人在四川大学读书期间，常在中共党员、中国民主同盟会会员李惠明的带领下参加革命活动，是学校进步社团"朝明学术研究社""离离草壁报社"的主要成员。1946年暑期，徐达人由李惠明介绍，参加中国民主同盟。次年，李惠明将徐达人的领导关系转给大邑负责地下武装的萧汝霖，并将其民盟关系转回大邑，徐达人便在中共地下党组织的直接领导下，以民盟关系协助王安懋开展民盟地下活动。

1948年秋，徐达人从四川大学毕业回县，即参加川西南人民武装工作队，从事地下武装斗争工作。唐场"七·一二"事件后，萧汝霖和周鼎文等率领武工队经王泗乡到山区整训，留下徐达人在王泗乡活动。不久，萧汝霖下山联系工作，于9月24日到徐达人家中。次日，萧、徐二人一同前往鹤鸣乡欲与民盟成员杨德孚联系，行至龙坎门与郭保之的武装匪徒相遇，不幸被捕遇害。

九　李惠明

李惠明（1919—1949），女，四川省大邑县王泗营人。家贫，幼年丧父，其母带着她姊妹3人迁居大邑县城北街，靠做针线活度日。

李惠明自幼勤奋学习，考入成都女子师范后，因衣服破旧，常遭讥笑、冷遇，产生了悲观厌世思想。一进步教师发觉其思想、处境后，主动在经济上支援她，又把马克思、列宁的著作和其他革命书籍送给她阅读。她在进步教师的帮助下提高了政治思想觉悟，1938年夏经李均明介绍加入中国共产党。

1942年初，在李惠明领导下，姚雪岩和周鼎文出面在成都祠堂街创办莽原出版社，李惠明为出版社负责人之一。1943年，此社被国民党查封。

李惠明在女子师范毕业后，考入西川邮政管理局当邮务员。在局里，她以学习英文为名，组织一批青年学习革命书刊，进行革命活动。她利用收发邮件的机会，把新华书店和莽原出版社的革命书刊寄往各地，邮包上贴有"三民主义"一类封皮。一次，她签发的这些邮包被查获，她以只看封皮不知邮包中的内容为托辞，掩盖了过去。此后，她离开邮局到妇女公会当职员。

1943年秋，李惠明考入四川大学文学院历史系。在四川大学读书时，她先后和江竹筠、王琴舫、黄立群、马秀英、冉正芬等中共地下党员及"民协"成员取得了联系。王琴舫介绍她参加了"民协"，并任组长。此后她又结识了张澜的女儿张茂延，张介绍她参加了中国民主同盟。她除负责女声社工作外，还积极参加和指导朝明社、旭光社等进步学生社团的工作。

1945年12月1日，昆明发生了"一二·一"惨案，李惠明参加四川大学组织的声援活动。此后，在抗议反动派制造李、闻血案和反对《中美友好通商航海条约》，以及反饥饿、反内战等学生运动中，她都积极参加和组织。1946年，李惠明把在四川大学读书的大邑人徐达人、李黎、白开茂发展为盟员，直接领导他们进行学生运动。1947年春，她又将这三名同志交给在大邑负责武装工作的萧汝霖领导，并把他们的民盟关系转回大邑，开展大邑民盟工作。

1947年夏，李惠明在四川大大毕业，党组织要她回大邑争取在大邑女中当校长，以便安插一些共产党人和进步青年到大邑开展革命活动。她回县后，因拒绝参加反动党团，结果她不仅未当上校长，还引起了反动派的怀疑和注意，随后便化装离开了大邑。同年9月，李惠明到重庆市盘溪民建中学代课，不久又到松花江中学任女生部管理。年底，党组织又派她到江北搞农村工作，次年春，又回重庆嘉陵江中学任教。

1948年4月，中共重庆市委书记刘国定、副书记冉益智被捕之后叛变，沙磁区特支书记刘国鋕被出卖。当时刘国鋕住在其姻亲四川省建设厅厅长何北衡的公馆（在曾家岩）内，4月10日晨，特务去何公馆抓刘国鋕，刘机智地逃脱了。这时，李惠明和张文江（又名国维，中共沙磁区特支委员）一同到何公馆找刘国鋕，不幸被特务逮捕，关进了中美合作所渣滓洞监狱。敌人审讯时，她始终未暴露政治身份，敌人只好把她作为嫌疑犯长期关押。

李惠明身陷囹圄，仍坚持刻苦学习，并教难友们学习古典文学和外语。每天早上，大家就背英语单词，吟诵诗词。1949年11月27日重庆解放前夕，被反动派杀害。

十　朱英汉

朱英汉（1920—1948），四川县绵阳市安县（今安州区）河清镇人。幼年曾读私塾，13岁在绸缎铺当学徒。1935年朱英汉在巴中县参加红军，当司号员。随红军长征到陕北后，被选送到抗大学习，毕业后调至陈赓部当警卫员。抗日战争时期历任侦察员、班长、连长，并加入中国共产党。

1946年，朱英汉受党中央派遣回安县建立中央安绵地下党河清支部，任支部书记。1948年调至大邑、邛崃，任武工委委员，负责军事指导并兼武工队直属队副队长。1948年7月12日，刘文彩调集反动武装"围剿"地下党据点唐镇乡三河场萧汝霖的住宅。朱英汉与李蜀华率武工队突围至邛崃县傅庵乡境内时，遭到当地民团和曾任国民党十七师师长公馆内士兵的阻击。战斗中，朱英汉为掩护战友罗永尤脱险而负伤。敌人对他密集射击，最终朱英汉身中十余枪，英勇牺牲。

新中国成立后，邛崃县人民政府将朱英汉牺牲的地方命名为"英汉村",又将附近一所学校命名为"英汉小学"。现代作家马识途以英汉烈士的事迹为素材,创作了电视剧《三战华园》。

十一 萧汝霖

萧汝霖(1920—1948),原名萧洪泉,出生于四川省大邑县唐场镇三河场一个地主家庭。抗日战争时期,他在成都敬业高中读书,受到共产党员刘家言的影响,积极参加革命活动,在大邑建立了进步青年组织——"青年学会"。抗日战争胜利后,萧汝霖在刘家言等共产党员指导下,利用与刘文彩的关系,积极公开地发展"青年学会",半年多时间就在大邑、新津、崇庆一带发展了学生、教师、医生、农民和回乡青年等1000多人为会员。1946年冬,刘文彩对"青年学会"敌意渐增,萧汝霖随机应变,主动停止公开活动,转入秘密活动,实行隐蔽精干的对策,为以后建立党的武装储备了骨干力量。1946年7月,萧汝霖接受党的指示,在大邑开展武装斗争。为了筹集武器和活动经费,他费尽心机说服母亲和兄嫂,卖掉了家中的部分田产,招募了一批青壮年。又设法从刘文彩家先后弄出机枪4挺、步枪10多支、德制手枪6支、木柄手榴弹10多箱以及一批美制子弹。年底,萧汝霖集中新场、敦义乡农村青年和经过训练的武装骨干50多人,编成两个分队,于1947年2月以袍哥武装名义开进大邑山区活动。由于组织上未及时按原计划派党员、干部前来领导,武装活动遭受了挫折。不久,党组织决定由萧汝霖另行组织一支武装。萧汝霖再次说服家人,将家里的百余亩农田全部卖作武装活动经费,并以袍哥、烟帮队伍名义,在三河场及陈林盘集中百余人,编为武工队直属第一、二队,进行训练。与此同时,地方敌对势力也加紧了对地下武装的镇压。萧汝霖带领武工队伍向邛崃山区象鼻子山转移。不久,敌人急调队伍包围象鼻子山。为了与党取得联系,萧汝霖冒险潜行下山,暗往大邑。结果在第二天

（1948 年 9 月 25 日）被捕，最终在押赴成都的途中被杀害。① 新中国成立后，川西行署追认萧汝霖为革命烈士。家乡人民为他修建了烈士陵墓，他的英名被镌刻在革命烈士纪念碑上。

十二　刘鸣皋

刘鸣皋（1921—1949），又名刘明高，四川省大邑县灯笼场驼腰子树人。幼读私塾，14 岁始做农活，闲时随父做油米生意。后给人背枪当随从，来往于安仁镇，遂与萧汝霖、周鼎文相识。

1946 年加入中国共产党领导的地下武装，随周鼎文率领的一支武装队伍到汶川县境的达维地区活动。刘鸣皋枪法精湛，在战斗中常冲锋陷阵。

1948 年，刘鸣皋经过盟员白开茂的介绍，加入中国民主同盟。随后王安懋任他为大邑县民众自卫总队第二巡回组组长。大邑自卫总队一、二中队和三个巡回组实际为革命武装，刘鸣皋的巡回组控制新新乡、敦义乡一带，与敦义乡乡长张及塘的乡武装对峙。1949 年 5 月，张及塘联络新新乡大队长孔立川聚集乡丁、保丁和武装匪徒约 300 余人对刘鸣皋实行了长达 3 天 3 夜的"围剿"。经第一巡回组组长杨仲篾派人救护脱险后，刘带着妻子、女儿和弟弟到三岔乡中共地下党员李德方处寄住。从此，他和其弟刘汝祥活动于三岔街、高山镇一带。

1949 年 10 月下旬，大邑县县长徐元勋带领部队到三岔、元兴、王泗等乡镇压"二五减租"运动。29 日晨，刘鸣皋和其弟同时被捕，随即被押送至王泗营场口枪杀，牺牲时年 28 岁。

---

① 杨衍银等主编：《中华著名烈士》（第 27 卷），中央文献出版社 2003 年版，第 661 页。

十三　彭明忠

彭明忠（1922—1950），四川省大邑县韩场场口人。9 岁入学，14 岁随嫂迁居新津县城，因家贫，小学毕业后辍学。1941 年，彭明忠孤身迁回韩场乡下务农。

1948 年，彭明忠由董国福、王旭明介绍加入中共的外围组织火星社，其后又被吸收为中共党员。他负责传递党内文件，接待、掩护往来于韩场的革命同志。1949 年冬，川康边人民游击纵队成立，彭明忠任崇大新支队第七区队区队长。他和区队指导员梅之凡一起，带领百余名游击队员参加了歼灭胡宗南残部的战斗。

新中国成立初，彭明忠积极开展革命宣传活动，演剧、教唱歌、办夜校，并参加了征粮工作队。1950 年 2 月 12 日下午，韩场的叛匪刘明章带领匪徒百余人包围彭明忠家，因他在外搞征粮工作，未被抓住，叛匪们就把他的妻子傅氏和幼子彭学文抓走。傅氏被押至任板桥，遭匪徒杀害，彭学文被贺普兴掩护脱险。彭明忠闻讯，奔赴家住本乡的岳父傅芳廷处，匪徒们追到傅家，又将傅芳廷杀害。彭明忠撤至沙渠乡丁家碾桥头，被匪徒抓住押回韩场，当晚被害于鸡市林。

十四　田载重

田载重（1923—1949），四川省大邑县三岔街乡下田水碾人。3 岁起，祖父教他识字，继读小学、初中，后毕业于眉山师范学校。

1947 年秋，田载重由义父李德方推荐，任三岔乡中心国民学校校长。随后中共地下党员李维嘉（化名李文杰）、杨泽民相继到三岔乡中心国民学校任教，以教书为掩护开展革命活动。

1949 年 1 月 21 日，特务到三岔乡中心国民学校抓李维嘉扑了空，就将田载重、王俊华、杨泽民抓走，关在三岔乡公所审讯。后因地方人士和群众的反对，乡长魏俊三被迫将他们释放，群众放鞭炮欢迎。同时，魏俊三向县府告密，说田载重通共，三岔乡有共产党活动。23日，大邑县特委会秘书谭天寿带人到三岔乡再次将田载重、王俊华2人逮捕，后经李德方通过王安懋与县长交涉，将2人保释。2人被保释后，党组织将田载重转到元兴乡中心国民学校任教务主任，继续开展革命活动。同年4月，田载重加入中国共产党。秋收后，党领导的"二五减租"斗争在元兴乡、三岔乡、王泗乡一带轰轰烈烈地展开。大邑县县长徐元勋和眉山专区专员王刚毅调集省保安团、专署保安大队来镇压减租运动。田载重在隐匿途中被魏拙轩（魏俊三的叔父）指使的反动武装抓获，10月29日被徐元勋杀害于王泗营上场口，时年26岁。

十五　萧国珂

萧国珂（1928—1949），四川省大邑县王泗营乡人，毕业于成都天府中学。1949年2月，他到崇庆县安顺乡中心国民学校教书，期间参加了中共地下党组织领导的读书会和新民主主义实践社。8月加入中国共产党。他入党后，被调回王泗营的家中负责掩护党的机关和来往的同志。

为了便于开展王泗营一带党的工作，党组织为萧国珂争取到了王泗乡中心国民学校代校长的职务。在学校中，他团结一部分进步教师，发起组织校外学友会，并在学友会中组织读书会，引导知识青年走革命道路。

萧国珂通过其父萧绍成（曾任刘文辉部一三六师副师长，思想进步，1949年10月加入中国共产党）关系弄回机枪4挺、长短枪20多支，以"抗捐抗丁、保家保身"为口号，采取"拜把子"形式组织地下武装，开展活动。

1949年秋收后，中共地下党组织领导的"二五减租"斗争在王泗、三岔、元兴等乡轰轰烈烈地展开，反动政府叫嚣"大邑土共猖獗"，要派兵"清剿"。10月23日和24日两天，萧国珂得知敌人策划"围剿"情报，急将敌情转知党的地下工作人员。他因未弄清敌人"围剿"的确切时间，主张第二天根据情况决定是否转移。25日凌晨，大邑县警察局局长李伯纯和敦义乡乡长张及塘率领的武装士兵包围了王泗营，萧国珂被捕。敌人立即把他扭送到三岔乡交与在那里指挥"清剿"的大邑县县长徐元勋，随后萧国珂同另外七位同志一起被杀害，时年仅21岁。

十六　秦士碌

秦士碌（1926—1950），又名世禄、慕良，四川省江北县（今重庆市江北区）人。幼时患软骨症致残，人称秦跛子。

秦士碌在协进中学读书时，该校的进步政治空气较浓，他的二姐又在共产党的地下机关里工作，他向往革命圣地延安，中学毕业后就与一名苏姓同学一道，踏上了去延安的征途，但走到广元就被国民党的关卡挡回。

1946年夏，秦士碌由中共党员杨伯恺介绍到《华西晚报》社工作。报社编辑田一平、胡春浦均是中共地下党员。秦士碌在他们的培养下政治觉悟不断提高，从搞校对工作调整为专收延安和邯郸电台的新闻电讯。为了不错记、漏记解放区的消息，他苦学速记，并自己创造一些速记符号。除搞好本职工作外，他还挤时间参加社会上的民主活动和党的宣传工作，有时还上街卖报，给订户送报。1947年6月2日凌晨，国民党特务捣毁了《华西晚报》社后，他由胡春浦安排到灌县向峨地区工作。在向峨，他和另外的同志一起以开小商店、办义务小学等形式开展革命活动。秦士碌在花房子义务小学担任教学工作，宣传共产党的主张，用革命思想启迪学生的觉悟。

1948年1月，秦士碌经吕英介绍加入中国共产党。中共向峨地区支部成立，他任支委，分管农运。秦士碌约党员杨荣泰等人把向峨有猎枪的农民联络起来，成立猎枪会，又在农民中组织翻身会。猎枪会曾惩治了当地一个反动人物，受到群众的拥护，年底已发展成为有百余人的地下武装。这支地下武装后被编为川康边人民游击纵队岷江支队第四大队。

1949年5月，秦士碌撤离灌县去成都。他在成都会晤了周鼎文。周鼎文知道他会速记，就叫他和张泽石一同到双流县（今成都市双流区）擦耳岩徐海东家办油印刊物《火炬报》，专门收听、整理、出版解放区的消息和党的指示。该年9月，徐海东被叛徒出卖，双流的党组织遭到破坏。党组织安排秦士碌和张泽石辗转流动，继续办《火炬报》。

大邑解放后，1950年2月，秦士碌被分配参加征粮工作，担任沙渠组组长。2月13日，匪特暴乱，秦士碌和解放军班长张发成带一名战士外出观察敌情，被土匪发觉，张发成和战士牺牲，秦士碌负伤倒在田坎上，被叛匪用铡刀活活砍死，时年24岁。

十七　陈志斌

陈志斌（1927—1950），女，四川省大邑县银屏乡人。家贫，少时母亲去世，曾在大邑县城姑母家做家务劳动。1944年秋入大邑县立女子初级中学校读书，后因与同学发生争执被开除学籍而失学。

1948年，陈志斌经李德方介绍到大邑县三岔乡中心国民学校任教，此校是中共地下党活动的据点。她在党的教育下积极参加革命活动，教唱革命歌曲，传递消息等。次年春，被党组织安排到元兴乡中心国民学校任教，除搞好本职工作外，还帮助办党的油印刊物《大众月刊》，到农村做妇女工作。不久，王汉卿介绍她参加新民主主义实践社。同年10月下旬，元兴、三岔、王泗一带的"二五减租"斗争遭到敌人镇压后，她随樊仲宣（民盟成员）到崇庆县隐蔽。随后她在成都遇见中共地下党员周鼎文，周鼎文介绍她去雅安，后参加川康边人民游击纵队大渡河支队。

1950年2月11日，陈志斌在大邑县上安乡征粮时被叛匪抓去，后在群众掩护下脱险到元兴乡。2月15日叛匪进攻元兴乡，她再次被捕。她坚贞不屈，愤怒斥责叛匪的罪行。17日，匪徒们把她押至曹水碾，牺牲时，她高呼"毛主席万岁！"随即身中7弹，时年23岁。

十八　王慧悟

王慧悟（1929—1950），又名惠吾，女，四川省大邑县新场人，曾在成都光华大学先修班肄业。

1949年春，王慧悟辍学回乡，在亲戚萧国珂的引导下参加革命活动。反动派在镇压"二五减租"斗争时，她掩护和从经济上支援中共地下组织的同志。

大邑解放后，王慧悟参加了征粮工作，被分配到沙渠乡。1950年2月13日，叛匪向沙渠进攻。组长秦士碌和解放军班长张发成刚离开驻地外出观察敌情，工作队的住宅即被叛匪包围。王慧悟、罗淑君等在碉楼上顽强地向叛匪射击。直至黄昏，敌人还未能攻下碉楼，乃纵火烧了碉楼附近的20多间草房。叛匪杨南溪（曾任国民党军副官）徒手到碉楼下要求谈判，工作队同志趁机冲下碉楼想突围出去。在突围中因寡不敌众，王慧悟和罗淑君被匪徒们抓住，并押至崇庆县三江镇叛匪头目李泽儒处。2月18日，她俩同时被叛匪杀害于三江镇高巷子，王慧悟时年21岁。叛乱平息后，沙渠人民将她俩的遗体运回，安葬于沙渠场口，并举行追悼会。

十九　陈宗严

陈宗严（1926—1950），化名林浩先，四川省大邑县县城人。家贫，于大邑县立初级中学毕业后，初在苏家乡赵庙子教书。1944年经人介绍，到西康省民政厅任职。

在西康省政府，陈宗严和李良瑜、邹尧、铁佩芳、凌崇德等几名青年，因不满国民党政府的反动统治，秘密组成读书小组，看革命书籍，受到时任省主席刘文辉机要秘书胡立民（中共地下党员）的重视。胡立民有意接近他们，给他们讲革命道理，引导他们走革命道路。

1948年12月，陈宗严和李良瑜以读书小组为基础，发起成立了新民主主义联盟。联盟成员除学习革命文献外，又在康定地区的中等学校里组成读书会。他们为了广泛团结藏、汉、回族青年，成立了金江青年联谊会，并主办《西康日报》副刊《百灵鸟》《金川》，发表文章，抨击时弊。"新民主主义联盟"先后在康定、甘孜、泸定、德格、芦山、雅安等地发展成员几十人。

1949年5月，陈宗严因西康省政府裁员而失业到了雅安，中断了和胡立民的关系。时雅安民教馆馆长张新民被他发展为"新民主主义联盟"成员后，他以民教馆为据点，开展宣传教育工作。陈宗严的活动受到了中共地下党员马有钧、周戈西的重视，他们把情况向川西地下党领导作了汇报。同年7月，陈宗严由周戈西介绍加入中国共产党。

西康省的国民党特务头目余仲篪要成立内政部西康省芦山调查处，组织几个大队的土匪武装，妄图配合国民党军阻止解放西康省。周戈西获悉此事后，经中共党组织决定，派陈宗严等十余人打入"内调处"进行控制。8月上旬，内政部西康省芦山调查处正式成立，化名为林浩先的陈宗严任秘书，当地的进步青年施明轩任主任。随后，他二人与进步青年杨朝奉一道，借建立"内调处"下属大队之名，把当地拥有武装的小头目约来吃血酒，使之为我所用。他们又团结一批知识青年和教师，组成青年学友联谊会，引导这些人走革命道路。芦山县青龙场的舵把子牟国才也被他们争取过来，使其拍胸口保证拥共反蒋。芦山"内调处"成立仅1个多月，陈宗严、施明轩等人的一系列活动引起了余仲笾的猜疑，余感到"内调处"人员"不纯"，遂即将它解散了。

芦山县匪首程志武被国民党反动派委任为川康肃反救国军总司令。他纠集上千人的土匪武装，妄图阻止西康的解放。陈宗严和唐络宾、朱平等被派去做他的转化工作。12月9日，刘文辉通电起义，13日芦山县人民欢庆起义，在芦山中学开群众大会，程志武在会上也宣布起义。陈宗严为鼓励程志武，在大会上赞赏其起义行为，中共党组织任命程志武为人民解放纵队司令，要他布防镇西山，阻止国民党部队。然而，几天后他却指使其心腹胡元学率部将住在芦山县邮局的陈宗严等14位党的工作人员扣捕。陈宗严等被程志武扣捕后，起义的二十四军便派1个团攻下芦山县，程志武被迫释放了被扣人员，退回老巢程家坝。

1950年1月，陈宗严和李良瑜（1949年12月由陈宗严和余稚夫介绍入党）被党派回康定工作。这时，康定地区"新民主主义联盟"的活动已公开化，他二人根据党的指示，宣布"新民主主义联盟"解散，同时将大部成员转为新民主主义协会会员。之后，他们即领导"新民主主义协会"成员宣传党的政策，揭露敌特对共产党和解放军的造谣和诬蔑，并组成了工人联合会、烽火合唱团、小教联谊会等，使康定地区处处呈现一派欢乐的景象。

1950年3月5日晚，国民党军田中田部由丹巴县窜到康定城区，一面大肆搜刮财物，一面四处侦察抓捕进步人士。3月15日，陈宗严、李良瑜、邹尧等三名同志在二郎山下的烂池子（雅安市属天全县）被敌军陶庆林团抓捕。17日被押至泸定，关在敌军营部。3月25日被敌人刺死于汉源县王岗坪，陈宗严牺牲时仅24岁。

第二节 战争年代的红色政权

在土地革命战争时期，邛崃有两次建立苏维埃政权的历史，让四川的土地上播下了红色的火种，扩大了党的政治影响，从而有力地支援配合了红军长征。1933年7月和10月，中共上川南特支与中共邛大特区区委，先后在邛崃石头（今临济镇）成立，领导了邛（崃）、蒲（江）、大（邑）、名（山）、崇（庆）、芦（山）、丹（棱）、洪（雅）、新（津）等上川南各县，秘密发展与壮大了党的组织。同时，开展了武装抗捐斗争。

一 上川南抗捐军

1933年，上川南抗捐大同盟大邑分部成立，隶属上川南抗捐大同盟。上川南抗捐大同盟由中共上川南特支领导，设上川南抗捐军总司令部，孟光远任总司令，陈伯峦任政治委员，宋其康任参谋长。第一路司令部司令为孟光远，副司令为徐焕堂。下辖3个大队：第一大队下辖4个分队，50余人，第二大队下辖3个分队，30余人，第三大队下辖4个分队，100人左右。第二路司令部司令为王斌武，副司令为魏尧光，有200余人。第三路司令部负责人为郑载阳、徐锡三。

抗捐军在夹关乡（今邛崃市夹关镇）王店场上宣布起义后，按计划分头进击。打出"抗捐军"旗帜，提出"打倒军阀统治""实行抗款抗捐""不给绅粮交租""实行谁种谁收""建设人民政权"等口号，并召集群众大会，当场处决了郑店团总郑佐清、王店团总孟仲道及土豪孟朝阳、孟采丰4人，受到了当地群众的热烈拥护。夹关乡南北两岸的群众纷纷要求参加抗捐军，队伍迅速发展壮大至 600 余人。

此后抗捐军以邛崃南路的夹关、石头、临济、道佐和洪雅的总岗山等为根据地，纵横驰骋于幅员几百里的邛崃、蒲江、名山、洪雅、大邑、芦山等山丘地带。上川南抗捐军的英勇战斗，不仅扩大了党在四川地区的政治影响，而且牵制了部分军阀部队，有力地配合了通南巴红军的作战，支援了川陕苏区的反"围剿"斗争。

二 川康边中国工农红军游击大队

川康边区包括大邑、邛崃、蒲江、名山、雅安、温江、崇庆、郫县（今成都市郫都区）、灌县（今都江堰市）、仁寿、简阳等县，属于邛崃山脉及其边缘地区，地形复杂，有利于开展武装斗争。

1934 年秋，上川南抗捐军改编成为川康边中国工农红军游击大队。游击大队设总司令部，中共游击特区区委书记陈伯峦任大队总司令，曾海云（邛大蒲县委书记）任省委特派员。下辖 10 个中队和川康工农红军别动队，内有第五中队活动于邛崃县桑园镇、大邑县王泗营一带，有 40 多人；第七中队活动于大邑县新场、邛崃县西禅寺一带。

川康边中国工农红军游击大队战士情绪高昂，积极开展抗捐抗租、惩治地主豪绅的活动。游击队在由邛州至雅州方向之马路右边一带，所占幅员纵向七十余里横向六七十里，他们组织严密，平时宣传抗捐抗租，一遇敌人军团即化整为零，故敌人军团一无所获。在游击区内，人民扬眉吐气。为此，国民政府急任李家钰为"剿匪总司令"，并饬新津、双流、蒲江、邛崃 4 县驻军出动围剿。李家钰深恐部下进剿不力，特派边防军手枪营为督战队，再加上地主豪绅还乡团的力量，红色游击区顿时被白色恐怖笼罩。

在反围剿战斗中，游击战士顽强作战，给敌人以有力的打击，但队里也牺牲了不少同志。曾海云在一次战斗中，为掩护部队撤退，不幸被捕，英勇就义。此时，别动队队长杨材良、小队长何俊、植季昆等人投敌叛变，游击队被敌人打散，大部分党员和队员转入地下活动。后由于叛徒出卖，游击队的领导人陈伯峦、侯伯英等于1935年元月相继被捕，惨遭杀害。

第三节　和平时代的英雄

2019年8月20日凌晨，西岭镇突降大雨，全镇多村告急，受灾公路点位17座、桥梁5座。最大降雨点西岭镇雨量达272.4毫米，房屋受损6处，河堤被冲毁280米，通讯基站断讯50处，滞留群众和旅客近2000人。2时11分，大邑县公安局指挥中心接群众报警，称西岭镇云华村山洪暴发，急需救援。西岭派出所接警以后，副所长李科带领辅警周正良、罗永红驾驶警车奔赴西岭镇云华村救援。出警路上，他们不停地劝导沿途群众撤离危险地段，期间还与县公安局指挥室通话两次，报告出警情况及沿线路况。3时10分许，大邑县公安局指挥中心与李科等人失联，于是指令周边的警力搜寻。同时组织后续的力量对求助群众展开救援，受困群众被成功救出。14时许，搜寻人员分别在两河口和花水湾河坝寻到李科、周正良的遗体。9月29日，邛崃市民警在邛崃市宝林镇某河道找到疑似失联人员罗永红的遗体，后经DNA检验比对确认。

一　李科

李科生前为四川省成都市大邑县西岭派出所副所长。2009年正式参加公安工作，从警十年来，以高度的使命感守护正义、维护人民群众生命财产安全，入警以来共办理刑事案件265件，打击处理73人，办理行政案件1300余件，行政处罚300余人，救助群众113次，帮扶群众330人次。他锲而不舍地开展案侦工作，成功为群众追回以工程分包为名被骗取的2.4万元保证金；他积极开展走访调查，通过近一个月深入细致的调查取证，成功破获利用微信反复套取西岭雪山票据进行非法牟利的犯罪案件，抓获犯罪嫌疑人9人，追回涉案资金70余万元。

2019年10月，中共成都市委决定追授李科同志"成都市优秀共产党员"的称号。

二　周正良

2012年10月，周正良成为四川省成都市大邑县西岭派出所一名辅警，主要辅助民警展开"一标三实"、农村交通治理、校园安全维护等工作。他常帮助村民调节矛盾纠纷，大家对他都非常信任。每年春节，面对核心景区车辆、人流始终处在超饱和的情况，他每日一大早便和同事开始沿途巡查道路状况。他急群众之所急，曾想方设法为游客找回掉在出租车上的钱包，帮助滞留景区旅客安全返还酒店安顿；他想群众之所想，积极帮助当地老百姓办理伐木证。为帮助老百姓节省开销，周正良想到用汽车用过的废机油来代替润滑油，把周边汽车换下的废机油收集在一起，送给办理伐木证的老百姓，手把手教他们如何用废机油为油锯进行保养。

他非常热爱公安工作，热爱身上的制服，还主动多次劝说另一名老乡成功加入了辅警队伍。工作中，周正良特别较真，派出所最辛苦、枯燥的接警工作，他也总是争着抢着去做，接待窗口成了他的专属座位；每次熬夜执勤或结束工作后，还默默地打扫所里的卫生；遇见同事熬夜加班，他还常主动下厨为同事改善伙食。西岭雪山每年都会发生多起游客迷路、被困的警情，周正良作为西岭镇云华村土生土长的村民，总是毛遂自荐，主动请缨给搜救队伍带路。他爱岗敬业、任劳任怨、嫉恶如仇，是基层警务辅助人员的杰出代表。

三　罗永红

罗永红于 2016 年 10 月辞去高薪的销售经理职位，来到大邑县西岭派出所从事警务辅助工作，他不顾亲朋好友的反对、顶着养家糊口的压力，放弃高薪而选择收入较低的警辅工作，正因为他从小就热爱着这份职业，他觉得这份工作是他的荣耀。罗永红非常热爱警察这份事业，时刻以高标准严格要求自己，制服洗了后熨烫平整才穿，值班主动清扫警车，规整警用装备。他身上那股敢冲敢拼的精神让许多民警都很佩服，2019 年 7 月，罗永红因为车祸受伤导致肋骨骨折，但伤势还未痊愈就回到派出所继续工作。2018 年 3 月，罗永红在 3 名民警的带领下抓捕毒贩，连续 4 小时的蹲守，他连厕所都没有去过，眼睛随时都盯着宾馆大门，不放过任何的蛛丝马迹，最后是他第一个发现嫌疑人，也是第一个冲到嫌疑人身边控制住了嫌疑人。

"不忘初心、牢记使命"是罗永红的座右铭，工作中罗永红也积极要求上进。到西岭派出所工作后，多次向所在党组织咨询入党条件、学习党的知识，并一直以党员的标准来严格要求自己。

三位和平时代的英雄面对特大洪灾，心系危难中的群众，视灾情为警情，临危不惧、冲锋在前，把使命当生命，用青春和生命践行了共产党员的初心和誓言，在他们身上集中展现了大邑公安民警和辅警对党忠诚、一心为民、无私无畏的担当精神。

第十五章　大邑文化的创造性转化和创新性发展

第一节　谱写"天府文化"大邑篇章

文化是价值观和生活方式为代表的精神活动,"是一座城市的精神与灵魂",[①] 是城市生存的根基,也是城市发展的一大动力。相应的,城市则是文化呈现的载体。随着知识经济的兴起和信息技术的发展,物质生产和精神生产的联系更加密切,文化和经济出现了加快融合的趋势;在经济领域和经济活动中,"文化软实力"的作用日益凸显,并且在城市化进程中变得更加重要。

2017年10月18日,习近平总书记在党的十九大报告中指出:要培育和践行社会主义核心价值观。文化发展的关键在于主体,要以培养担当民族复兴大任的时代新人为着眼点,强化教育引导、实践养成、制度保障,发挥社会主义核心价值观对国民教育、精神文明创建、精神文化产品创作生产传播的引领作用。使社会主义核心价值观在融入社会发展各方面的同时,转化为人们的情感认同和行为习惯。以党的十九大精神为指引,2017年,成都市第十三次党代会报告中明确提出,

---

[①] 刘江华、张强、陈来卿等:《国际视野下的城市发展转型》,中国经济出版社2015年版,第12页。

要深度发掘地域文化特质，推动天府文化的创造性转化、创新性发展，彰显继往开来、革故鼎新的时代风尚，发展"创新创造、优雅时尚、乐观包容、友善公益"的天府文化，要让天府文化成为彰显成都魅力的一面旗帜。成都作为体现新发展理念的国家中心城市，离不开天府文化的引领导航、凝心聚力、创新创造作用。可以说，天府文化已成为决定成都城市品质、塑造成都精神、支撑成都发展的重要力量，从精神层面凝结了成都的人文共识、城市理想和价值追求。

作为在天府文化滋养下的大邑，同样需要努力践行社会主义核心价值观，紧紧把握天府文化的精神内核，确切论证大邑文化在天府文化宏大体系中的定位。在传承巴蜀文明、发展天府文化的时代任务中提炼大邑本土的文化特质、特色，为大邑文化勾勒认可度高、辨识度高、显示度高的特征"画像"，找准大邑历史文化与天府文化接榫的关键所在，凸显天府之国中的大邑文化基因，使其在天府文化的现代转化中融变出新，在城市发展中融入天府文化的十六字特质。进而依托本地的文化因子和优秀的旅游资源，从场景打造、路线设计、文创产品、风土民情等多方面、多角度提升大邑文化在成都城市发展中的显示度和影响力，实现与成都的全面协调发展，写好天府文化的大邑篇。

第二节　大邑历史文化资源的保护

前文已对大邑悠久丰富、特色鲜明、精彩纷呈的历史文化展开了系统地梳理和介绍，对大邑文化的历史遗存、当代资源即大邑县的文化"家底"有了较为清晰的认识。在此基础上，需要进一步研究如何利用这些优秀传统文化资源，在把成都建设为世界文化名城的宏大战略中，继续推动大邑当前的文化建设，并在此机遇中寻求适应县情的有效发展。面对如此灿烂辉煌的大邑历史文化遗产，怎样更好地保护自然与人文资源？怎样把优秀的大邑历史文化元素植入新时代的文化建设中？怎样使大邑雄奇壮丽的自然风光、丰富深厚的古镇文化、繁盛的道教与佛教文化、丰富多彩的诗词文化等共同作用于未来文化事业和产业的发展？一句话，如何对大邑历史文化资源进行创造性转化与创新性发展，就成了谋划大邑文化高质量发展需要思考的重要问题。对此，提出如下建议。

一 清理文化资源

加强对大邑县文化资源的清理，持续深入地挖掘、整理、保护、开发既有文化遗产和文化资源，有助于树立文化自信。在这一方面，大邑县已经做了不少的前期工作。

第一，大邑县拥有丰富的自然文化资源。目前，在大邑县的6个国家AAAA级风景区中，有3个均是雄伟壮丽、风景如画的自然名胜。除此之外，大邑县还有丰富有趣的现代乡村旅游资源。这些景观已形成一定开发规模、较有地方特色的旅游观光景区。在这些自然文化资源中，比较著名的有距离成都仅一小时车程，以云海、日出、森林佛光、日照金山扬名的雪山——西岭雪山；有以古海水药泉为特色的北欧风情小镇——花水湾；有以集花卉培育、种植、销售、观光、旅游、度假、户外运动、绿色餐饮、农业体验、亲子体验、科普教育为一体的大型乡村旅游度假区——天府花溪谷；有以葡萄采摘、体验、度假为特色的安仁葡萄（蓝莓）产业园；有以泰迪熊为主题，中国首个主题农田乐园——沙渠精品农业公园；有以荷塘田园体验为特色的新场桐林村万亩荷花园；有以集休闲旅游、农产品销售、科普教育、中小学生社会实践、鲜果采摘、亲子厨房、篝火露营、中草药养生为一体的综合性生态庄园——金谷域澳洲庄园；有以菌文化为主题的现代智慧农业观光旅游胜地——菌博天下；有以集休闲、观光、教育、研发为一体的综合性农场——向阳花农场；有以"中药材之乡"美称的斜源养生度假小镇；有以"万亩药材之乡"美誉的斜源万亩林药场基地；还有以川西旅游环线为主的西部"合景·云上"旅游度假区。从以上这些成形的景观中可以看出，大邑县的自然文化资源分为两种类型：一是依托山水、温泉、园林而形成的养生休闲景区；二是以农业、林业种植采摘而形成的田园体验景区。如果将二者结合起来，以回归自然的生态栖居、康养休闲为重点，那么可以有效整合大邑县目前已有的自然文化资源，形成一条主题突出、内容充实的游览体验主线。

第二，大邑县拥有丰富悠久的历史文化资源。在目前大邑的国家AAAA级风景区、乡村旅游项目中，有不少都是依托文物古迹而开发的，其中比较著名的有国家AAAA级旅游景区，中国历史文化名镇——新场古镇；诞生于唐代，有"中国博物馆小镇"美誉的安仁古镇；古代佛教圣地，大邑古八景之一，有"中国佛教圆明园"之称的雾中山开化寺；中国道教发源地，世界道教的朝圣地，被称为"道国仙都"的鹤鸣山；还有花水湾千佛山道观、凤凰山药师岩摩崖石刻、烟霞湖观音寺、子龙祠、川王宫、高堂寺等人文名胜遗址。在目前大邑已做的前期清理工作中，大邑县的历史文化资源一共包括：不可移动文物542处，其中全国重点文物保护单位3处（大邑刘氏庄园博物馆、新场川王宫、高山古城），省级文物保护单位9处（赵子龙祠墓、药师岩摩崖造像、雾中山佛教遗址、鹤鸣山道教遗址、刘元瑄公馆、刘湘公馆、盐店古城、新场陈家大院、新场李氏民居），市级文物保护单位19处，县级文物保护单位45处。国有可移动文物7031件（套），其中一级文物39件（套），二级文物112件（套），三级文物2524件（套），一般文物4356件（套）。分别藏于大邑县文管所4511件（套）、大邑刘氏庄园博物馆1683件（套）、5.12抗震救灾纪念馆836件、大邑县安仁中学1件。博物馆6家，国有博物馆两家（大邑刘氏庄园博物馆、5.12抗震救灾纪念馆），民办博物馆4家（四川省建川博物馆聚落、成都市共品钱币博物馆、大邑县德源丝绸织绣博物馆、成都砚湖砚文化博物馆）。博物馆藏品多达288多万件（套），展示场馆达36个，安仁镇被中国博物馆协会命名为唯一的"中国博物馆小镇"，现存文物的价值和规模、拥有博物馆的数量，在全国同类小镇中已是首屈一指。

不过，虽然大邑县的相关部门已经做了一定的文化资源清理工作，但实际工作远未完成。目前，无论是自然文化资源，还是历史文化资源，分布相对来说还是比较分散的，比如大邑县的保护文物有部分藏于大邑县文管所，有部分藏于大邑刘氏庄园博物馆，还有一些文物藏于5·12抗震救灾纪念馆，甚至还有单独一件文物藏于大邑县安仁中学，而这些地方之间并没有形成一条完整的旅游线或者资源共享系统。尽管大邑县委县政府已经有意识地梳理一些线索对其进行系统整合，但不管是作为文化遗产而进行保护，还是作为旅游资源而加以开发，"资源—流欠整合"的问题还没有得到根本性的解决。

此外，这些文化资源也存在着开发投入不够，文化品牌在全省、全国乃至全球范围内的影响力、辐射力、认可度不足等问题。比如子龙祠在全国范围内的知名度不够高，雾中山、鹤鸣山没有得到业界普遍认同等。还有文物保护工作不到位的问题，比如县文管所的四千多件文物一直借藏于刘氏庄园文物库房，由于达不到储藏文物的必要条件，文物现状不佳。

总而言之，对文化资源的调查清理是一项持续性的工作，大邑的文化资源还需要做好品牌建设、整合、保护的工作，只有在此基础上，才能更好地推进大邑文化资源的传承转化与创新发展。

二　加强遗址保护

在"摸清家底"之后，接下来就要加强重要遗址文物的保护工作。

大邑县要充分利用好历史文化资源,让传统文化元素焕发生机,助推旅游文化产业发展。

如前所述,大邑县有着悠久的历史人文、源远流长的文化基因、积淀丰厚的文化成果,是天府文化的核心区、发源地,是"雪山下的公园城市"。大邑县是目前发现的古蜀文明的最早源头,建县也已有1300多年的历史,拥有繁盛的佛教道教文化、千年不衰的古镇文化、丰富的三国历史文化和永世流传的革命红色文化等。还有诗圣杜甫、状元杨慎、仙师张三丰等历史名人都曾在大邑留下足迹。因此,大邑是一座充满文化气息的城市。为了让这份千年的文化底蕴继续焕发生机,大邑县政府要做好文化保护工作,认真履行《中华人民共和国文物保护法》《文物保护法实施条例》《国务院办公厅关于进一步加强文物工作的实施意见》要求,充分结合大邑县的实际情况,切实有效地加大遗址文物的保护、修复、重建工作力度。具体的保护路径,可以从以下方面考虑。

第一,目前大邑县的遗址文物保存现状一般,容易受地震、水灾、盗掘盗窃、年久失修等影响而损毁。因此,大邑县遗址保护工作组人员要坚持"保护为主、抢救第一、加强管理、合理利用"的工作原则,对已受到损害的遗址文物进行重新修缮保护,尽量还原其本来面貌;对保存较为完好的遗址文物要进行预防性保护,包括强化文物保护工作人员的文物保护意识和基本保护常识,增强民众的文物保护意识;对全县所有的不可移动文物进行登记造册,定期进行巡查防范;加大巡查打击力度,严厉打击各类针对文物的违法犯罪行为,及时控制、有效避免各类危及文物安全的事件发生。

第二,遗址文物保护工作离不开经济支持。遗址文物保护属于社会公益性事业,大邑县财政应按照《中华人民共和国文物法》的有关规定,将文物保护、修复所需经费纳入财政预算中。在传承发展"创新创造、优雅时尚、乐观包容、友善公益"的天府文化的时代背景下，大邑文化作为天府文化中浓墨重彩的一章，理应得到资金上的支持，从而更好地进行文物修复和保护工作。因此，大邑县相关部门应该主动加强与上级文物主管部门的对接，积极争取资金、政策等多方面的支持。

　　第三，有了资金的支持，接下来就需要组建专业的文物修复队伍。在上文已经提及，目前大邑县的文物保存现状一般，存在着不同程度的损毁情况，因而需要对文物进行修复。由于文物修复一直都是冷门学科，我国大部分人对该门学科都不了解，所以从事文物修复工作的人才较少。因此，大邑县必须要动用丰富的报酬和福利来吸引文物修复专业人才，组建文物修复队伍。对于目前已有的文物保护队伍，应该建立一个科学的监管制度，让每个员工都可以按照要求进行文物修复工作。同时，文物修复技术的发展是日新月异的，文物修复队伍需要及时了解新技术，采用新技术对文物进行修复。此外，大邑县可以积极寻找国内各高校合作，引导相关专业学生或教师参与文物修复工作。

　　第四，对于一些因为历史原因、人为原因已经不幸损毁的遗址、文物，或者残损较为严重，无法进行局部修复的文物，可以在不影响文物及其历史环境原状的前提下，遵循最少干预原则、适度展示原则予以重建。当然，对遗址、文物的重建应该特别慎重，尊重基于不同民族、社区、家乡身份的情感认同，听取各方面意见，充分论证，在可信的学术研究基础上，掌握比较广泛的历史依据，作出符合遗址、文物原本形式、材料、结构、工艺、色彩、体量的科学方案，进行重建。

　　第五，加强遗址保护并不仅是工作人员、大邑县政府的事，也是大邑县所有群众、旅客的事。所以，应该在全县范围内宣传遗址文物保护工作，让全县群众都参与到文化资源的保护和建设中，比如可以通过举办相关讲座，请专家或文物保护人员向大家讲述遗址文物保护的感人故事，或者在当地小学、中学开设相关遗址文物保护课程，从小培养遗址文物保护意识。当全县都树立起遗址文物保护意识后，甚至可以形成大邑县独特的遗址文物保护工作经验，推广到全国，进一步提升大邑县的知名度。

三 加强宣传教育

除了在物质层面的保护措施以外，也需要加强精神层面的责任教育。大邑的历史文化资源就是具有丰富浓厚的地方特色，值得深入挖掘和开发的优质资源。

首先要搞好学校教育。由于不同区域之间有很多特点体现在学校文化上，学校教育往往体现了当地的特色。近年来，国家正在大力推动发展中国优秀传统文化教育，可以说，中国优秀传统文化与我国社会主义现代化进程息息相关，增强文化软实力是提高国际竞争力的重要手段。在这一大背景下，大邑县应该紧跟时代的潮流，在本地的学校教育中加入大邑的历史文化教育相关内容，优秀传统文化能够延伸社会核心价值观的内涵，大邑县通过发展本土文化教育进行社会主义核心价值观的有效传播，从而能够达到社会整合的目的。为了使学生能更好地接受文化教育，学校要重视教育方式，用学生喜闻乐见的形式进行教育，比如采用视频、互动等形式，而不是枯燥地授课。此外，还要加强对教师和学校管理者的相关培训，只有老师和领导拥有保护文化资源的意识，才能更好地教育学生。

其次，国民责任教育也是必不可少的一环。利用大邑县优质、丰富的地方文化资源内容，针对爱国主义教育、思想道德教育、人文知识增长、综合素质提升等方面加以开发，就可以为国民教育提供独具特色的鲜活材料。加强国民责任教育，不仅可以得到本地民众发自内心的拥护，还能成为大邑的城市名片，营造出温暖的人文环境，无形地影响和改变本地居民的行为方式和价值取向，让大邑人更加了解大邑、热爱大邑。

最后，还需要加强地方干部的责任教育。就干部培训而言，地方特色历史文化资源也是干部教育培训的本源性优质资源。它不仅是构成干部教育培训中国情教育、党性教育、人文教育、知识教育的鲜活素材与本土教材，还有利于增强干部培训的针对性和实效性，可以彰显地方党校的办学特色，从而形成富有开放性、活力性的区域特色干部教育培训体系，提高干部教育培训的科学化水平。因此，通过整合和优化大邑地方历史文化资源，打造具有地方特色的干部培训基地，能够夯实干部教育培训的工作基础、提升干部培训的现场教学效果，增强干部培训的实效性与针对性，使地方党校干部培训发挥出人才队伍建设主渠道、主阵地的作用。

总而言之，要保护好大邑历史文化资源，就要加强责任教育，干部更要担当起示范与引领责任，带头搭建具有大邑地方特色的文化保护系统，落实大邑历史文化资源的保护工作，瞄准具有市场潜力的文化资源开发优势，对文化资源中蕴含的价值理念、道德规范、治国智慧进行创造性的转化和创新性的发展。本地群众要担当起保护与传承责任，作为大邑县的一份子，应该充分了解大邑的历史文化，树立对本土文化的认同感和自豪感，自觉担当起保护城市风貌、传承历史文化、保存中华民族记忆的重要使命。学生群体作为下一代的栋梁，要担当起发展与创新责任，通过学习新知识新技术，帮助大邑县通过多种途径，比如微信、微博等新媒体平台传播文化资源，打造大邑名片，向全国甚至全球讲好家乡大邑的故事。

四　加强科学研究

在清理文化资源、加强遗址保护、加强责任教育的基础上，大邑县还需要继续加强对文化资源的科学研究。加强科学研究的目的是为了进一步认识大邑历史文化资源的内在本质和发展规律，通过组织专家学者推出一批高质量的大邑历史文化研究成果，从多方面科学考察、研究、认识大邑文化，系统阐述大邑文化的学术价值、实践价值和精神价值。

就学术价值而言，以文化为重心的城市建设正成为未来城市和区域经济发展追求的新理念、新方向。文化是城市生存的根基，也是城市发展的一大动力。2017年，成都市十三次党代会报告中明确提出，要深度发掘地域文化特质，推动天府文化的创造性转化、创新性发展，彰显继往开来、革故鼎新的时代风尚，发展"创新创造、优雅时尚、乐观包容、友善公益"的天府文化，要让天府文化成为彰显成都魅力的一面旗帜。而大邑文化作为天府文化中不可或缺的重要组成部分，对大邑文化加强科学研究，可以为建设文博、文创、文旅产业融合发展的新大邑注入源源不断的理论动力。

就实践价值而言，加强对大邑文化的研究，就可以让大邑文化的精神融入城市、乡村发展和建设的方方面面，从而形成巨大的生产力和源源不断的可持续发展动力。"三城三都"建设是成都建设世界文化名城的主要抓手，且与大邑的诸多产业有非常高的契合度，是大邑借势发展文化产业的良机。"三城"中的建设世界文化名城，大邑的三国文化、道教与佛教文化、红色文化、诗词文化等均与之符合，大邑拥有很强的文化名城建设潜力；建设旅游名城，大邑"窗含西岭千秋雪"的西岭雪山、温泉小镇花水湾、大型乡村旅游度假区天府花溪谷等品牌均享誉国内。"三都"中建设国际美食之都，大邑拥有悠久历史的古镇文化，古镇与美食结合，开辟新的特色亮点。比如，唐场古镇，它的名气虽然不如安仁古镇，但是当地盛产一种古法生产的豆腐乳，未来也许可以通过打造网红豆腐乳的品牌，从而帮助推广古镇品牌。建设国际音乐之都，大邑可以借助西岭山歌打响品牌，西岭山歌是大邑西岭地区的传统民歌，2014年，被列入第四批国家级非物质文化遗产名录。总而言之，在实践层面，大邑文化资源还有许多值得研究挖掘的地方。

就精神价值而言，在城市生活中，最能打动人心的就是文化。文化可以让所有的创造者、建设者、传承者更加清晰地认识、更加详尽地了解我们所在的这座城市，与之同呼吸、共命运。加强对大邑文化的系统研究，用来引领政府的政策制定、制度践行、权力管理和资源分配，可以让居住在这里和准备来这里定居的每一个人全方位感受地方文化带来的创新而有活力的工作环境，宽松而多元化的就业环境，友善而人性化的居住环境，时尚而有底蕴的城市环境。在民众层面，可以让人民群众广泛参与社会构建、文化互动，为城市的标志标识、广告形象、规划建筑等建言献策，将文化融入当地人的精神气质之中。

五　加强队伍建设

为了持续深入推动大邑历史文化资源的保护利用，还需要深入贯彻落实"人才兴国"战略，落实新时代党的组织路线，深化人才发展体制机制改革，建设一支专业的大邑历史文化保护队伍，努力聚天下英才而用之。文化是由人创造的，人才队伍的建设是文化传承和发展的重中之重。结合大邑的实际情况来看，加强地方文化队伍建设可以从以下几方面着手。

一是重视人才资源，引入高质量人才。建设地方文化队伍，应该给与引入的人才体面的收入，考察引入人才的政治素质、道德品行、专业素养和工作实绩，选择高质量、高素养、有能力的人才进入文化保护队伍。具体行动可以由大邑县委组织、宣传部门牵头，县文化行政部门具体负责实施，启动文化人才引进计划，并根据全县文化建设的实际需要，对引入人才进行科学分类，建立人才智库，为引进域外文化人才打下坚实的基础。

二是提高人才工作能力，营造良好的人才成长环境。只有具备高素质的专业人才队伍，才能集中力量办大事，才能做好大邑历史文化的保护工作。在成功组建了专业的地方文化队伍后，还要加强对人才的教育培养，定期检查人才队伍建设情况，支持文化研究者、非遗传承人开展研究、教学、交流、展示、出版等活动，对文化研究工作给予一定的资金补贴和政策倾斜，组织各类交流培训活动，以期培养出本地的文化名家、学问大家、技艺专家。

三是深化人才发展体制，规范人才队伍的管理。为了加强干部人才队伍建设，要完善人才培养机制、改进人才评价机制、创新人才流动机制、健全人才激励机制、深化干部制度改革，其他措施还包括要建立机构，定期组织开展文化人才队伍培训和理论研究工作，提升本地文化人才队伍的整体素质；提供配套支持，对文化研究、传承活动给予场地、资金扶持。在文化人才集中的区域设立研究基地、传习中心等。

第三节　大邑县历史文化资源开发利用的建议

一　自然文化资源的开发和利用

大邑县地处成都平原向川西北高原的过渡地带，与邛崃山脉接壤，是一座雪山下的城市。在大邑县境内，有着在四川省内闻名的西岭雪山，其中也有成都市区海拔最高的苗基岭。除此之外，大邑县还有鹤鸣山、大飞水等自然景观。在成都范围内，大邑县的自然景观可谓独一无二。但是，对于自然文化资源的开发，大邑县仍然有值得改进与提升的地方。下面将从三点提出大邑县自然文化资源开发的改进建议。

第一，梳理大邑县人文历史文化与自然文化资源的结合与联系，形成大邑县自然文化资源的品牌效应。鹤鸣山是道教的发源地，有着深厚的道教文化传统，是兼具自然山水的人文情怀的名山，而雾中山作为佛教在中国最早传播的区域之一，也有着悠久的佛教文化。但是，与同在成都市的青城山相比，鹤鸣山的知名度仍旧较低。与乐山市的峨眉山相比，雾中山也缺乏社会认可度。因此，大邑县打造名山就必须要寻找相应的文化支撑。基于此，大邑县可以尝试对鹤鸣山和雾中山进行系统性的文化梳理，并依靠自然山水开展相应的文化活动，建立起文化节和社会大众对于鹤鸣山和雾中山的文化认同。西岭雪山是当前大邑县境内知名度最高、开发最为完善的景区，是著名的旅游胜地，但在文化特色方面，西岭雪山景区还相对缺乏。对于西岭雪山的开发利用，大邑县可以尝试将花水湾小镇与西岭雪山一体化、特色化开发，依托现有的圆觉洞等人文景观创设独具特色的文化小镇，提升景区整体品质，避免旅游开发中的同质化等弊端。此外，还可以引进相应的文化演出、影视拍摄等活动，打造颇具影响力、游客向往的旅游胜地。

第二，在保护生态的前提下完善基础设施，提升自然文化资源品质，使游客可玩、可住、可食。与四川省内其他景区相比，大邑县不缺乏自然资源，但在不少游客的反馈中均提到景区业态品质不高、基础设施较为陈旧的问题。基于此，大邑县可以结合行政资源和社会资源共同打造各大景区的基础设施建设，完善景区内的商业业态，努力提升景区品质，依托独特的雪山风貌和佛道文化引进国内领先、国际知名的相关酒店、餐饮等品牌，实现景区软硬实力的提升。在大邑县境内的安仁古镇，就已有喜来登酒店、德门仁里酒店、安仁双年展等基础设施建成。在杭州，安缦酒店等也入驻了西湖景区。由此可见，引入知名品牌对景区整体品质的提升和影响力的提升有着重要的作用。此外，大邑县还可以寻求与实力较为雄厚、经验较为充足的相关企业合作，以突破资金来源单一、资金投入受限的掣肘。

第三，抓紧新媒体风口，培育具有全国影响力的新媒体传播主体，提升大邑县自然山水文化的影响力和吸引力。新媒体时代是一个"酒香还怕巷子深"的年代，坐拥优质的自然山水资源，如果缺乏相应的宣传仍然不能获得与之匹配的影响力。大邑县作为距离成都市区最近的雪山景观城市，与深居青藏高原东缘的甘孜州、阿坝州等相比有着天然的时空距离优势，是外地游客来成都最为便捷的雪山观景地。同时，大邑县的自然环境、人文环境对于多数游客来说仍具有亲近性的比较优势。借助这些先天条件，大邑县可以重点培育出一批具有影响力的、来自各行各业各种群体的传播主体，将大邑县的山水自然资源宣传出去，带动游客前来参观游玩，形成新媒体传播的联动聚集效应。事实上，在国内，依托新媒体传播主体进行地区宣传的案例已经有迹可循，不失为大邑县可以借鉴学习的样本。

二 古镇文化开发利用建议

作为天府文化的核心区和成都的旅游聚集区，大邑县拥有唐场、新场、安仁、悦来、晋原、邱江等众多古镇，有着悠久深厚的古镇文化，但是除了安仁古镇享誉全国以外，其他古镇在全国的知名度还有待提高，古镇文化资源还有进一步开发挖掘的空间。对大邑古镇文化的开发可以参考"三城三都"的建设原则，分别从文创主题、观光主题、美食主题和赛事主题四个角度打造小镇品牌，实现经济效益和社会效益的双丰收。以下将从四方面提出开发利用意见。

第一，进行文创主题古镇建设，主要以安仁小镇为核心，辐射带动其他古镇文创产业的发展，形成一条充满人文气息与艺术气息的独特旅游路线。安仁小镇是中国著名的博物馆小镇，全国最大的私人博物馆"建川博物馆聚落"坐落于此。安仁小镇还拥有数十座民国时期的公馆，其中刘文彩庄园、刘文辉公馆等更是因其富丽堂皇、规模巨大而全国闻名。2017年，华侨城改造修建为安仁华侨城创意文化园，举办安仁双年展，为安仁镇带来了高规格的公共文化展览。2018年，《今时今日是安仁》开演，讲述安仁本土故事，获得了良好的经济效益和社会效益，成为安仁文旅的一张名片。可以说，安仁小镇拥有丰厚的历史文化资源，大邑可以充分利用安仁小镇已有的名气和品牌，打造一条安仁+新场+悦来古镇文旅路线，吸引喜爱人文风光的旅客们。他们在安仁镇可以体验到中国唯一的博物馆小镇的风采，在新场镇体验具有浓郁川西民居特色的建筑和川西独特的"江南水乡"，在悦来镇体验西方文化对中国民间文化的冲击，那里保存了近代最为完善的西方建筑。这条文旅路线聚集了历史文化、地方特色和中西方文化杂糅，能够使游客深入地全方位地体会大邑境内古镇的深厚文化底蕴，从而也带动新场和悦来古镇的发展，提高它们的知名度。

第二，进行观光主题古镇建设，与人文路线相呼应，打造自然观光古镇旅游路线。其中，晋原古镇和邮江古镇就适合开发成为自然观光古镇，晋原古镇背依雪山盛景，面朝蓉城天府，拥有生态和文化的双重优势，其可以充分利用"雪山、森林、温泉、庄园、道源"特色旅游资源，积极发展特色旅游产业，构建一座生态旅游山水城。2018年，晋原古镇还通过网络评选被评为"四川最美小镇"。当地完全可以利用这一称号，完善最美小镇品牌。相对于晋原古镇秀美的自然风光，邮江古镇的特色是农产品较多，目前正在发展民特色青梅小镇，建立万亩青梅园和十里梅花长廊,十分适合打造田园观光路线。晋原古镇和邮江古镇,一条是雪山温泉的自然风光路线,另一条是乡村体验的田园观光路线,当地可以分别进行重点宣传,从而打造特色的观光主题路线。

第三,进行美食主题建设。在众多古镇中,各自都有着特色地方美食,比如唐场古镇有古法生产的豆腐乳,悦来古镇有大邑麻羊,新场古镇有肥肠血旺、麻油鸭子等。因此,大邑可以凭借颇具特色的古镇美食品牌,邀请美食直播博主前往古镇进行美食测评直播,并在微博上进行古镇特色美食宣传,最后在线下举办大邑古镇美食节,通过微博、微信、抖音等平台宣传,邀请游客们前来品尝来自各古镇的美食,从而不仅促进古镇的经济发展,也推动古镇品牌的塑造。

第四,进行赛事主题建设。在悦来古镇,每年都要举行盛大的"大邑麻羊美食文化节"活动,其中最引人注目的活动项目就是现代"庖丁解羊"比赛和"麻羊选美"大赛,而每次大赛都能吸引上万人前来观看。可以说,悦来古镇的麻羊美食文化节是十分具有新意和传播潜力的活动,当地完全可以通过线上直播、抖音、快手短视频等方式,宣传"庖丁解羊"和"麻羊选美"比赛,在平日也多举行类似表演活动,将其打造成如"摔碗酒""孟婆舀汤"等网红产品,从而带动大邑麻羊的销量和古镇旅游的热潮。

三 宗教文化开发利用建议

第一,大邑县应开展文化遗产普查,建立宗教文化数据库。大邑县是佛教发源地,《大邑县志》《紫阳真人周君内传》等史料都有其丰富的记载。同时,在东汉明帝时期,大邑县就有了第一批寺庙,因而历史非常久远。大邑县宗教文化之浓厚、影响之深远值得政府及学界重视。也正是因为如此,大邑县的宗教文化在其数千年发展中程度复杂，也容易成为保护宗教文化、精准施策的障碍。因此，保护大邑县宗教文化，首先要做的工作便是系统开展该地宗教文化遗产普查，为大邑县浓厚且珍贵的宗教文化遗产提供客观真实的证据。因此，大邑县应该加强对本地宗教文化的全面调研，对非物质文化遗产分级分类登记、存档。在归档过程中需要对能突出其文化价值的非物质宗教文化遗产提高重视，建立大邑县宗教文化数据库，利用现代科技以文字、图片、音视频结合等形式对大邑县宗教文化进行展现与保存。在此基础上，可利用大邑县道、佛教源远流长的历史氛围优势，组织大邑县宗教文化保护与相关学术论坛，邀请宗教工作者、高校宗教学者参会并讨论关于宗教文化挖掘、保护等议题，以此在宗教界、学界提高大邑县的宗教声誉。

第二，需要统一构建合理的管理机制。大邑县可组织当地政府人员、公众以及当地道教人士、佛教人士、高校的宗教学学者成立"大邑县宗教文化保护管理委员会"，对大邑县宗教文化的保护制定统一科学的短、中、长期计划，以不同的未来视野对大邑县宗教文化保护制定相应措施。短期计划可着眼于旅游经济开发，大邑县的鹤鸣山、雾中山等可将重点宣传放置在道教发源地、历史悠久等特点上，主动且有意识地凭借大邑县宗教历史悠久的魅力，以此作为旅游文化产业的品牌。同时做好大邑县旅游硬件设施，对住宿、饮食质量及价格制定统一标准且严格把控，严谨企业或个人投资造成旅游产业垄断的局面，提高旅游质量，发展"精品游"，以此在旅游业发展初期提高大邑县的声誉。中期发展可着眼于对于旅游线路的规划上，在已有的旅游产品上注重反馈机制，根据游客的反馈对旅游产品进行相对周期较长的调整与规划。长期发展可着眼于对宗教文化内涵的深入打磨，对宗教文化进一步挖掘与形象建构之后创设出具有大邑县特色的宗教文化产品，树立大邑县宗教文化品牌。

第三，需要对加大宗教非物质文化遗产的宣传力度。大邑县宗教非物质文化遗产宣传应在于两方面，一方面加强本地文化浸润，形成以宗教社区为中心向四周宣传的形式，此为短距离宣传；另一方面利用现代化科技和手段，对大邑县道教文化进行远距离投放宣传。加强本地文化浸润，可以通过举办各种民间节会等形式，增加民众对本地宗教文化的了解，提高对当地文化的认同感，并邀请临县、临市的领导及民众前往大邑县参加活动，从而提升大邑的文化辐射力和影响力。远距离投放宣传，需要更多利用现代科技与手段，不仅重视传统媒体，也需要重视微博、微信、抖音等平台，利用图片、文字、音视频结合的方式对大邑县的宗教文化进行宣传。需要注意的是，此类宣传应该避免过于宏观化，可在总览介绍当地宗教文化的基础上，聚焦到当地居民、宗教人士个体身上，同时结合民间故事传说、养生、武术等丰富多彩的议题，进行多平台、多形式、人情味、生动活泼的宣传。当然，宗教文化资源的开发一是要符合国家的宗教政策，二是要保持宗教场所的庄严性，不能过于商业化、娱乐化和低俗化。这需要很高的策划运作水准。

四 家族名人文化开发利用建议

在历史上，大邑县曾出现过许多诗书传家、功在桑梓的文化家族。近百年以来，大邑更是涌现了一大批各行各业的知名人物。这些家族名人对大邑当地的文化传承产生了深远的影响。因此，对家族名人文化资源进行梳理，深入挖掘家族名人文化的发展潜力，对更好地保护和利用大邑历史文化有着重要的作用。以下总结了三条途径来发展家族名人文化。

第一，可以在大邑县建立家风馆。大邑县有诸多名人家族，比如宋代计氏家族、宋代詹氏家族、明清甘氏家族、民国刘氏家族等，在传承发展"创新创造、优雅时尚、乐观包容、友善公益"的天府文化的时代背景下,大邑文化作为天府文化中浓墨重彩的一章,当地完全可以申请资金支持,并充分利用家族名人文化资源,建立展示优秀家风、家训、家史的家风馆。家风馆可以根据主题划分为多个多功能展厅,比如人物故事厅、展品陈列厅、红色主题厅等,而且展厅里可以利用新技术设立游客互动屏,视频讲解家族名人故事,展品3D投影等,形式的有趣多样能吸引更多游客前来游览。此外,不仅可以打造线下家风馆,还可以打造线上虚拟家风馆,比如制作一个H5动画,通过微信或微博进行传播,动画里面有历朝历代的名人卡通头像,受众可以点击其中一位名人的头像,体验他的人生,并最后进入属于他的家风展厅,通过这种线上线下共同互动的形式,能够进一步深化家族名人文化魅力,打造独特的家风馆品牌。

第二,收集整理名人著作。目前大邑县的名人相关著作资源分布还比较分散,并没有进行有效地整合,比如计用章的文集《希通编》十二卷、《迁遗集》十三卷均已亡佚不存,仅有《宋代蜀文辑存》收录了他的文章一篇,还有现存一部残卷,收藏于德国柏林图书馆。其他名人文章也均收录在不同的文集之中,目前并未有整合文集面世。当地相关部门可以继续做好收集整理典籍的工作。首先整理所有出现在历代大邑籍名人、流寓大邑名人的著述情况,包括数量、存佚、收藏地等都罗列清楚。其次要对历代志书进行整理,从人文地理的角度看,地方志对名胜古迹的起源与恢复、对旅游点的发掘、对历史事件与人物的复原与再造,具有非常重要的作用。另外动员力量,编纂出版《大邑全书》,使后人能看到大邑先贤著述之全貌。这将是一件功在当代、利在千秋的伟业。

第三,评选"大邑历史文化名人",并为其立传。目前我们收集到的大邑文化名人的事迹,基本都来源于不同的典籍文章,同样存在资源分布过于分散的问题。大邑历史悠久,名人贤士灿若星河,然而许多曾经名震一方的名人大多被后人遗忘,所以,希望当地能够启动编纂工作,为所有大邑文化名人写传记,从而重塑大邑文化名人在历史上的崇高地位,增强大邑文化旅游魅力。不过给名人写传记并不是一件简单的事,而是长期的文化事业,需要把握每个传主的历史地位、文化贡献和精神价值,并在尊重史实基础上进行文学艺术创造,从而写出脍炙人口的名人故事。当地可能需要用3—5年的时间组建一支专业的作者团队,并在收集整理好的典籍基础上,才能进行编撰任务。当然,亦可采用招标方式,遴选术有专攻的学者作家进行撰写。

五 诗词典籍文化开发利用建议

第一,要加强诗词教育,做好诗词传承。保护及传承中华优秀传统文化已成为国家层面重视的议题,中共中央办公厅、国务院办公厅印发的《关于实施中华优秀传统文化传承发展工程的意见》、新编义务教育语文教材增加了从《三字经》《百家姓》等经典作品中选取的篇章等做法都可看出政府对传统文化诗词教育的关注。针对大邑县的中小学,可在课堂上设置大邑县本地诗词赏析教学内容,也可邀请学者吟诵古诗词,制作成多媒体课件带进学生课堂,以此得到本地民众发自内心的认同和拥护,营造出具有大邑县特色的文化环境。还可定期举办诗词吟诵大赛、诗词鉴赏大会等活动,鼓励本地中小学及临县中小学生参与,使诗词文化成为大邑县的名片之一,构建大邑县在临县中的形象。对于干部培训而言,地方党校办学同样应加入本地诗词文化的介绍,提高干部教育培训的文学水平,打造具有地方特色的干部培训基地。

第二,要与外地中小学合作,打造"跟着诗词去旅行"旅游项目。大邑县诗词文化繁荣,其中的内容与许多地理建筑有很强的关联,如文人墨客们在西岭雪山、鹤鸣山、雾中山等本身具有旅游价值的景区留下了千古传唱的诗词歌赋。大邑县可以利用旅游资源,对此专门制定诗词旅游项目,将大邑县旅游景点与诗词文化相结合,以诗词为重点规划具有文化氛围的旅游路线,与外地中小学合作,举办诗词主题夏、冬令营。还可在景点开设"为你读诗"、诗词赏析、诗词接龙等活动,在活动中诗词吟诵等音频可上传至微信公众号和喜马拉雅FM等平台,对大邑县旅游景点及诗词文化进行介绍。

第三是整理大邑县诗词歌赋及文人著作出版成册。在大邑县各处虽然留有诗词痕迹,但目前看来较为分散。可邀请学者专门进行整理并成册出版,逻辑线可分为两部分,一部分以旅游景区与当地社会生活习俗为主线,另一部分以文人故事为主线,从而增添诗词本身的现场感和亲近感。整理之后可以此作为材料,拓展成音、视频形式。例如,可录制成音频形式,上传至喜马拉雅FM等音频平台,申请精品节目;此外可借助抖音等视频平台,以小剧场形式演绎文人故事,宣传大邑的特色文化。

六 手工艺文化开发利用建议

大邑作为南方丝绸之路的必经之地(主要是新场镇一带),自古以来商旅发达,由此而带动了制陶、盐业、竹编、蜀锦蜀绣等手工艺产业的发展。伴随着工业化的发展,传统手工业文化却受到了很大程度的冲击,如何结合大邑的历史文化背景,对手工艺文化进行传承和发展,也是很重要的问题。

第一,传统手工艺是民族文化中的宝藏,承载着人民群众的智慧与辉煌。目前,传统手工技艺缺乏传承人,正在慢慢走向衰落,如何着手培养手工艺文化传承人,在传统的基础上进行改良创新,是手工艺文化开发中很重要的一个问题。课题组认为,应结合大邑本地特色,传承与发展传统手工艺，做好未成年人和当地文化爱好者的学习和引导工作，让民间传统文化艺术有更好的生存现状。加强民间手工艺创业队伍建设，组织优秀传统手工艺人进行系统培训，引导他们依托当地文化礼堂、博物馆、景区等开展技艺展示、文化表演和培训服务。对于濒临失传又有重要价值的民间绝技、绝艺、绝活，要重点扶持，鼓励带徒授艺，使民间绝技后继有人。

第二，应加大财政投入，设立民间传统文化保护专项资金，建立特色传统文化体验中心，组建技能教师团队巡回交叉教学，借鉴学校生产实践基地运营模式，吸引中小学生学习和体验，培养民间艺术传承人。此外，还要加强传统手工艺人与高校、文创团队的合作，设计出既蕴含传统文化精髓又符合市场需求的产品，提升产品的价值。组织传统手工艺文化传承人运用新媒体平台，融入相关培训，更好地带动传统技艺的学习、传播和传承。

第三，打造大邑——邛崃的什方堂瓷器、新场竹编等地理手工艺文化品牌，追溯传统文化中的诗词资源实现手工艺产品的创新与传承。如杜甫在浣花溪边的草堂建成之后，首先就想到了向一个姓韦的朋友要大邑的白瓷作为家庭用品的故事，和他写成的《又于韦处乞大邑白瓷碗》诗歌等都是很好的文化传播材料，可以在传统文化中进行充分挖掘，从而讲好大邑故事，实现传统手工艺和现代文化创意产品的结合。

七 红色文化开发利用建议

红色文化是马克思主义中国化的文化成果，是中国共产党领导中国人民在革命、建设和改革开放时期以马克思列宁主义为指导，吸收中外优秀文化养分创造出的先进文化。因此，让红色文化更具时代性、打造文化自信，是文化主管部门工作的重中之重。

需注意充分挖掘大邑县红色文化资源，提高保护力度。大邑县本身积淀了较为浓厚的红色文化与资源，如红军浴血奋战的横山岗红军战场遗址，1995年已被命名为大邑县爱国主义教育基地，但存在知名度、红色文化传播力度需要进一步提升的问题。如何对红色文化进行深度挖掘，弥补现有红色文化内容故事性不足、特色性不够、不便传播及形成记忆点的现状，如何让红色文化资源中容易被忽视、被遗忘、遭到自然或人为破坏的地方进行精深加工，是红色文化传播中面临的新问题。

　　第一，对在革命战争年代与和平建设年代的仁人志士和模范英雄，可以充分挖掘他们具有人情味、接近性的故事，以大众更能接受的形式传播，建构并维系对大邑县仁人志士们的记忆。例如，红军在横山岗开展革命活动时，留下了"红军针药救婴儿""红军班长赠宝刀""徐向前来到横山岗"等感人故事，可以进行再次提炼和讲述。此外，对红色文化遗址、纪念碑等进行登记管理并提供保护与维护，要广泛引进各类专业人才，组建科学高效的遗址、文物修复队伍，对于一些因为历史原因、人为原因已经不幸损毁的遗址、文物，或者残损较为严重无法进行局部修复的文物，可以在不影响文物及其历史环境原状的前提下，遵循最少干预原则、适度展示原则予以重建。

　　第二，对红色文化资源要充分利用，形成市场化、产业化的红色文化，以此增加社会效益与经济效益，可分为针对当地与外地两方面来实施。对于当地，首先要加强红色教育的培训，从而提高对红色文化的传承。大邑县的中小学可利用开学、升旗仪式、入队仪式、团课、党课等向学生宣讲当地红色文化、革命仁人志士故事，组织青少年前往大邑县的车耀先烈士塑像广场、陵墓讲述烈士的故事，接受红色文化精神洗礼。大邑县的领导可组织干部去学习红色文化，将大邑县红色文化编入干部教育素材，以此形成对当地群众红色文化浸润以及对红色文化的认同。其次，要增加理论研究、文章刊发以及图书出版，不仅官方出版，也在重要的红色时间节点鼓励中小学生自己书写红色革命故事投稿。最后，增强各个板块红色文化的关联性，红色文化遗址、纪念场馆活动与宣传统一发力，避免因为各自发展、难以形成合力。对外则首先可形成红色旅游研学市场。根据各个仁人志士的地理位置开发红色文化旅游路线，组织策划针对外地游客的研学活动。在研学活动中，可以从当地中小学学生中挑选学生扮演"小小讲解员"等课外职务，发挥红色文化对内与对外的双重教育功能。其次，可根据当地红色革命故事编排舞台剧、音乐剧等（如舞剧《努力餐》），从视觉、听觉上给予观众沉浸式体验，从而产生情感共鸣。

第三，促进大邑县红色文化融合化发展。大邑县红色文化发展要注重"红色文化+"，将红色文化与其他当地特色融合发展。首先可以规划"红色文化+自然山水文化""红色文化+三国历史文化"等项目，将红色文化与当地自然风光、三国文化等其他文化一同宣传，一起规划旅游路线与项目。其次可发展"红色文化+当地公共设施发展"。在进行城建规划时，将大邑县红色文化考虑进去，与红色历史故事配套红色民宿、红色商店、红色公园等等。

第四，线下+线上多平台、多形式宣传建设。在互联网时代，宣传大邑县红色文化，就需要实现大邑县红色文化的信息化传播。一方面是将线下活动照搬到线上或线上线下配合形式，另一方面要形成独立的线上宣传。将线下活动照搬到线上，是将原本有的仁人志士故事、纪念场所的文字、图片等放置于微信公众号、微博、网站上，以图文、H5、AR等多种形式展示大邑县红色文化原有的内容。要对大邑县红色活动进行网络直播与网络互动，打破线下活动时间与空间的限制，从而进行更大范围的传播。形成独立的线上宣传，是强调线上传播的原创性以及突破线下活动的思维限制。首先可建设网上红色纪念场馆，打造大邑县虚拟景区体验平台，开展在线纪念、知识问答互动等活动。其次，可聚焦革命烈士后代、模范英雄家属的个体，以文字、图片、视频等方式书写、记录他们的生活故事，减轻群众因为年代久远而产生的距离感与陌生感。最后，可主动融入成都城市大 IP 中，将大邑县红色文化作为成都市品牌形象的一部分，借助成都市 IP 号召力宣传大邑县本地红色文化。

八　文博资源开发利用建议

大邑县安仁古镇是中国唯一的博物馆小镇，拥有 30 余座博物馆，收藏近千万件文物，其中还包括 164 件国家一级文物，其巨大的收藏数量和丰富的博物馆类型，在全国范围内也是名列前茅。现在大邑也正在全力推动世界级博物馆小镇建设，将安仁镇打造成继大熊猫、金沙遗址、青城山、都江堰之后，成都旅游的第五大品牌。目前已经进行并且获得成功的活动有"穿上旗袍去安仁"、"名人讲堂"、模拟民国片场、"民国记忆"自驾游活动。安仁博物馆小镇的品牌已经打响，我们需要做的工作就是维持并且发扬博物馆小镇的名声，从而进一步开发和利用大邑文博文化资源，以下从三个方面提出相关建议。

第一，安仁古镇虽然拥有 30 余座博物馆，但游客最爱去的、知名度最高的还是刘氏庄园和建川博物馆聚落，因此安仁古镇的发展核心仍应围绕刘氏庄园和建川博物馆，资金和政策倾斜也应该更多地偏向刘氏庄园和建川博物馆。如今的政策倡导发展文化产业，很多地方都建了大大小小的科普馆和博物馆，但是也出现了"光建不管"的现象，博物馆的数量贵在于精而不贵在于多，因此，对古镇上已有的特色主题博物馆，需要定期进行设备的更新和运营方案的调整，要围绕主题定位进行长期的宣传工作，当地还可以建立博物馆智慧系统，整合各博物馆资源，统一运筹管理，及时处理问题。此外，当地也可以组建一支专业的监察评估队伍，定期对各大博物馆的馆藏、设备以及运营方案进行评估，对一些经济效益和社会效益较低的项目进行整改，从而提高整体博物馆的建馆质量。

第二，除了博物馆以外，安仁古镇的民国风情街、民国特色建筑以及相关的民国元素活动也引人注目。许多游客就是冲着"穿着旗袍去安仁""民国记忆"等活动去的，目的是拍摄民国风格照片或体验民国风情。有游客评价安仁古镇虽然很美，也很适合拍照，但是人为痕迹太重，商业气息也变重了，掩盖了它的人文风格。其实相比于全国很多千篇一律的古镇，安仁的不同之处就在于它复古而不艳俗的民国风情，安仁本身拥有的刘氏庄园、民国风情的有轨电车、中西合璧风格的建筑群落，都足以吸引游客驻足，适当的活动与宣传即可，不必过多地设置网红打卡点、举办网红活动，适当地弱化商业气息会更好。

第三，闲适优雅的安仁民国风情背面，是充满血和泪的抗战历史。二者并不相悖，反而能在宣传中碰撞出激烈的火花。在之后的发展中，安仁古镇可以对抗战历史文化进行深入的挖掘，充分利用建川博物馆群落的文化资源，举办一些相关的红色主题活动，比如线下多举办相关论坛，邀请各地学者专家前往古镇共同"回忆峥嵘岁月，展望美好未来"，线上可以发起微博或豆瓣话题，邀请网友们谈谈抗日战争回忆，通过互动加深文化记忆等。另外，许多游客前往游览建川博物馆，是为了见到2008年汶川地震中的"猪坚强"，建议建川博物馆可以利用"猪坚强"这一形象设计出独特的专属文创产品，包括玩偶、挂件、配饰等，在官方微博上也可以做相关宣传，不仅能实现经济收益，还能够挖掘和深化大邑的文化精神。

参考文献

一　基本古籍

（汉）班固：《汉书》，中华书局1962年版。

（南朝宋）范晔：《后汉书》，中华书局1965年版。

（南朝梁）沈约：《宋书》，中华书局1983年版。

（南朝梁）萧子显：《南齐书》，中华书局1996年版。

（北朝北魏）郦道元著，陈桥驿译注，王东补注：《水经注》，中华书局2007年版。

（唐）房玄龄等：《晋书》，中华书局1996年版。

（唐）魏征等：《隋书》，中华书局1997年版。

（唐）刘知几：《史通》，上海古籍出版社2008年版。

（唐）薛涛著，张蓬舟笺注：《薛涛诗笺》，四川人民出版社1981年版。

（五代）刘昫等：《旧唐书》，中华书局1975年版。

（五代）花蕊夫人著，徐式文笺注：《花蕊宫词笺注》，巴蜀书社1992年版。

（南宋）袁说友等编，赵晓兰校点：《成都文类》，中华书局2011年版。

（元）脱脱等：《宋史》，中华书局1985年版。

（明）宋濂等：《元史》，中华书局1976年版。

（明）杨慎编，刘琳、王晓波点校：《全蜀艺文志》，线装书局2003年版。

（明）曹学佺撰，杨世文校点：《蜀中广记》，上海古籍出版社2020年版。

（清）张廷玉等：《明史》，中华书局1974年版。

（清）爱新觉罗·永瑢等：《四库全书总目》，中华书局1965年版。

（清）张邦伸：《锦里新编》，巴蜀书社1984年版。

（清）孙桐生：《国朝全蜀诗钞》，巴蜀书社1985年版。

（清）王培荀著，魏尧西点校：《听雨楼随笔》，巴蜀书社1987年版。

（清）傅崇矩编著：《成都通览》，成都时代出版社2006年版。

（清－民）赵尔巽：《清史稿》，中华书局1998年版。

（清－民）傅增湘：《藏园群书题记》，上海古籍出版社1989年版。

二　历代方志

（晋）常璩撰，刘琳校注：《华阳国志校注》，巴蜀书社1984年版。

（晋）常璩著，任乃强校注：《华阳国志校补图注》，上海古籍出版社1987年版。

（唐）李吉甫：《元和郡县志》，清武英殿聚珍版丛书本。

（北宋）乐史撰，王文楚等点校：《太平寰宇记》，中华书局2007年版。

（明）李贤：《明一统志》，明万历刻本。

（明）张四维：《条麓堂集》，明万历刻本。

（清）黄庭桂：《（雍正）四川通志》，载（清）纪昀等编纂《文渊阁四库全书本》。

（清）洪亮吉：《补三国疆域志》，中华书局1985年版。

（清）常明、杨芳灿等纂修：《四川通志》，扬州古籍书店1986年版。

（清）宋载纂修：《（乾隆）大邑县志》，清乾隆十四年刻本。

大邑县地方志编纂委员会办公室：《（乾隆）大邑县志校注》，内部发行 1998 年版。

（清）郭佳、穆彰阿：《（嘉庆）清一统志》，四部丛刊续编景旧钞本。

（清）赵霦纂修：《（同治）大邑县志》，清同治六年刻本。

（清）赵霦纂修：《（光绪）大邑县志》，光绪二年增修本。

大邑县地方志编纂委员会办公室：《（民国）大邑县志校注》，巴蜀书社 2017 年版。

四川省大邑县志编纂委员会：《大邑县志》，四川人民出版社 1992 年版。

四川省大邑县地方志编纂委员会：《大邑县志续编》，四川大学出版社 1996 年版。

三 当代著作

童恩正：《古代的巴蜀》，四川人民出版社 1979 年版。

徐中舒：《论巴蜀文化》，四川人民出版社 1981 年版。

蒙文通：《巴蜀古史论述》，四川人民出版社 1981 年版。

乔诚、杨续云：《刘湘》，华夏出版社 1987 年版。

李养正：《道教概说》，中华书局 1989 年版。

成都市对外文化交流协会编：《成都之最》，成都出版社 1994 年版。

王利器：《王利器学述》，浙江人民出版社 1999 年版。

杨世明：《巴蜀文学史》，巴蜀书社 2003 年版。

中华人民共和国民正部编：《中华著名烈士（第 27 卷）》，中央文献出版社 2003 年版。

龙显昭主编：《巴蜀佛教碑文集成》，巴蜀书社 2004 年版。

祝尚书：《巴蜀宋代文学通论》，巴蜀书社 2005 年版。

李少林主编：《中华民俗文化——中华民居》，内蒙古人民出版社 2006 年版。

胡昭曦：《四川书院史》，四川大学出版社 2006 年版。

涂文涛主编：《四川教育史》，四川教育出版社2007年版。

李谊辑校：《历代蜀词全辑》，重庆出版社2007年版。

李谊辑校：《历代蜀词全辑续编》，重庆出版社2007年版。

张永久：《民国四川第一家——刘湘家族》，重庆出版社2008年版。

冯广宏、肖炬主编：《成都诗览》，华夏出版社2008年版。

四川省成都市锦江区地方志编纂委员会办公室编：《锦江记忆》，新华出版社2008年版。

韩欣主编：《中国古代建筑艺术》，研究出版社2009年版。

袁庭栋：《巴蜀文化志》，巴蜀书社2009年版。

范周主编：《中国文化产业年鉴2010》，中国经济出版社2010年版。

贾大泉、陈世松主编：《四川通史》，四川人民出版社2010年版。

《成都通史》编纂委员会：《成都通史》，四川人民出版社2011年版。

张绍诚：《巴蜀竹枝琐议》，巴蜀书社2011年版。

四川省人民政府研究室主编：《加快四川省新型城镇化对策研究》，天地出版社2011年版。

宋建文主编：《中国民间博物馆年鉴》，中国书店2011年版。

任桂园主编：《天府古镇羊皮书》，巴蜀书社2011年版。

成都市锦江区地方志编纂委员会办公室编：《锦江街巷》，新华出版社2012年版。

中国古镇古村游编写组：《中国古镇古村游》，中国旅游出版社2012年版。

谢宇主编：《民居建筑·大邑刘氏庄园》，花山文艺出版社2013年版。

白郎主编：《锦官城掌故》，成都时代出版社·四川文艺出版社2014年版。

张彦主编：《四川抗战史》，四川人民出版社2014年版。

杨颖奇、郭必强主编：《民国军事将领百人传》，南京出版社2014年版。

黄滢、马勇主编：《中国最美的深宅大院（3）》，华中科技大学出版社 2014 年版。

赵迎新主编：《中国魅力古镇》，中国摄影出版社 2014 年版。

曹之：《中国印刷术的起源》，武汉大学出版社 2015 年版。

中国青年出版社编：《革命烈士书信》，中国青年出版社 2015 年版。

卢世菊、宋相阳：《长江文明之旅——长江流域的佛寺道观》，长江出版社 2015 年版。

胡书军编著：《常胜将军赵子龙》，河北人民出版社 2015 年版。

顾廷龙：《唐宋蜀刻本简述》，载《顾廷龙全集》，上海辞书出版社 2015 年版。

宋毅：《风云保定系·民国第一军校的十大将领》，山西人民出版社 2015 年版。

慈爱民主编：《战争和平与人权·第二届人权文博国际研讨会文集·建川博物馆》，五洲传播出版社 2015 年版。

王志平主编：《四川文化年鉴 2013 年卷》，四川科学技术出版社 2015 年版。

马长林：《社会变迁与百年转折丛书·1949 年·百年瞬间》，东方出版中心 2015 年版。

刘光灿主编：《美术成都》，中国旅游出版社 2016 年版。

流沙河：《老成都·芙蓉秋梦》，重庆大学出版社 2016 年版。

蒋蓝：《蜀地笔记》，四川人民出版社 2017 年版。

袁庭栋：《成都街巷志》，四川文艺出版社 2017 年版。

刘飞滨编著：《老成都记忆》，当代世界出版社 2017 年版。

王小红：《巴蜀历代文化名人辞典—古代卷》，四川人民出版社 2018 年版。

阎星、尹宏等：《传承与创新—文创中心建设之文化产业发展》，四川大学出版社 2018 年版。

天府文化研究院主编：《天府文化研究·创新创造卷》，巴蜀书社 2018 年版。

天府文化研究院主编：《天府文化研究·优雅时尚卷》，四川大学出版社 2018 年版。

天府文化研究院主编：《天府文化研究·乐观包容卷》，四川大学出版社 2018 年版。

天府文化研究院主编：《天府文化研究·友善公益卷》，四川大学出版社 2018 年版。

杨玉华：《成都最美古诗词 100 首详注精评》，成都时代出版社 2020 年版。

四　学术论文

熊传新：《长沙新发现的战国丝织品》，《文物》1975 年第 2 期。

宋治民、王有鹏：《大邑县西汉土坑墓》，《文物》1981 年第 12 期。

荆州地区博物馆：《湖北江陵马山砖厂一号墓出土大批战国时期丝织品》，《文物》1982 年第 10 期。

韦行：《鹤鸣山记》，《宗教学研究》1983 年第 4 期。

胡亮：《大邑近年出土的宋元瓷器》，《景德镇陶瓷》1984 年第 1 期。

胡亮：《四川大邑县安仁镇出土宋代窖藏》，《文物》1984 年第 7 期。

丁祖春：《四川大邑县出土两件东汉青瓷罐》，《文物》1984 年第 11 期。

杨啸谷：《四川陶瓷概论》，载《四川古陶瓷研究》，四川社会科学院出版社 1984 年版。

胡亮：《大邑县出土唐代墓葬》，《四川文物》1985 年第 2 期。

冯广弘：《夏禹文化与巴蜀史》，载《夏禹文化研究》，巴蜀书社 2000 年版。

黄剑华：《三星堆时期古蜀国与远方的文化交流》，《文史杂志》2001年第4期。

段渝：《三星堆与巴蜀文化研究七十年》，《中华文化论坛》2003年第3期。

熊瑛、王梅：《简述大邑安仁镇公馆建筑特征》，载《新视野中的乡土建筑》，哈尔滨工程大学出版社2008年版。

张良娟：《魏明伦文学馆落户安仁博物馆小镇》，《四川戏剧》2012年第5期。

唐林：《蜀锦与丝绸之路》，《中华文化论坛》2017年第3期。

潘天波：《汉代中央漆器生产独厚巴蜀之分析——兼及汉代蜀漆市场的开放性》，《中国生漆》2017年第4期。

后　　记

　　成都市第十三次党代会报告中明确提出"传承巴蜀文明，发展天府文化"，且将"天府文化"的基本特点概括为"创新创造、优雅时尚、乐观包容、友善公益"。此后，"天府文化"逐渐成为成都及四川媒体中出现频率极高，并赢得广泛回应与拥赞的热词之一。政府民间、线上线下，"天府文化"耳熟能详，人们竞相谈论，热闹非凡。除市级有关部门积极行动外，成都市所辖各区（市）县也深知这是发展地方文化的大好契机，或立课题，或请专家，纷纷借智借脑，不断提炼凝聚"天府文化"的地方表达，谱写"天府文化"的地方篇章，并力求在摸清"家底"、盘点"存货"、理清源流、探索规律的基础上，实现优秀传统文化的创造性转化和创新性发展，以此来推动地方文化事业和文化产业的振兴发展。

　　我对作为"成都望县"——大邑的地方文化一直怀有浓厚兴趣，因为那里有三国名将赵云的遗迹，有杜甫诗中"窗含西岭千秋雪"的皑皑雪景，有传统文化与现代文明交相辉映、完美融合而仍不失蜀风雅韵的国家级历史文化名镇——安仁镇，产生过《唐诗纪事》的作者计有功及其文化家族，留下了杜甫、文同、陆游等名人的游踪及诗文等，如此种种，遂使我萌生了撰写一部大邑历史文化著作的想法。事有凑巧，2019年初，我从市委宣传部调任成都大学，一个偶然的机会，与大邑县委书记连华同志谈起此事，而她此时也正欲寻找合适人选来编撰"天府文化"大邑版本或大邑表达，于是，便把此项任务交给以我为负责人的团队。经过课题组全体成员的不懈努力，终于在2020底结题。其间之甘苦曲折，非数语能尽。首先这应该是对大邑有史以来的历史文化进行的最全面系统的梳理总结。历史上虽有县志，但较为简略，今人编撰的几部县志又主要着眼于当代的情况，而其它相关资料则较为零散，且不少是内部资料，因而该研究实需筚路蓝缕，"自家凿破此片田地"（严羽语）；其次对于大邑历史文化的概念界说、时空界限、基本内涵、主要内容、特色特征等学界都少有研讨，只能大胆探索，"自铸伟词"，所言所论是否准确公允，还要经受同行和广大读者的检验；另外书稿成于众人之手，水平参差不齐，行文风格各异，虽数易其稿，我作为课题负责人也作了大量统一体例、增删修订、润饰加工等工作，但仍有不少需要优化完善之处。

  大邑县是"天府文化"核心区，是古蜀文明的发源地。在古蜀文化的源头——"宝墩文化"发现的8座古城，位于大邑县原三岔镇赵庵村古城埂的高山古城遗址的历史最为悠久，它们比三星堆文化早了近千年。唐代大诗人杜甫的《绝句》"两个黄鹂鸣翠鸟，一行白鹭上青天窗含西岭千秋雪，门泊东吴万里船"是流传千古、妇孺皆知的名诗，其中"窗含西岭千秋雪"的意境更令人神往，那千秋如斯的皑皑白雪，圣洁、晶莹而神秘，常使人们于欣赏瑰丽的自然风光之余，引起对白雪装点下"千秋"历史的遐想。这雪山就是西岭雪山，它正位于素有"蜀之望县"的成都市大邑县境内。据《旧唐书》《新唐书》《元和郡县志》《太平寰宇记》等有关史志记载，大邑县之得名，乃因"其邑广大，遂以为名"。它从唐高宗咸亨二年（671）建县起，至今已有1300多年的历史。境内的安仁镇，乃唐高祖武德三年（620）析临邛、依政、唐隆三县地置为安仁县,设县比大邑县还早50年。可见,大邑县有着悠久的历史人文、源远流长的文化基因、积淀丰厚的文化成果,在千年的历史演进中,为天府文化的发展作出了诸多贡献,谱写了浓墨重彩的篇章。我们今天要传承发展"创新创造、优雅时尚、乐观包容、友善公益"的天府文化,大邑理应发挥独特优势,通过对历史文化的系统梳理挖掘,凝练大邑的历史文化表达、精神内涵与发展理念,坚定地域文化自信,熔铸天府文化"大邑篇章"。

此书的研究撰写历时两年半,由我谋划统筹,包括拟定全书框架结构及具体章节提纲、各章写作要点及参考资料,以及交叉重复内容的归并去取、章节之间的弥缝衔接等都作了详尽的布置安排。通过大家的共同研探和分工合作,一部30余万字的书稿终于完成。全书对大邑历史文化内涵及其历史嬗变进行了深入研究,从文化横向切面对大邑的自然山水文化、三国历史文化、宗教文化、天府古镇文化、公馆文化、博物馆文化、家族名人文化、教育出版文化、手工艺文化、文学艺术以及革命红色文化等诸多专题进行系统梳理研究,同时对大邑历史文化资源的转化利用提出了建设性意见,可视为学界的第一部"大邑历史文化概论",或"大邑文化简史"。各章节写作分工如下。

我除了拟定全书章节写作提纲及统稿外,还撰写了绪论;黄毓芸(成都大学文学与新闻传播学院讲师)撰写第一章、第九章(部分)、第十章、第十一章、第十四章;魏红翎(成都大学文学与新闻传播学院教授)撰写第二章、第三章、第四章、第五章;周翔宇(成都大学天府文化研究院副教授)撰写第六章、第七章、第八章及第九章(部分)、第十五章(部分);罗子欣(四川省社会科学院新闻所研究员)撰写第十五章部分内容;唐婷(成都大学天府文化研究院讲师)撰写第十二章、第十三章;魏红翎、黄毓芸还协助我做了一些协调及统稿工作。

本课题之所以能如期完成,与各有关方面的支持帮助密不可分。在此,我要表达对他们的由衷感谢!感谢大邑县文旅局的信任,能把此课题交给我及我的团队,通过合力攻关、大胆探索,终于完成这一颇具基础性、原创性、前瞻性和运用性的课题。要感谢课题组全体成员,我们经常就有关问题进行研讨,成员之间经常讨教论难,对我有时过于严苛的要求也总能给予一种"理解之同情",因为高质量完成课题是大家一致的追求。感谢四川师范大学王川教授赐序,他富有启发性的大文使此书增辉添彩。感谢西南交通大学汪启明教授、西华大学潘殊闲教授等巴蜀文化研究名家,作为此课题的评审专家,他们以严谨认真的专业精神进行了客观公允的评审,且对课题成果多所称道。要感谢曹顺庆、田蓉、刘强、王清远、连华、曾明、杨晓阳、段从学、周琴、陈奇等众多师友和同事,他们一直关心、支持着我的研究著述事业,当书稿即将出版之际,也要向他们及所有关心支持帮助过我的恩人表达诚挚的谢意。行文至此,司马迁"究天人之际,通古今之变,成一家之言"的名言突然涌上心头,漫成一诗,以见心情。

耳顺道宽欲何求?种树著书自悠悠。
长养栋梁千嶂秀,陶铸诗骚百代猷。
思入风云觅佳句,笔师造化动高秋。
才见夕阳无限好,又望明月正当头。

杨玉华
2021 年国庆节于成都濯锦江畔澡雪斋

成都大学文明互鉴与"一带一路"研究中心学术丛书

书目（第一辑共七卷）

一、《天府文化概论》，杨玉华 等著

二、《唐诗疑难详解》，张起、张天健 著

三、《阿恩海姆早期美学思想研究》，李天鹏 著

四、《雪山下的公园城市——大邑历史文化研究》，杨玉华 主编

五、《中国广播电视国际传播能力建设研究》，车南林 著

六、《龙泉古驿道历史文化研究》，杨玉华 主编

七、《日据时期韩国汉语会话书词类研究》，张程 著